ノルウェーのサーメ学校に見る
先住民族の文化伝承

ハットフェルダル・サーメ学校のユニークな教育

長谷川紀子

新評論

はじめに

　サーメが日本で注目されるようになったのは、2016年の東京国際映画祭で「審査員特別賞」と「最優秀女優賞」を受賞した映画『SAMI BLOOD（サーミの血）』が上映されてからである。スウェーデン北部のラップランド地方を舞台に、サーメの少女が差別に抗いながら強く生き抜いてきた人生を描いたものであり、当時、トナカイ放牧を生業とするサーメの子ども達に押し付けられた学校教育の歪みも再現されている。この映画は、単にサーメのイメージだけでつくられたものではなく、歴史的なサーメの問題にどっしりと取り組んだ作品でもあった。

　脚本・監督を手掛けたアマンダ・シューネル（Amanda Kernell）は、父方がサーメの血を引いた1986年生まれの若い女性である。彼女は、一族の年長者達から発想を得て、この映画を生み出した。

「存命している高齢の親類のなかには、自分もサーメなのにサーメを嫌う者がいる。アイデンティティを変えた者と留まった者との対立が一族のなかにあり、両者は互いに話をしない」[1]

　と彼女は、現代の北欧社会にいて、平等とは言いながらもいまだに残るサーメの血の葛藤を表したと言っている。

　サーメとは、北欧のノルウェー、スウェーデン、フィンランド、そしてロシアのコラ半島の一部に位置する北極圏の大自然の中で、何千年も

映画のチラシ

---

(1) 公式インタビューより。http://intro.ne.jp/contents/2017/09/12_2139.html（2019年2月11日閲覧）

前の昔から、トナカイを中心に狩猟採集民族として生きてきた少数先住民族の人達のことである。他の先住民族と同様、数世紀にもわたって同化政策や差別に苦しみ、自身のアイデンティティと葛藤してきたという歴史をもっている。そして、実際、多くのサーメの人々が自らの言語や文化を失っていった。

　しかしサーメは、戦後、北欧諸国の福祉政策とともに先住民族としての復権を果たし、サーメ語や文化の継承において、ある程度の成功を収めた民族でもある。そして今、先に述べた映画監督をはじめとして、若い世代のサーメを中心に自らのアイデンティティを表現した文化を発信するようになっている。サーメの伝統的即興歌であった「ヨイク」は、野蛮な原始的なものとして忌み嫌われ、長い間封印されてきたが、今や新ジャンルの音楽として注目されているのだ（162〜166ページ参照）。

　サーメの女性歌手、ソフィア・ヤノック（Sofia Jannok）をご存じだろうか。スウェーデン北部のイェリバーレ（Gällivare）出身の彼女は、ポップミュージックとヨイクを掛け合わせたような新しい世界観を生み出している。そして、その美しい旋律とともにサーメの社会的問題性も提起している。

　彼女は、若いサーメ女性が憧れとする存在である。ソフィアをはじめとする若いサーメのアーティストが伝統的なデザインを衣装に取り入れた装いはオリジナリティーが高く、クールに自己表現をする新しいジャンルとして、ここ数年、多くのサーメ女性の間で受け入れられているようだ。

　実際、スウェーデンのヨックモックで毎年2月に開催されるサーメの「ウィンターマーケット」においても、最初に筆者が訪れた2007年では若いサーメの姿を見ることはほとんどなかったが、2016年に再訪した時は美しいサーメの民族衣装を着て、マーケットを闊歩している若いサーメ女性の多さに目を見張った。どうやら、サーメの若者達が、自らのアイデンティティを抵抗なく表現できるようになってきたようだ。

　2018年11月24日、宮古島市で開催された「危機的な状況にある言語・方言サミット（宮古島大会）」（文化庁主催）のプログラムの一つとして「協議：危機言語・方言を継承する－継承を受ける立場から」があり、宮古方言、アイヌ語、

南サーメ語を継承する十代の若者による討論会が行われた。その時のパネリストとして、筆者がフィールド調査をしている南サーメ地域にあるサーメ学校の生徒、サラ・カップフェル（Sara Kappfjell）が招かれた。

サラの父親は、南サーメ地域でトナカイ放牧業をしているサーメ家族の出身であるが、彼女自身はノルウェーの副都心トロンヘイムで生まれ育ち、普段はノルウェーの公立高校に通うごく普通の高校生である。とはいえ、小学生の時から年に数回、祖父の住むサーメ地域の学校セミナーに参加し、南サーメ語とサーメ文化を学んできた。そして、そこで、サーメとしてのアイデンティティを自らのアイデンティティの一つとして養ってきた。

こんな彼女が、サミットにおいてノルウェーのサーメに対する教育制度、またサーメとしての自身のアイデンティティや葛藤などを語った。

サラの話を聞き、討論した宮古島の若者や沖縄本島の若者は、サーメ語やサーメの文化継承のために社会的な制度が整備されていることに驚き、ほかのサーメの若者や、サーメを受け入れるノルウェーの若者と話をしてみたいという気持ちをもった。一方、サラにとっても、日本でのサミットに招待され、アイヌ語や宮古方言を話す若い後継者達と協議したことが、彼女自身のサーメとしての誇りを再認識する機会ともなった。

これらのことから、文化を超えた交流および協議は、次世代を担う若者達が言語や文化を継承するうえで、また自身のアイデンティティを形成していくうえにおいても大切なことであり、継続して行うべきものである、と筆者は改めて痛感した次第である。

これまでのサーメ研究を通して、先住民族としての過酷な歴史を辿り、現在も様々な課題に直面しているサーメの状況を筆者は目の当たりにしてきた。そのなかで、『SAMI BLOOD』の監督であるアマンダ・シューネルや歌手のソフィア・ヤンノク、そして宮古島に来たサラ・カップフェルなどのように、それを乗り越えていこうとするサーメの人達がもつ「タフさ」というものを感じてきた。

この「タフさ」は、いったいどこから来るものなのだろうか。過酷な自然の中を生き抜いてきたサーメの精神性から来るものなのだろうか、自分達の権利

を復権し、現在サーメ文化や言語を復活させたその実績からなのか、それとも平等と福祉という北欧社会のなかで保障されている先住民族ゆえであろうか、はたまた、北極資源の豊かな土地に先住していたという地理的な優位性なのだろうか。

　その答えはまだ見いだせていないし、もちろん一つではないだろう。しかし、筆者は、現代のサーメがもつ「タフさ」は、「継承する次世代がしっかりと育ちつつある」ということにあると思っている。その一つの大きな原動力は、国が保障しているサーメの子ども達を対象とした教育制度であり、その基盤となる「学校」ではないかと思っている。

　この仮説をもとに筆者は、自身の研究テーマを「教育」という視点から捉えることにして、フィールドワークを続けてきた。特に、ノルウェー中央部の南サーメ地域にあたるハットフェルダル・コムーネにあるサーメ学校にフィールドの地を固め、調査研究期間のほとんどをそこで費やした。最初に訪れた2009年からすでに7年が経過した。行ったフィールドワークは延べ8回となる。1回のフィールドワークで滞在する間は約1か月～2か月間であったが、その調査時期、調査期間、調査地域を参考のために示しておく。

- ・2009年2月　　　　ノルウェー、南サーメ地域　学校訪問調査
- ・2009年8～9月　　ノルウェー、南サーメ地域　学校訪問調査
- ・2011年8～9月　　ノルウェー、南サーメ地域、北サーメ地域　学校・サーメ議会など訪問スウェーデン、南サーメ地域、ルレサーメ地域　学校訪問調査
- ・2012年2月　　　　スウェーデン　ルレサーメ地域　ウインターマーケット調査
- ・2013年9月　　　　ノルウェー、南サーメ、ルレサーメ、北サーメ各地域調査
- ・2014年3月　　　　ノルウェー、南サーメ地域　学校訪問調査
- ・2014年9月　　　　ノルウェー、南サーメ地域　学校訪問調査　スウェーデン、ウメオ大学

・2016年1〜2月　ノルウェー、南サーメ地域　学校訪問調査
　　　　　　　　スウェーデン　ルレサーメ地域　ウインターマーケット調査

　本書は、継承する次世代を育んできた教育の土壌を探ることを目的として著したものである。その流れは以下の通りである。
　まず、サーメの人々がどのような民族なのかを簡単に紹介する。次に、サーメの人々が国家・社会から差別や偏見を受け、自らのアイデンティティを損失していった歴史的な経緯を説明していく。しかし、その後、平等と福祉国家を目指した北欧諸国の、特にノルウェーで自らの言語や文化を復活させた一連の経緯も描いていく。
　そして、サーメの子ども達に対する現在の教育制度を整理し、その現状と課題、さらに「学校」が言語教育と文化伝承に果たすことのできる教育的な可能性について考察していく。
　後半部分では、実際にサーメの言語や文化がどのように継承されているかを見るために、7年間のフィールドワークから「ハットフェルダル・サーメ学校」における教育活動の内容を詳細に描くことにした。
　ハットフェルダル・サーメ学校の教育方法は、トナカイ文化を中心とした独特なものである。筆者は、その活動を子ども達とともに体験し、こんなにワクワクした教育があっていいのだろうかと思いつつ、心から楽しんだ。
　言うまでもなく、この学校も、過去においては幾度となく学校閉鎖や経営にかかわる大きな問題に直面してきたし、現在も課題は山積み状態となっている。このような歴史的な背景についても、もちろん描いている。

　かつて筆者は、彼らに「これからの社会に望むことは？」と尋ねたことがある。すると、次のような答えが返ってきた。
「まず、自分達の存在やこの学校のことを知ってもらうことだ。そして、正しく理解してもらうことだ」
　サーメに対する教育保障が整っているノルウェーですら、実はサーメ語やサ

ーメ文化教育はサーメだけのものとして捉えられており、ノルウェーの普通の学校で教育対象とされることはほとんどない。もっと言えば、無関心なのである。

　サーメの言語や文化は、先住民族として国の文化とされているにもかかわらず、結局、マジョリティーであるノルウェーの多くの人々には関係のないものとして扱われているというのが現状である。しかし、それを乗り越える「何か」がこの学校にあった。この「何か」は、前述した「タフさ」に通じるものかもしれない。それを、本書において伝えることができればと思っている。

　マイノリティーであるサーメの研究は、研究分野においても同じくマイノリティーである。日本においてサーメの認知度を上げるため、筆者は地道なサーメ啓蒙活動（？）をしていくしかなかった。スウェーデン大使館とノルウェー大使館、そして名古屋大学博物館でのサーメに関する展示会を開催したり、デパートのパンフレットに解説を書いたり、小中学校から依頼があれば手弁当で駆けつけて、啓蒙するための講義などを行ってきた。非常勤先である大学の学生から「サーメの先生」と揶揄されながらも、筆者の周りでは「サーメ」が浸透していったと感じている。

　本書を著したことで、日本のみなさんに、北欧に住む小さな先住民族のことを知ってもらえることを感謝している。なぜなら、マイノリティーの問題は、マイノリティーだけではなく、マイノリティーに対するマジョリティーの考え方も大きな課題となるからだ。

　日本にも、「アイヌ」という先住民族の人達がいる。

　現在、アイヌの若い世代にも、自分達の言語や文化を伝承しようとしている人達がいる。例えば、前述した2018年の宮古島での「危機的な状況にある言語・方言サミット」に参加した北海道・二風谷出身の関根摩耶さんもその一人である。彼女は、慶應大学に通う学生であるが、アイヌ語のラジオ講師を務めたり、平取町の路線バスで実施されるようになったアイヌ語での車内放送も担当したりと、アイヌの言語や文化を継承するための幅広い活動を行っている。関根さんは、宮古島でのサミットで、「相手を大切に思うアイヌ民族の文化を等身大で伝えていきたい」と可愛らしい笑顔で語ってくれた。

しかし日本では、いまだにアイヌの人達に対する言語・文化を継承させる公的な社会制度はなく、個別には公的助成を受ける取り組みがあるものの、アイヌの子ども達が言語・文化を一貫した体系のもとで学ぶ環境は整っていない。つまり、マイノリティーに対する教育制度の問題は、先住民族だけでなく、在日外国人の子ども達をも含めた日本の重要課題となっているのだ。

　さらに、2020年の東京オリンピック・パラリンピック競技大会に向けて、日本文化の多様性をアピールしていく動きのなかで、日本における先住民族政策の推進も新しい課題となっている。

　本書を通して、ノルウェーという国がマイノリティーである先住民族サーメとどのように向き合ってきたのか。一方、サーメ自身は、自己のアイデンティティに葛藤しながらも、いかに次世代に言語と文化を継承しようしてきたのか。そして、先住民権としての権利保障が充実しているにもかかわらず、今もなお彼らが抱えている課題は何なのか。

　これらについて、読者のみなさまとわずかでも共有することができれば幸いである。そして、その行為こそが、マイノリティーを尊重できる多様性のある社会を我々が築くための一助となることを願っている。

　なお本書は、博士論文「ノルウェーにおける先住民族サーメの言語教育と文化伝承——ハットフェルダル・サーメ学校に焦点をあてて」（名古屋大学大学院　教育発達科学研究科、2018年3月受理）をもとに再編集を行ったものであることをお断りしておく。ゆえに、先行研究、参考文献、研究方法などに関しては博士論文を参照していただきたいわけだが、読者のみなさまにより親しんでいただけるよう、フィールドワーク中に体験した出来事などを「エピソード」として追記し、写真なども掲載することでサーミの日常を分かりやすく表すことにした。それがどこまで達成できたのか、これについてはみなさまのご判断に任せたい。

　それでは、北欧のマイノリティー「サーメの世界」を楽しんでいただきたい。きっと、驚くことになるだろう。

もくじ

はじめに　i

序章　サーメを研究する目的──その方法と意義　3

1　研究の目的とその背景　4
2　先行研究の検討　13
（1）日本におけるサーメ研究　13
（2）北欧におけるサーメ研究　14
（3）サーメ教育に関する研究　16
（4）先住民教育に関する研究　18
3　本研究が目指す視点　20
（1）ノルウェー、南サーメ地域に着目する視点　20
（2）サーメ学校の現場に着目する視点　21
（3）先住民教育の「学校」として着目する視点　21

第1章　ノルウェーにおけるサーメに対する学校教育──歴史的経緯　23

1　キリスト教布教時代（1700年代～1800年代前半）　24
（1）南サーメ地域におけるキリスト教の布教活動　25
（2）キリスト教布教活動期におけるサーメ学校　28
　　サーメ学校設立の推移　28
　　サーメのための教員養成セミナリウム　29
　　サーメ学校の実態　30

キリスト教布教活動の終焉　32
キリスト教布教時期における「サーメ学校」の存在意義　33

2 ノルウェーへの同化政策時代──1860年代〜1950年代後半　34

（1）学校教育法から見た同化政策のための教育の変遷　35
基礎学校の黎明期──庶民学校（allmueskole）へ　36
基礎学校の確立期──庶民学校から国民学校（folkskole）へ　39
コラム1　ドンナ島（Dønna）の国民学校　40
学校教育における同化政策　42

（2）ナチス・ドイツの占領期　43

3 戦後の復興と福祉国家形成期（1950年以降〜1980年代）　44

（1）戦後の動向　44

（2）サーメ民族運動の展開期（1960年代〜1970年代）　46
サーメ組織の創設　46
サーメ教育政策の展開　48

（3）サーメ民族の権利獲得期（1980年代以降〜1997年）　49
アルタ・ダム建設の反対運動とサーメ民族の権利獲得　49
サーメ議会（Sametinget）の成立　50
サーメのための学校教育の発展　52

第2章　ノルウェーにおけるサーメ語・文化教育の現状　55

1 北サーメ語と南サーメ語の言語状況　56
コラム2　北サーメ語と南サーメ語の違い　58

2 基礎学校および後期中等教育に関する法におけるサーメ教育の位置付け　63

3 サーメ・ナショナル・カリキュラム　65

4 「基礎学校におけるサーメ語教育に関する統計」からの考察　69

5　基礎学校におけるサーメ教育 ……… 71

(1) 北サーメ地域　73
　　カウトケイノ基礎学校に通う生徒の背景　74
　　カウトケイノ基礎学校におけるカリキュラムの特徴　75
　　カウトケイノ基礎学校におけるサーメ教育の将来性　78

(2) 南サーメ地域　79
　　生徒の背景　80
　　ハットフェルダ・サーメ学校　80
　　スノーサ・サーメ学校　82

6　就学前教育におけるサーメ教育 ……… 83

7　後期中等教育におけるサーメ教育 ……… 87

8　高等教育におけるサーメ教育 ……… 88

(1) ノルウェーの高等教育におけるサーメ語・文化教育の状況　88

(2) サーメ・ユニバーシティ・カレッジ　89
　　設立の経緯　89
　　教育課程──多様な短期コース　91
　　学生の状況と進路選択　96
　　特徴と課題　96

第3章　ハットフェルダル・サーメ学校の設立と歴史的変遷　99

1　南サーメ地域のハットフェルダル ……… 100

(1) 地域的な特徴と歴史的経緯　100
　　エピソード　近代サーメの一人──マグヌスの話　106

(2) ハットフェルダルに住むサーメの背景　109
　　トナカイ放牧サーメ　109
　　ラッハコエー（LAAHKOEH）──現在の継承されているトナカイ放牧サーメの家族観　110

トナカイ放牧家族に生まれたトムのライフストーリー　112
　　コラム3　生きていくために必要なものは名刺ではなくLAAHKOEH（ラッハコエー）　114
トムのプロジェクト　117
ハットフェルダルのトナカイ放牧業以外のサーメの背景　122
トナカイ放牧業の出身ではないレーフ・エルスバテンのライフストーリー　123

2　南サーメ地域にサーメ学校ができるまで　126

（1）同化政策期の南サーメ地域——三つのサーメ地域の特徴から　127

（2）南サーメ地域から沸き上がったサーメのための権利運動　129

ハヴィカのサーメ学校　129

1917年のサーメ地方会議での要求　130

1919年に出された当局への手紙　132

1919年と1921年の会議　134

学校局長（Skoledirektøren）からの指示　134

3　ハットフェルダル・サーメ学校の歴史的展開　135

（1）創設期——1951年〜　135

（2）南サーメ学校として——1970年代〜1990年代まで　136

（3）学校閉鎖の危機——1995年〜　139

（4）寄宿学校としての危機に基づく「遠隔教育」と「短期セミナー」の展開——2000年代以降　140

第4章　ハットフェルダル・サーメ学校の現状と特徴
——サーメ伝統文化継承への教育的戦略　143

1　ハットフェルダル・サーメ学校の新たな展開　144

（1）学校の位置付けとその特徴　144

（2）学校組織　146

（3）建物の所有と運営予算　148

公共施設としての校舎と宿舎　148
　　　2012年度以降の財政予算　148

2　遠隔教育（Fjernundervisning） ……………………………… 150
　（1）遠隔教育プログラム　150
　（2）生徒数の推移と教師の状況　151
　（3）スウェーデンに住む南サーメの生徒を対象とした遠隔教育プログラムの提供　153
　（4）北サーメ語を話す生徒を対象とした遠隔教育プログラムの提供　155

3　短期セミナー …………………………………………………… 158
　（1）短期セミナーでのサーメ教育の項目　158
　（2）短期セミナーの週間プログラムの内容と教師・スタッフの役割　166
　　　短期セミナーの年間活動計画　166
　　　週間活動計画書（Våhkoe）　168
　　　　コラム4　人ではなく自然が決める学校のスケジュール　173
　（3）短期セミナーの実態――フィールドノートから　174
　　　2014年9月8日〜12日（第1学年〜6学年）テーマ「秋のトナカイ作業」　174
　　　　コラム5　スターロが出た！　184
　　　2013年9月9日〜13日（第7学年〜10学年）テーマ「秋のトナカイ作業」　191
　　　2016年1月18日〜22日（第1学年〜6学年）と2月1日〜5日（第7学年〜10学年）テーマはともに「ドゥオッジ」　195

4　短期セミナーの存在意義と課題 ……………………………… 203
　（1）何故、トナカイ文化なのか　203
　　　地域環境と生徒の背景　203
　　　トナカイ放牧業の近代化　205
　　　サーメ語の語彙の特異性　206

（2）教育の意義——サーメ文化伝承としての役割　207
　　　　南サーメ語の定着　208
　　　　サーメ・アイデンティティの構築　208
　　　　トナカイ文化を軸としたサーメの伝統文化を学校教育で伝承させる　210

第5章　ハットフェルダル・サーメ学校の課題と「学校」としての意義　215

1　遠隔教育の課題　217

　　（1）学修方法の問題——アンケート結果より　217
　　　　コラム6　大切なことは雪の上に書く　218
　　（2）利用対象者の拡大と国立の基礎学校としての葛藤　220
　　（3）展望——南サーメ語教育会議（Sørsamisk Konferanse）の議論から　222

2　短期セミナーの課題　224

　　（1）参加生徒数が減少した要因　225
　　　　2007年から2009年にかけての教師と保護者の摩擦　225
　　　　短期セミナーに対するコムーネの意識変化　227
　　（2）短期セミナーの質的向上のための課題　230
　　　　普通教科の学習担保という課題　230
　　　　アンケートからの考察　231
　　（3）南サーメ語を話す教師・スタッフの養成という課題　233
　　　　アンケートからの考察　234
　　　　教師・スタッフの言語的コンピテンス（kompetanse）　235
　　　　南サーメ語の特徴に関する考察　236
　　　　次世代の南サーメ語の習得者　238

3　ハットフェルダル・サーメ学校の問題と課題　240

　　（1）寄宿制　240
　　　　「ひとつの学校（enhetsskole）」という理念から見たサーメの教育　240
　　　　サーメの生活近代化と親の意識変化　242

（2）教育プログラム　246
　　　　　　ハットフェルダル・サーメ学校の教育プログラムの変容　247
　　　　　　南サーメ地域におけるサーメ学校の教育的位置付け　250
　　　（3）南サーメ文化をめぐる対立──伝統的サーメと近代サーメ　252
　　4　「学校」としてのハットフェルダル・サーメ学校の意義 ……… 259
　　　　　　先住民族サーメに対する権利としての「学校」　262
　　　　　　国が保障しているサーメ教育を提供する場としての「学校」　264
　　　　　　南サーメの伝統的なコミュニティに代わる伝承の場としての「学校」　265
　　　　　　南サーメ地域における「学校」の限界　267
　　　　　　南サーメ地域におけるサーメ教育の展望　269

エピローグ　273

あとがき　277

参考文献一覧　283

付録資料1　サーメ家系図　290
付録資料2　自分を中心とした家族相関関係の呼称変化　292
付録資料3　地域別遠隔教育学習者数の分布推移　295
付録資料4　ハットフェルダル・サーメ学校年間活動計画
　　　　　　（2011年8月〜2012年5月）　296
付録資料5　教師・スタッフへのアンケート集計　298
付録資料6　保護者へのアンケート集計　301
付録資料7　生徒（7〜9学年）へのアンケート集計　304

ノルウェーのサーメ学校に見る先住民族の文化伝承
――ハットフェルダル・サーメ学校のユニークな教育――

序章

サーメを研究する目的
—その方法と意義—

夏のトナカイ放牧地スタロロークタ山（Staloluokta）の頂上にあるトナカイ放牧サーメのための教会

1 研究の目的とその背景

　本書は、ノルウェーにおけるサーメ[1]のための言語教育と文化伝承の現状と課題を、南サーメ地域、ハットフェルダル（Hattfjelldal）コムーネ[2]にあるサーメ学校[3]に焦点を当てて考察するものである。

　サーメは、スカンジナビア半島北部の北極圏を中心に、トナカイ放牧民として知られている少数先住民族であり、サーメ地域とは、サーメが先住していた地域のことを指し、北欧スカンジナビア半島の最北部の北極圏を中心に分布している。サーメ語では「Sápmi」、北欧諸国一般には「Lapland」と呼ばれてきた[4]。現在の国境線から見ると、ノルウェー、スウェーデン、フィンランドの北欧3国とロシアの4か国に区分される。

　現在、サーメは居住している国の先住民族として位置づけられている。サーメの総人口は正確にはつかめないが、5万～7万人とされる。このうち概算して、ノルウェーに居住するサーメは約4万人（サーメ語話者は約25,000人）、スウェーデンに居住するサーメは約2万人（サーメ語話者は約8,000人）、フィンランドに居住するサーメは約7,500人、そしてロシアでは約2,000人のサーメが居住している。つまり、サーメ人口の半数以上がノルウェー国籍を有していることになる。

図序－1　サーメ居住地域（Sápmi）

出所：筆者作成。

　トナカイ放牧業は、かつては多くのサーメが従事した伝統的な生業であったが、現在は少数派となっている。ノルウェーで約3,000人、スウェーデンで約2,700人、フィンランドでは居住者の約半数がトナカイ関係者

であるとされている。ちなみに、ノルウェーでは、この伝統的なトナカイ飼育を行うサーメが最北部のフィンマルク県のカウトケイノ（Kautokeino）コムーネ（72ページの地図参照）に多く残っているものの、ノルウェーにおけるサーメ総人口の10％にも満たない。しかし、トナカイ放牧業は、今なおサーメの社会や文化を表す時に重要となる側面をもっている。

　サーメとトナカイの関係は、おおよそ6000年前に遡る。1972年に発掘されたアルタの遺跡（岩絵）は、6000年前に野生のトナカイを中心として生活していた狩猟採集民族の存在を浮き彫りにした。そして、その民族がサーメの祖先であるという学説が、近年の北欧人類学では有力となっている。アルタは、ノルウェー最北部のフィンマルク県の沿岸部に位置する。現在も多くのサーメが居住しており、また冬のトナカイ放牧地でもある。

　トナカイの狩猟が飼育へと移行していった時期は800年代頃とされている[5]が、その後、数世紀にわたってサーメは狩猟採集をしながら、数家族共同で数

---

(1) 「Sámi」は、日本では「サーミ」とか「サミ」と表記される場合が多い。しかし、ノルウェー語、スウェーデン語では「Same」であり、「サーメ」という発音に近い。本書では、ノルウェー、スウェーデンでの研究であるため「サーメ」と表記することにした。また、彼らは法律的にノルウェーやスウェーデンの国民であり、かつサーメ民族である。そのため「サーメ人」とはせず「サーメ」と表記した。
(2) 県（fylke）の下にある基礎自治体（kommune）。本書では、ノルウェー語の発音に近い「コムーネ」と表記する。
(3) ノルウェーの義務教育課程は、第1～7学年の初等教育課程、第8～10学年の前期中等教育課程の10年間であり、それを基礎学校（grunnskole）としている。本書では、サーメの生徒を対象とした基礎学校をサーメ学校とする。
(4) 4か国にまたがるサーメ分布地域の自然環境は多様である。ノルウェー北西沿岸部はフィヨルドが、内陸部は広大な丘陵地帯が広がっている。地域のほとんどが北極圏内にあり、極寒期はマイナス40℃まで下がることもある。しかし、スカンジナビア半島北部の内メキシコ湾流と偏西風の影響により四季もあり、短い夏期ではあるが20℃を超える日もある。内陸部は北極ツンドラ気候、北西部は海洋亜北極気候である。ノルウェーの北沿岸部からスウェーデンとの国境山間部にかけては降雨量が多く、トナカイの餌となるコケ類やキノコ、またベリー類など湿地帯の植物が豊富に生息する。フィヨルドの崖湾の入りくんだ沿岸部は漁業資源が豊かである。内陸の河川や湖沼にもサケやマスが豊富である。このような極北の自然の中で、可能な限りの食糧源を狩猟採集しながらサーメは生きてきた。
(5) Bergman, I（2009）pp.15-17.

頭から数十頭のトナカイの放牧も行うといった生活形態を続けていった。

　1600年代に入り、サーメのトナカイ所有数の増加、放牧ルートの拡大が見られるようになった。親族を中心とした数家族による共同作業という小規模な放牧業であったが、それを専業とするサーメが現れはじめた。そして、多数のサーメがトナカイ放牧に従事するようになる。この時期は、狩猟採集中心の生活形態から、トナカイ放牧、漁業、船造り、小作農業などと生業が徐々に分化された時でもある。

　1700年代、諸国間に国境が引かれるようになると、サーメのトナカイ移動に伴う土地利用権という問題が起き、トナカイ放牧に従事するサーメだけに越境を認めるという特別な措置が取られた。

　そして、1800年代後半に入ると、北欧諸国でサーメを含む少数民族に対する同化政策が行われ、多くのサーメが自分の言語やその生活形態を失っていった。しかし政府は、定住しないトナカイ放牧のサーメを劣った存在として扱い、社会に同化させるよりも、むしろ分離させる政策を取った。

　一方、この時期には、トナカイ放牧のサーメのなかに数千頭のトナカイを所有する大規模な放牧家族も現れ、トナカイ放牧は一部のサーメに特化した職業となっていった。このことが、現在ある「サーメ≒トナカイ放牧民」というイメージを生み出したとも言える。

　実際、トナカイの肉や血や内臓は食用として、毛皮や皮革は衣類、袋物の材料として、骨角器はサーメナイフの柄をはじめとして様々な小物に利用されている。サーメが多く住む北極圏のスーパーマーケットにはトナカイ肉やサラミなど加工品専門の売り場があり、トナカイの毛皮をなめしたものや骨角器で細工された日用品が販売されている。このことからして、トナカイは飼育に携わるサーメだけではなく、それ以外のサーメにとっても日常生活に深くかかわっている存在と言える。

　サーメが話す固有の言語にもトナカイや放牧に必要とされる自然に関する語彙が多くあり、それはほかの言語では表せない。言語系統としてはフィン・ウゴル語（Finno Ugric）に属している。元々、サーメ語は文字をもたない言語であったが、1970年代以降にアルファベット化され、ノルウェー、スウェーデン、

フィンランドで公用語として使用されている。

　サーメ語には10の言語があるとされており、その方言・文化の特徴によっても地域が区分されている。そのなかで、本書で取り上げることになる南サーメ地域とは、「はじめに」でも述べたように、ノルウェーとスウェーデンの最南端に住むサーメの居住地域のことを指す。

　ノルウェーでは、北サーメ語、ルレサーメ語、南サーメ語、そしてピテサーメ語を話す話者の住む地域に区分される。しかし、ピテサーメ語を話す話者は、現在ノルウェーでほとんど見かけることがない。

　北サーメ語、ルレサーメ語、南サーメ語が第二公用語として認められているが、ノルウェーでの北サーメ語話者は20,000〜23,000人、ルレサーメ語話者は500〜600人、南サーメ語話者は200〜500人と、圧倒的に北サーメ語の話者が多くなっている。

　サーメ語も、他の先住民族と同様、何世紀にもわたる国の統治やキリスト教布教による改宗、さらに19世紀後半から20世紀にかけての国家による同化、分離政策による差別、また社会的差別を経験し、少数の言語グループのほぼ半数がその話者を失っている。

　しかし、戦後ノルウェー・サーメにおけるサーメ民族問題は徐々に改善が見られるようになった。まず1964年、ノルウェー政府によりサーメ民族問題に関する諮問機関として「ノルウェー・サーメ評議会（Norske Samerådet）[6]」が発足した。さらに1979年、アルタ川水域・カウトケイノダムの建設計画により勃発したサーメの抗議運動[7]を機に、サーメ問題が国内で表面化するようになり、サーメ民

図序－2　サーメ語方言地域

出所：筆者作成。

族問題に対する指針に変化が見られるようになった。

　結果的に、ダム建設に対するサーメの抗議運動は敗北したものの、1980年から1981年にかけて、ノルウェー政府代表とノルウェー・サーメ協会（Norgga Sámiid Riikkasearvi：NSR）、ノルウェー・トナカイ飼育サーメ全国協会（Norgga Boazosápmelaččaid Riikkaseavi：NBR）、そしてノルウェー・サーメ評議会から選出されたサーメ代表者との間で会合が開かれた。そして、ノルウェー政府は、「サーメの土地と水に関する権利」を協議するサーメ権利委員会（Samerettsutvalget）を設立した。その結果、1987年にサーメ法（Sameloven）[8]が制定されている。

　これが基盤となり、1989年、フィンマルク県のカラショーク（Karasjok）にサーメ議会（Sametinget）が設立されることとなった。政治的な決定権は限られているものの、サーメ議会はサーメ問題に関する政策への助言機関およびサーメ文化、教育面における予算立案や執行機関の役割を担っている。そして、ノルウェーでは1990年にサーメ語が公用語として法律上認められることになり、サーメ語の行政地区[9]において、ノルウェー語と並んでサーメ語が公共の案内標示や出版物に記載されるようになった。

　この動きに伴ってノルウェーは、1993年、スウェーデン、フィンランドに先駆けて欧州評議会（Council of Europa）による地域言語または少数言語のための欧州憲章（European Charter for Regional or Minority Languages）に批准した。この憲章は、欧州評議会の主導で1992年に採択されたヨーロッパの地域言語や少数言語の保護・促進のための条約（CETS 148）である。

　さらに、1991年、サーメが居住する4か国のなかで唯一、国際労働機関（ILO）第169号条約[10]に批准したことをふまえ、それに対応する国内法の一つとして、2005年に「フィンマルク法（Lov om rettsforhold og forvaltning av grunn og naturressurser i Finnmark fylke）」を制定している。ILO 第169号条約は、起草される段階で初めて先住民族が参加する権利が与えられた条約となる。

　この条約の原理は、先住民族が関連する国や地域レベルのプロジェクトは先住民族参加型にすること、また先住民族の文化・生活様式・伝統、そして慣習としてきた彼ら自身の慣習法は尊重されるべきである、としている。つまり、

ILO第169号条約は、先住民族の権利、生活、労働条件を包括した最も現代的な国際法文書と言える。

　以上の点からノルウェーは、先住民族サーメに対する様々な権利および言語・文化教育の法的保障の点で、サーメが所属する他国（スウェーデン、フィンランド、ロシア）を先導している国であると言える。

　また、国境を超えるサーメ自身の組織化も進展した。1953年、ノルウェー、スウェーデン、フィンランドの各サーメの代表が参加する北欧サーメ会議（Nordic Sami Conference）がスウェーデンのヨックモック（Jokkmokk）で開催された。以後、3年に一度、会議は各国の会場を持ち回りで開催されている。その後、1956年に北欧サーメ評議会（The Nordic Sami Council）も北欧サーメ会議で選出された評議員から構成される形で設立されている[11]。評議会はフィンランドのウツヨキ（Utsjoki）に常設され、サーメ会議の事務局としての役割を果たしている。

　1970年代に入ると、サーメの運動は他の先住民族との連携を志向するようになった。1973年、グリーンランド、北カナダの先住民（イヌイット）とともにコペンハーゲンで開催した北方民族会議（Arctic Peoples Conference）では、少数先住民族の土地や水に対する権利や生存権を表明すると同時に、先住民族のための評議会の結成を決定した。そして、1975年、イヌイットとともに世界先

---

(6)　サーメにかかわる各種補助金を分配する役割を担った。さらに1975年、農業省の予算としてサーメ居住地域のビジネスと諸活動を促進するために開設された「サーメ開発基金」などの管轄をしていた。

(7)　カウトケイノダムの建設計画予定地が、その周辺に住むサーメのトナカイ放牧地のほとんどを含んでいたため、サーメが初めて政府に対して民族的抗議運動を起こしている。

(8)　「サーメ議会およびサーメの諸権利に関する法律」https://www.regjeringen.no/en/dokumenter/the-sami-act（2016年10月閲覧）。

(9)　サーメ語行政地区（Forvaltningsområde）は、サーメ法第3条1節に応じて決定された地域。

(10)　2016年7月現在、22か国がこのILO第169号条約に批准している（ILOホームページ「Ratifications of C169 - Indigenous and Tribal Peoples Convention, 1989（No. 169）」http://www.ilo.org/dyn/normlex/en/f?p=NORMLEXPUB:11300:0::NO::P11300_INSTRUMENT_ID:312314（2018年2月閲覧）。

(11)　北欧サーメ評議会は、1992年、ロシアのコラ半島に居住するサーメ協会の参加に伴い、「サーメ評議会」と改名した。

住民族評議会（World Council of Indigenous People）を組織し、のちには国連の先住民作業部会への諮問資格をもつようになった。しかし、この評議会は、1993年以降は活動を行っていない。

さらにサーメ評議会は、北極評議会（Arctic Council）にも常時参加者（Permanent Participants）という立場で加盟している。北極評議会は、1996年、オタワ宣言（The Ottawa Declaration）に基づき設立された、北極圏にかかわる共通の課題（持続可能な開発、環境保護など）に関して、先住民社会などの関与を得つつ、北極圏諸国間の協力・調和・交流を促進することを目的とした国際協議会であり、カナダ、デンマーク（グリーンランド、フェロー諸島を含む）、ノルウェー、フィンランド、スウェーデン、アイスランド、ロシア、そしてアメリカ合衆国の8か国が加盟している。

この正式な加盟国のほかに、常時参加者として北極圏諸国に居住する先住民団体6団体が加わっている[12]。常時参加者という枠を設置した目的は、北極評議会のなかにおいて、北極先住民の代表者に積極的な参加と十分な協議の場を提供するためであった。常時参加者に決定権はないが、その発言力は大きいとされている。加盟国のなかで、特にノルウェーは北極の先住民族の積極的な参加を奨励する立場を取っている[13]。

教育においても、戦後、国内の少数民族や少数言語集団の伝統文化、言語使用やその権利に対する配慮や対応から、ノルウェー、スウェーデン、フィンランドの各国はそれぞれの法律改正の段階を経て、サーメの言語・文化を尊重する権利保障や教育環境が徐々に整備されていき、母語教育を受ける環境を改善する試みがなされていった。

ノルウェーは、1967年、基礎学校でサーメ語を第一言語として選択することが可能になった。1975年には、サーメ教育に対する諮問機関としてサーメ教育評議会（Samisk utdanningsråd）が設立され、サーメ教育に必要な専門的な審議が行われた[14]。さらに、1987年の教育法の改定に伴い、サーメ語による教育ができるまでになった。

そして、サーメが多く居住する各コムーネ自治体の主に幼稚園と基礎学校で、サーメ語やサーメ文化が教えられるようになっている。このようなサーメのた

めの学校教育の推進は、世界の先住民族教育のモデルともされてきた。

　以上のように、各国の１％にも満たない極北の先住民族サーメは、現在、ノルウェーを中心とした各国政府によるサーメ復権に向けた政策の推進、サーメ自身による復権運動、国境を超えたサーメ組織の充実、さらにサーメ教育制度の充実から他の先住民族を牽引する役割を担ってきた。

　しかし、表面的には先住民族の復権と先住民族による教育の保障がある程度充実し、先住民族教育のモデルともされてきたサーメ民族でも、前述したように置かれている状況は一様ではない。特にノルウェーでは、サーメが居住する地域によって大きな格差がある。

　実際に安定したサーメ教育の環境が維持されているのは、サーメ人口の多いノルウェー北部フィンマルク県やトロムソ県に居住する北サーメを対象としたサーメ学校のみであり、以南にある他のサーメ地域は、依然として子ども達が十分に言語や文化を学べる環境とはなっていない。それゆえ、言語や文化の学びを諦めるという親や生徒[15]も存在している。

　その理由として、サーメ人口の多い北サーメ地域を含むフィンマルク県にサーメの行政機関、文化・教育機関が集中していることに加え、４か国にまたがるサーメが統一して運動するために言語の統一を目的として、1979年に「北サーメ語統一正書法」が決定されたことが一要因であると考えられる[16]。

　サーメ語教育に関して言えば、ノルウェーでは北サーメ語、ルレサーメ語、南サーメ語の３言語が基礎学校で提供できる言語として定められている。このなかで、ノルウェーの中央部に位置する南サーメ語の話者が住む南サーメ地域は、地域内での生徒数が圧倒的に少ないにもかかわらず、義務教育課程の全就

---

[12] ほかに、アリュート国際協会・北極圏アサバスカ評議会・グイッチン国際評議会・イヌイット極域評議会・ロシア北方民族協会が加盟している。
[13] 北極評議会ホームページより。http://www.arctic-council.org/index.php/en/about-us/member-states（2016年７月閲覧）。
[14] 発足当時は、宗教・教育省の管轄であったが、2000年からはサーメ議会（Sametinget、1989年設立）が管轄している。
[15] 本書では、基礎学校（第１～10学年）に通う子どもを「生徒」と統一する。
[16] 言語の統一により、様々なメディアや出版社が北サーメ語でサーメ文化を発信していったのは大きな飛躍となった。

学生徒数に対して南サーメ語を履修する生徒の比率が、他のサーメ地域と比較してかなり高くなっている[17]。

　南サーメ地域はサーメ地域の最南端に位置しており、サーメ人口が少ない地域であるため、19世紀後半から20世紀前半にかけて国家当局によって行われたノルウェーへの同化政策によって大きな打撃を受けた。さらに、学校教育もサーメのノルウェー化を推進する役割を担い、南サーメ語の話者が激減した。しかし、トナカイ放牧のサーメ家族によって構成されたグループの孤立性と家族間の結束が、少数言語でありながら南サーメ語を維持させる要因となった。

　また、南サーメ地域は、同化政策下においていち早くサーメ言語・文化維持の権利や、サーメ学校設立と教育自治の獲得を国に対して主張した地域でもある。これらの主張が、サーメ人口の多い北サーメ地域よりもサーメ人口の少ない南サーメ地域から発信されていったことは注目に値する。

　その後、南サーメのための学校設立計画は継続して話し合われ、第2次世界大戦後、ノルウェーで最初となる国立寄宿制のサーメ学校の設立へとつながった。それが「ハットフェルダル・サーメ学校」である。設立以後、ハットフェルダル・サーメ学校は、南サーメ地域において、南サーメ語やトナカイ飼育を中心としたサーメ文化教育を発信する機関としての役割を果たしてきた。

　2017年現在、ハットフェルダル・サーメ学校で展開されているサーメ教育は、北サーメ地域にある公立の基礎学校で行われているサーメ教育とは性質が異なり、南サーメ地域独自のサーメ教育活動となっている。その特徴は、地域の伝統的なトナカイ放牧文化を中心としたサーメ文化教育が現在もなお学校教育に色濃く残されていることである。

　ハットフェルダル・サーメ学校は、2010年から2017年現在に至るまで、通年で普通教科を教える学校としての機能を果たしていない。しかし、多くの課題を抱えながらも、南サーメ地域に住む生徒のための「学校」として、南サーメ語やサーメ文化の伝承という教育的な役割を果たしている。

　本書では、少数先住民族サーメのなかでも少数グループである南サーメに焦点を当てることにした。そして、北サーメ地域のように整った教育環境でない南サーメ地域においてサーメ教育活動を展開しているハットフェルダル・サー

メ学校を通して、ノルウェーにおけるサーメ教育の現状を、そして今日的な課題を考察していくことにする。

先行研究の検討

（1）日本におけるサーメ研究

　管見の限り、日本において、サーメに関する先行研究は極めて少ない。『トナカイの社会誌――北緯70度の放牧者たち』（葛野浩昭著、河合出版、1998年）では、日本（日本語）で出版されているラップランド[18]およびサーメ民族に関する書籍は5点のみであるとしている。しかも、5点のうち4点は、サーメのトナカイ放牧者の間で暮らした生活に関する詩や小説、ラップランドの地形や動・植物の生態を写真で興味深く紹介した著書であり、紹介書の域を超えていないと指摘している（前掲書、274～277ページ）。

　しかし、この本の著者である葛野は、石渡利家が著した『北欧の少数民族社会――その法的地位の研究』（光文堂出版社、1986年）を、サーメ社会と北欧諸国の少数民族社会の歴史と現状を概観していると評し、サーメの法的権利に関する研究書に位置づけている。また、葛野自身には、フィンランドに住むトナカイ放牧を生業とするスコルトサーメを対象とした文化人類学的な視点からの調査分析[19]や、伝統手工芸の「ドゥオッジ」[20]の著作権運動に発展したラップ

---

[17] 長谷川紀子『ノルウェーにおけるサーメ人のための学校教育』名古屋大学大学院教育発達科学研究科 教育科学専攻 修士論文、2010年3月（未刊行）。
[18] 元々サーメが多く居住していたスカンジナビア半島北部の地域のことを指す。サーメ語では「サプミ（Sapmi）」。日本で通常使われるラップランド（Lapland）は、スウェーデン語の「Lappland」から英語になったもので、フィンランドでは「Lappi」、ノルウェー語では「Sameland」と呼ばれる。
[19] 葛野浩昭「トナカイ放牧の管理システム」『季刊民族学』第43巻、千里文化財団、1988年、82～89頁。「『トナカイ・サミ人』と『氷壁の人』――トナカイ放牧系サミ人と定住漁労・狩猟系サミ人の『すみわけ』とその混乱」『季刊人類学』第20巻第4号、1990年、117～173頁。

ランドの観光化問題に言及した研究である『サンタクロースの大旅行』（岩波書店、1998年）があるので参照いただきたい。

　このように、日本ではサーメに関する研究蓄積が決して多いとは言えないが、近年はサーメを他の先住民族の権利保障や言語教育のモデルケースとして取り上げる研究も見られるようになった[21]。

　ヨーロッパにおける「少数民族」の枠で、先住民権を求めるサーメの言語的、文化的、社会的問題を論じた庄司（2005）、観光学の視点から文化の客体化を論ずるにあたりフィンランドのサーメの事例を取り上げた太田（1993）、フィンランド教育の特徴の一つとして先住民サーメのための言語教育を紹介した山川（2005）、アイヌの言語教育の課題と展望を論ずるために法的に整えられたフィンランドのサーメ言語の環境を指摘した野元（2014）などである。しかし、サーメに関する一連の研究傾向を概観すると、研究対象地域がフィンランドに偏ってきたという感じがする。

　そのなかで、北海道大学の小内透を中心としたサーメの研究は[22]、先住民族多住地域に関する社会学的総合研究の一例と言える。小内らは、対象をノルウェー・スウェーデン・フィンランドのサーメとし、サーメの現状と課題に関する概観をした。対象国が広範であるため個別の問題を詳細に論じているわけではないが、この研究の目的がアイヌ民族の復権をめぐる議論の基礎資料を得るためのサーメ研究である点、そして毎年発刊された報告書[23]でサーメの全体像を簡潔に整理している点で、日本におけるサーメの重要な研究であると言える。

（2）北欧におけるサーメ研究

　北欧を中心とした諸外国におけるサーメの研究は、近年、多く蓄積されつつある。20世紀前半は、サーメではない研究者の「他者」に対する文化人類学的な視点や知見を提示した研究が主流であったものの[24]、今日では北欧諸国の高等教育機関を中心とし、広範にわたる領域でサーメ研究や開発プロジェクトが展開されている。

　筆者が2011年〜2016年にわたるノルウェー、スウェーデンでの調査や学会・

研究会などで確認した限りではあるが、ノルウェーではトロムソ大学サーメ研究所、併設しているトロムソ博物館、サーメ・ユニバーシティ・カレッジ（Samisk Høgskole; Sámi allaskuvla）、ボードー・ユニバーシティ・カレッジ、スウェーデンではウプサラ大学、ウメオ大学、ルンド工科大学、エレブルー大学、フィンランドではラップランド大学などが挙げられる。もちろん、北欧の高等教育機関全般においてサーメを扱った研究の絶対数は僅かである。しかし現在は、サーメによるサーメ研究が散見されるようになり、その研究業績は確実に蓄積されつつある。

初めてサーメ自身がサーメに関する本を世に送り出したのはTuri（1910）である[25]。彼は、トナカイ放牧の家庭で育った自身の経験を赤裸々に語っている。その後、歴史研究を中心にしたノルウェー北サーメ地域出身のSolbakk（2007）や、スウェーデンのサーメであるKjellström（2000）らによって、サーメの伝統的な生活習慣やサーメの視点から描かれた歴史研究が発表されていった。

---

[20] 南サーメ語では「duedtie」。発音を正確に表すことは難しいが、本書では「ドゥオッジ」とする。
[21] このような研究事例は、日本以外でも、自国に先住民族が住む北米、カナダ、ニュージーランドなどでも見られる。例えば北米では、アリゾナ大学のNgaiら（2005）によるアメリカの先住民とノルウェーのサーメの比較研究、現代に生きる先住民族の世界を描いた著書The Changing Worldシリーズの一例としてSpencer（1978）による民族誌的サーメ研究がある。また、ニュージーランドでは、言語維持のための教育メソッドに関するマウイとサーメの教育者らによる共同研究なども行われている。
[22] 平成24～27年度の日本学術振興会科学研究費補助金（基盤研究A）（研究課題「先住民族「先住民族の労働・生活・意識の変容と政策課題に関する実証的研究」、研究代表者・小内透、課題番号2423055」および平成23年～26年度の日本学術振興会科学研究費補助金（基盤研究B）（研究課題「先住民族の教育実態とその保障に関する実証的研究」、研究代表者・野崎剛毅、課題番号23330247）に基づく研究。
[23] 上記の二つの科研研究成果として、小内透編著『ノルウェーとスウェーデンのサーミの現状』研究報告書29、先住民族多住地域の社会学的総合研究その1、北海道大学大学院教育学研究院教育社会学研究室、2013年をはじめとして4巻が発刊された。
[24] Evjen（2009）.
[25] デンマーク人女性芸術家エミリー・デマント（Emilie Demant）との出会いにより執筆活動をはじめる。彼女の支援により、デンマーク語とサーメ語との対訳版『Muitals Sámld birra』が出版された。現在は、日本語を含む多くの言語に訳されている。日本語版は、ヨハン・トゥリ／吉田欣吾訳『サーミ人についての話』東海大学文学部叢書（東海大学出版会、2002年）がある。

また、Helander（1990）では、スカンジナビア半島の極北沿岸部に狩猟民族として居住していた古代からキリスト教の布教時代、さらに19世紀後半から20世紀前半まで続いた多数民族への同化政策期、戦後の近代化、そして現在と、4か国に住むサーメの歴史的経緯が明らかにされている。さらにBjørklund（2000）らは、ノルウェーの北サーメ地域での第2次世界大戦後の復興とサーメの伝統的な生活との軋轢の時期を経て、サーメが一つの民族として結束していく過程を民族誌的な手法で描いている。

　一方、Høgmo（1986）が、民族的差別とアイデンティティ喪失の相関性をノルウェー北部の沿岸地域に住むサーメ3世代にわたった事例を通して論じたほか、Eidheim（1997）も社会の偏見がサーメの民族的アイデンティティにどのように影響を及ぼしていったのかについて論じた。さらに、サーメの手工芸家達を民族誌的手法で描いたKihlberg（2003）や、マイノリティーの権利について論じたJahreskog（1982）の研究などもある。

　以上のように、北欧諸国におけるサーメに関する研究は、当初はサーメ以外の人類学者による「他者」に対する研究であったが、近年は、北欧の高等教育機関でのサーメ研究やプロジェクト、そしてサーメ自身の研究者による歴史研究、先住民族に対する文化人類的アプローチ、言語学、先住民族に対する権利保障などの法学的研究、トナカイ飼育（放牧）に関する自然科学的研究など、裾野が広がりつつある。

（3）サーメ教育に関する研究

　サーメの教育に関する研究は、Hoëm（1976, 1989）など、同化政策が基礎学校教育を通してどのようにサーメ社会に影響を及ぼしたかというサーメ側の観点から多くの分析がなされた[26]。またEidheim（1997）は、1960年代以降の緩やかなサーメの自己覚醒について分析し、サーメのアイデンティティと公教育の関係について論じている。

　そのほか、Minde（2005）は、同化政策時代におけるサーメ教師の葛藤から当時の学校が果たしたサーメの子どもに対するノルウェー化への影響を明らか

にしているし、Lundら（2005, 2007, 2009）は、民族的手法で1700年代から1900年代後半までの様々なサーメ地域におけるサーメ学校の歴史的変遷や当時の様子を詳細に描いている。

このように、18世紀前半からのキリスト教布教時代をスタートとして、同化政策時期を経て20世紀に至るサーメ教育に関する歴史的変遷を綴った研究がサーメの研究者を中心に行われてきた。しかし、その多くは、サーメ人口の多いフィンマルク県を中心とした北サーメ地域に住むサーメに着目したものであった。

一方、Jernsletten（1993）は、各サーメ地域におけるサーメのための学校教育の展開過程と、各地域における現在の文化的環境には地域差があると指摘し、サーメをひと括りで研究することを批判した。そして、ルレサーメ（7ページ参照）や南サーメのような少数グループのサーメの地域性に着目したサーメ言語教育研究の必要性を論じている[27]。

Todal（1998）もまた、南サーメ地域において、同化政策期の学校に対する政治的な動きや、数世代前に行われてきたサーメ語からノルウェー語への移行のために学校がどのような働きを果たしてきたのかという研究はほとんどなされていないとしている[28]。そして、現在の南サーメ語教育の現状もまだ十分に把握されていないとしている。

そのなかで南サーメ地域に住むサーメの歴史研究家Elsvatn（2001）は、18世紀から20世紀にかけての、ハットフェルダルを含むヌーラン県南部に当たるヘルゲランド地方[29]における南サーメのための教会管轄の教育施設からサーメ学校設立までの歴史的変遷をまとめた貴重な研究を残している[30]。また、Karstensen（1988）やBull（1988）も、南サーメ地域の他のコムーネにあった当時のサーメ学校の状況を概説している。

---

[26]　Hoëm（1989）pp.159-166.
[27]　Jernsletten（1993）pp.115-132.
[28]　Todal（1998）pp.360-362.
[29]　ノルウェーの北極圏最南端に位置し、ヌーラン県南部の沿岸地方からスウェーデン国境に接する内陸までの地域を指す。南サーメ、ルレサーメの多くが居住する地域である。
[30]　Leif Elsvatn（2001）p.3.

しかし、Todal（1998）が指摘するように[31]、南サーメ地域におけるサーメのための学校教育に関する先行研究は僅かであり、さらに言えば、今日のサーメの学校現場に踏み込んだ研究はほとんどなされていない。この傾向は、南サーメ地域だけに限らず、北サーメ地域のサーメ学校に関しても同様である[32]。

その背景には、同化政策時代の反省から、支配者側の立場であった研究者が現場に踏み込むことへの倫理的な躊躇もあるようだ[33]。しかし、もう一つの理由として、今や北欧でマイノリティー教育の問題を取り上げる時に対象となるのは移民であり、先住民族のサーメでないこともある[34]。

（4）先住民教育に関する研究

近年、先住民族をめぐる国際的な動向は大きく改善され、先住民族の運動は国民国家の枠を越えた広がりを見せるようになった。特に、1989年6月の土地と水に関する先住民族の権利保障を盛り込んだILO第169号条約の成立を経て、2007年、各国の圧倒的多数の賛成により採択された国連総会での「先住民族の権利に関する国際連合宣言」によって、先住民族をもつ各国はその権利の回復や保障に向けての様々な政策的課題に目を向けるようになった。

先住民族の言語研究を専門とする金子亨が著した『先住民族言語のために』（草風館、1999年）は、少数先住民族言語の復興政策の可能性として、「民族語を用いる公的な場を確保し、その公共生活上の効用を作り出し且つ維持すること、とりわけ学校教育において教育語の位置を確保すること」（前掲書、91ページ）といった政策を提唱している。ノルウェー政府のサーメ教育政策は、まさに金子が提唱している復興政策と言えるものである。

一方、Shanley（2015）は、先住民問題を考えるうえで、知識や文化だけではなく、それらを育んできたコミュニティにも着目すべきであると主張している。そして、「学校」が崩壊しつつある伝統的なコミュニティに代わって、先住民族の知恵や文化を伝承していく役割を担っていく必要性を論じている[35]。

また、先住民族のための教育研究の領域においてNgai（2015）らは、先住民族だけでなくすべての市民に対して先住民族の問題、文化、歴史について教

育することの意義を論じ、さらには学校教育で行われるメインストリームと先住民教育との結合の必要性を提唱している[36]。シチズンシップ教育、社会教育、持続可能な教育として先住民教育をメインストリームに統合させようとするNgai（2015）らの理論は、今後の先住民教育研究に示唆を与えるものと思われる。

　小内（2015）では、近年の先住民族の国際的な動きを反映して、人類学や民族学に偏りがちだった先住民族研究に新しい学問的な視座が見られるようになったものの、いまだ学問的に議論されるべき複雑な課題が存在する、としている。そして、先住民族の権利の回復や保障に関する現実の動きが理論より先行しているという現状を指摘し、先住民族研究の新たな課題として、その権利の回復や保障に関する「規範理論の構築」の必要性を論じている。また同時に小内は、規範理論の構築以上に、先住民族問題に関する複雑な現実を具体的に明らかにし、そこにある課題や展望を探ることの必要性を主張している。

　筆者は、この主張を支持する。前述したように、ノルウェーのサーメ問題においても、その状況はサーメ地域によって差異があり、複雑な現実がある。南サーメ地域という、ノルウェーの先住民族のなかでも少数グループである地域での教育問題に焦点を当て、その具体的な成果や課題を明らかにすることは、先住民族に関する研究において一定の意義を有するものと考える。

　先行研究としてここで紹介した本の多くは、お分かりのように海外のものが多い。巻末に掲載した「参考文献一覧」に書誌データを記してあるので、ご興

---

[31] Todal（1998）pp.360-362.
[32] 2011年から2016年にかけてのトロムソ大学、サーメ・ユニバーシティ・カレッジ、ボードー・ユニバーシティ・カレッジ、ウメオ大学、ウプサラ大学などの研究会へ参加した際、研究者に行ったインタビューからの情報に基づく。
[33] 2015年9月、ウメオ大学でのアンナ・リル・レッドマン（Annna-Lill Ledman）教授からの聞き取り調査による。
[34] 近年、北欧教育研究学会（NERA）の、多文化教育研究部会（Multi-Cultural Research）でもサーメに関する教育研究は一切発表されていない。
[35] Shanley（2015）p 20.
[36] Ngai, Karlsen and Paulgaard（2015）p101.

味をもたれた方はぜひ原典を読んでいただきたい。とはいえ、その入手および読解において不安のある方も多いだろう。その場合は、是非、筆者にお問い合わせをしていただけるとありがたい。また、筆者としても、本書の出版を機に、様々な機会を通じてサーメに関する研究報告やイベントの開催を行っていきたいと思っている。

本研究が目指す視点

（１）ノルウェー、南サーメ地域に着目する視点

　サーメは、四つの国と10の言語に分かれる民族グループである。そのなかで、本書ではノルウェーの南サーメ地域に着目した。その理由は、最もサーメ人口が多く、4か国のなかでサーメに対する法的な権利保障が最も進んでいるノルウェーであるにもかかわらず、実はサーメ間において地域的な差異が大きく、南サーメ、ルレサーメのような少数グループに対するサーメ教育が置き去りにされている現状をふまえ、先住民族教育における今日的な課題を探ろうとしたからである。

　さらに、北サーメに比べて南サーメの言語・文化教育に関する研究蓄積は非常に少ない。しかしながら、南サーメ地域は以下の点において注目に値すると考えたからである。

❶多数民族であるノルウェー国民[37]の村であり、少数のサーメがマイノリティーとして共存してきた地域であるにもかかわらず、その言語が維持されている点。

❷地域内にある基礎学校の生徒全体に占める南サーメ語の履修率が、他のサーメ地域と比較してかなり高い点。

❸ノルウェーで同化政策が推進された時期に、いち早く先住民族の権利や、サーメ学校設立と教育自治の獲得を主張する運動を発信した点。

（2）サーメ学校の現場に着目する視点

　サーメ教育における研究で、現在のサーメ学校現場に踏み込んだ先行研究は前述したように少ない。ましてや、少数グループである南サーメ地域の小規模なサーメ学校の現状はほとんど明らかにされていない。しかしながら、本研究の対象とする南サーメ地域のハットフェルダル・サーメ学校は、その地を発端として起こったサーメのための教育要求運動が戦後に実を結んで設立された、ノルウェーで唯一となる国立の寄宿制のサーメ学校である。

　本書では、この学校を対象に民族誌的な手法を用い、サーメ学校が南サーメ地域の子ども達と地域社会全体に対して果たしている役割、教育的意義、現在直面している課題を探っていく。また、過去の経緯からノルウェーの研究者ではなかなか入り込めなかった領域に踏み込み、サーメでもマジョリティーでもない視点からサーメ学校の現状を描くことにした。

（3）先住民族教育の「学校」として着目する視点

　ハットフェルダル・サーメ学校を通して南サーメ教育を見る際、先住民教育における「学校」という場の重要性に着目することにした。ハットフェルダル・サーメ学校は、2010年から2017年に至るまで通年制の学校としては機能していない。現状は、遠隔教育と短期セミナーという教育手段を使って、南サーメ語とサーメ文化の教育を発信する場となっている。

　要するに、普通教育を行う機関としての機能を失いつつも、ハットフェルダ

---

(37)　1987年、ノルウェー国王ハーラル5世によって、サーメ権利調査委員会の報告書による提言に基づいた「サーメ議会およびサーメの諸権利に関する法律（サーメ法）」が成立し、サーメが先住民族として事実上認められたことにより、ノルウェーはノルウェー人とサーメから構成されることになった。同時に「サーメ語法」が成立し、サーメ語とノルウェー語が同等な地位にあることが確認された。そして、翌年、最終的にノルウェー王国基本法に「サーメの民族集団がその言語、文化、生活様式を維持・発展させることができる諸権利に関する条件を整えることを国家機関の責務とする」（第110条．a）という文言が追加された。

ル・サーメ学校は南サーメ教育を行う「学校」として存在しているのだ。また、学校関係者も「学校」という公教育の場で南サーメ語やサーメ文化教育が行われる必要があると主張している。

　ノルウェーでは、サーメ・ナショナル・カリキュラム（Læreplaner i Kunnskapsløftet samisk）とサーメ法に基づく学校教育法によって「学校」におけるサーメ教育が保障されている。さらに、自分達が南サーメのための「公立学校」を要求し、勝ち取ったという歴史的な自負がある。そのような点から、ハットフェルダル・サーメ学校の関係者は、単に教育そのものの権利を主張しているのではなく、国家市民としての権利を勝ち取った先住民族としての矜持（きょうじ）も示していると思われる。

　しかし、それ以上に、「学校」という存在自体が、南サーメ地域における南サーメ語やサーメ文化の伝承、またアイデンティティ形成に重要な役割を果たす可能性を有していると筆者は考えている。ハットフェルダル・サーメ学校が、「学校」という枠のなかで南サーメ地域の子ども達に何を伝えようとしているのか、そして地域のなかで、ハットフェルダル・サーメ学校が先住民族教育の「学校」としてどのように位置づけられているのかについて本書で考察していきたい。

第1章 ノルウェーにおけるサーメに対する学校教育
―歴史的経緯―

スタロロークタ山の頂上にある教会の内部。敷物代わりに使われるトナカイの毛皮が干してあった

本章では、①ドイツ・ルター派のキリスト教啓蒙運動がノルウェーに広がっていった1700年代〜1800年代前半までを「キリスト教布教時代」、②サーメをはじめとする少数派民族へのノルウェー化が遂行された1860年代〜1950年代後半までを「ノルウェーへの同化政策時代」、③戦後、サーメに対する教育の権利保障が段階的に改善されていった1950年代〜1980年代までを「戦後の復興と福祉国家形成期」という3段階に区分し、ノルウェーにおけるサーメに対する学校教育の歴史的変遷を明らかにする。

1 キリスト教布教時代（1700年代〜1800年代前半）

1700年前後、ノルウェーはデンマークとの同君連合国であった。また、ドイツ・ルター派のキリスト教敬虔主義が北欧に強く影響した時期でもある。当時、デンマーク・ノルウェー国王であったフレデリック4世（Frederik Ⅳ, 1671〜1730）はキリスト教啓蒙活動を奨励し、デンマーク国内に多くの「庶民学校（allmueskole）」を設立させていった。

ノルウェーにおいて国王は、ミッションコレギウム⁽¹⁾の伝道団の一つである

ユッカスヤルビ（jukkasjärvi）教会内部に掲げられている壁画

「七星（syvstjernen）」と呼ばれる宣教師達によるキリスト教啓蒙運動を支持し、ノルウェー中央部から以北地域に「七星」を派遣した（次項参照）。

さらに、1736年、「堅信勅令（Konfirmasjonsforordningen）」が導入された。これは、いかなる児童もキリスト教育を受けることなしに堅信礼[2]を受けてはならないという規定であった。この規定の結果、1739年には、「ノルウェーにおける地方の学校に関する勅令（Forordningen om skoler på landet）」が出されることとなった（以下、「1739年の勅令」）。これは、各教会教区（prestegjeld）において、キリスト教に基礎を置く学校という形の教育機関をもたねばならないというものであった。

ノルウェーに「庶民学校」という概念が生まれたのもこの時期であるが、その頃は、教理問答（Catechismus）暗唱、唱歌といったキリスト教教育を目的とした「学校」であった。

本節では、ノルウェーでキリスト教布教活動が初期から行われた南サーメ地域に焦点を当て、そこで行われたサーメに対する布教活動の目的、「サーメ学校」の実態と存在意義、そしてその歴史的変遷を明らかにする。

（1）南サーメ地域におけるキリスト教の布教活動

1720年頃、南サーメ地域にはサーメのための最初の教育施設がすでに設立されていたことは前述したが、それはサーメのための学校の原型とも言えるものであった。その「学校」が設立された経緯は以下の通りである。

前掲したコペンハーゲン・ミッションコレギウムの一つである「七星」は、主にデンマークの植民地におけるミッション活動に責任をもつべきものであるとされたが、同時にノルウェーのサーメにも責任を負うことになった。「七星」の中心人物であるトーマス・フォン・ヴェステン（Thomas von Westen, 1682〜1727）が、サーメへのキリスト教布教活動のリーダーに選出されたのは1715年

---

[1] 1714年から1859年まで活動していた、プロテスタント系ルーテル派のキリスト教団による宣教団体。デンマーク・コペンハーゲンに拠点を置いていた。
[2] すでに幼児洗礼を受けた15歳前後の青年が、自らの意志で堅信の意思を表明する儀式。

図1−1　現在のノルウェーにおける
サーメの分布

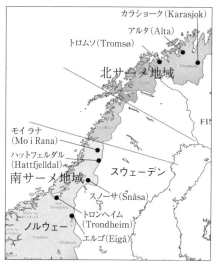

2013年筆者作成

であった。彼が伝道の対象としたのは、ノルウェー中央部より以北に住む「貧しい野蛮な村人」であった。

当時、その地域はノルウェー人が少なく、先住民であるサーメが多く居住する地域であった。そして、最初に普及活動が行われた所が、その南端に位置する南サーメ地域であった。ちなみに、ノルウェーにおける教会の機能不全とサーメの生活がひどい状況にあるということを伝える、「七星」が国王宛に送った手紙も残されている。

フォン・ヴェステンは、サーメ社会にキリスト教を普及するためには教育が重視されるべきであると考えた。これは、この時期の啓蒙主義の思想を反映したものである。しかし、そのためには、それにふさわしい教会学校教師を養成するという大きな課題があった。

教会は、礼拝説教での使用言語やサーメに対する特別な教育などについて議論し、布教活動をよりスムーズに行うためにサーメ文化を尊重する姿勢を取っていった。時折、説教にデンマーク・ノルウェー語よりもサーメ語が好んで使われる場合もあった。しかし何故、キリスト教伝道の最初の拠点が、大多数のサーメが居住する北サーメ地域ではなく南サーメ地域であったのだろうか。その理由の第一として、南サーメ地域の地形的な特徴が挙げられる。

図1−1は、現在のノルウェーにおけるサーメの分布を示したものである。北サーメ地域にあるサーメの集落（カラショーク、アルタ、トロムソ）は、スウェーデン国境から離れた地域に位置している。それに対して南サーメ地域は、スウェーデン国境とフィヨルドに挟まれた、縦長に伸びた地域である。モイラナ（Mo i Rana）、ハットフェルダル（Hattfjelldal）、スノーサ（Snåsa）が、ス

ウェーデン国境の近くに位置していることが分かるだろう。特に、ハットフェルダルは国境となる山の麓にある。

　ノルウェー中央部以北へのキリスト教布教活動がはじまった1700年初頭は、前述したように、ノルウェーはデンマークと同君連合国の関係下にあり、スウェーデンから東部国境付近の領土侵攻の脅威にさらされていた時期であった。このことから、南サーメ地域は地政学上において最も重要な地域であったと考えられる。

　第二の理由として、この地域に住む南サーメの生活スタイルが挙げられる。トナカイ放牧のためにスウェーデン国境を行き来する南サーメは、当時、スウェーデン側とノルウェー側に税金を納めていた。そのため、サーメがどちらの国に帰属するかによって、国境付近の領土確定が左右されるという両国間の緊張関係が続いていた。この地域のサーメを、デンマーク・ノルウェー王国のキリスト教徒として帰属させ、彼らの教会籍をノルウェー側の教会教区に定着させることが布教活動の目的の一つであったと考えられる。

　南サーメ地域への布教政策の目的は、啓蒙主義的キリスト教の伝道に加え、国家統治の強化・国防という重要な一面をあわせもっていた。そして、サーメのキリスト教への改宗を目的とした布教活動の一環として、サーメの子ども達へのキリスト教教育の学校、いわゆる「サーメ学校」が位置付けられた。

　南サーメ地域には、キリスト教布教活動期に「サーメ学校」が存在したと確認できるコムーネが三つある。ハットフェルダル、モイラナ、スノーサの3コムーネである。この地域における当時のキリスト教教育は、「学校」に関する研究はほとんどなされていない。しかし、この3コムーネから編纂された各『学校史』(*Sameskolen for Midt-Norge*（『中央ノルウェーのサーメ学校』、以下『ハットフェルダル学校史』Elsvatn［2001］）、*Ranas Skolehistorie*（以下『モイラナ学校史』Karstensen［1988］）、*Skuvle-Snåsa*（以下『スノーサ学校史』Bull［1988］）の一部に、この時期の「サーメ学校」に関する貴重な記述が残されている[3]。

　次項では、これらの学校史の歴史的記録に着目し、当時の南サーメ地域における「サーメ学校」の設立過程から、その実態と存在意義、そして歴史的推移を分析する。

（2）キリスト教布教活動期におけるサーメ学校

サーメ学校設立の推移

　公的なサーメへの伝道は1707年にはじめられていたとされる。最も古いサーメ学校として、1709年、サーメキリスト教集会所にすでに「学校（skolen）」が備え付けられていたという記述が『ハットフェルダル学校史』にある。ミッションコレギウムによる正式な教会がハットフェルダルに最初に設立されたのが1727年から1728年であるから、この集会所にあった「学校」は、ハットフェルダルに教会が建てられる以前の、伝道所の時からすでに存在していたことになる。

　当時、西沿岸地方のヴェフスン（Vefsn）から約100km離れたハットフェルダルまで通いの牧師が来て、定期的な集会を開いていたとされている。また、『ハットフェルダル100年史（Hattfjelldal Kommune Hundre år）』[4]には、ハットフェルダルは「地域内の結束が強く、ミッションコレギウムによる教会設立が遅れた地域であった」と記録されている。

　一方、『モイラナ学校史』には、1722年にフォン・ヴェステンが、モイラナにサーメ学校とそれに付随する寄宿学校を建設することを決定した旨が記述されている。そして、スノーサに関しては、サーメ学校が設立された具体的な年号は記述されていないが、以下のことが記述されていた。

❶サーメ学校での教育の目的は、サーメへのキリスト教の布教であった。
❷1724年に、南サーメ地域には「カテキスト（kateketer）」[5]と呼ばれる5人の教師達がいた。
❸学校での教育において、彼らがサーメに「キリスト教の教え」を学ばせることに使命をもっていた。
❹サーメ学校が、ベフスンに2校とスノーサに1校あった。

　以上の記述から、1720年代にはすでに「サーメ学校」と呼ばれる教育の場が、僅かだが存在していたことが分かる。

サーメのための教員養成セミナリウム

　1715年、フォン・ヴェステンは、国王の勅令を受けてトロンハイム（Trondheim）のラテン語学校にセミナール（seminar）を開設し、自ら神学講師の職に就いた。このセミナールは、宣教師や教師になることを目的に、コペンハーゲンの大学に入学するための準備教育がなされたところである。このセミナールに、サーメの若者が数人在籍していた。

　当時、サーメ地域の教会では、ノルウェー語とサーメ語を話す若いサーメの男性が、サーメと宣教師との媒介者としての役割を担っていた。彼らは「教育係（skoleholderne）」と呼ばれ、伝道活動や教育の補助的な仕事を行っていた。そのような教育係を教師として養成していくために、1752年、「ラッポニクム・セミナリウム（Seminarium Lapponicum）」というサーメのためのセミナールが開設された。

　サーメ教師の養成が重要であったことは、「サーメを彼らの『言語』で教育し、かつ宣教師よりもサーメがそれを行うほうがより容易にキリストへの信仰を伝えることができるであろう」という、現地に赴いた宣教師達の報告にも反映されている。

　『ハットフェルダル学校史』には16人のサーメ教師の名前が連ねられている。さらに、『モイラナ学校史』でも「フォン・ヴェステンは、学校の教職員に、イエンス・シルダル（Jens Kildal）と、アルビッド・ビストック（Arvid Bistok）、サーメ地域の長官であったアンデッシュ・クレメンソン（Anders Clemensson）、そして、そのほか6名のサーメを任命した」[6]という記述がある。

---

(3)　この三つのコムーネは、ノルウェーの村人と元来その地域で生きてきた南サーメが混在する特殊な地域である。そのため、ノルウェーのコムーネで1980年代以降に編纂された『学校史』であるが、この時期のサーメに関する記述が多く残されている。そして、「サーメ学校」についての記述がサーメによるものである点も注目される。さらに、キリスト教布教時期まで遡り、当時の社会背景、教会とサーメの関係、そして「サーメ学校」の実態などが詳細に記録されている。以上の点から、この3コムーネの『学校史』は分析の対象に値する資料ということができる。『ハットフェルダルの学校史』を参照。

(4)　ハットフェルダル・コムーネが発行した1862〜1962年の100年間の郷土史である。序章として、1862年以前の村の形成期の史実が描かれている。

(5)　教理問答の教師のほかに、開拓伝道教会で働く現地人の教師という意味がある。

しかし、『モイラナの学校史』に実名が記されているのはすべてノルウェー人であり、6人のサーメの名前は記述されていない。

サーメ学校の実態

とはいえ、サーメ学校に子どもを通わせるまでに、宣教師達は多くの課題を乗り越えなければならなかった。『モイラナ学校史』には、フォン・ヴェステンがサーメの親に子どもを学校に通わせることを約束させたこと、不信仰の生活から切り離して信仰生活をするように説得したこと、そして、キリスト教による神の存在を信じることを誓わせ、二度と酒は飲まないという約束にも同意させたことなどが記述されている[7]。

教育を継続させるため、冬のトナカイ放牧の間、村を離れる両親からサーメの子どもを切り離し、定住させるための寄宿舎を確保するというのも大きな課題であったようだ。しかし、当初は、「ラナ・ラップ人の山の放牧（Ranes Lapper reyser af Fieldene）の時期、つまり放牧のためにスウェーデン側の山間に行く冬期には、約20人の子ども達が親とともに再びスウェーデンに行ってしまった」と記述されていることから、寄宿舎が課題になっていたという点はうなずけない。

当時、教区の宣教師ダス・ロレンツ（Das Lorentz）は、1729年にミッションコレギウムに宛てた報告の手紙で、モイラナのサーメ学校について陳述している。その内容は、サーメ学校に通う子ども達の親が、その費用を自分達で負担しなくてはならないことに対して、ミッションコレギウムに何らかの対応を求める陳情であった。

その手紙にロレンツ宣教師は、「今、20人あまりのサーメの子どもが『学校』にいるが、子ども達は、冬の学校がある3〜4週間、農家の仕事を手伝ったりして自らの食費を稼ぎ、また着替えについても親の援助がなかった」と報告している。そのような貧しい環境が、当時のサーメ学校の寄宿舎生活であった。

モイラナのサーメ学校は、1760年までモーヘルメン（Moholmen）にあったが、その後、学校はオーネス（Ånes）に移転されている[8]。移転の背景には、「サーメ学校」と地主との間に、貸借に関するトラブルがあったようである。1年

間の賃貸料を滞納してしまっていること、そして、それを支払うか、さもなければ立ち退きかを地主が要求していることを、ロレンツ宣教師は当時の主任司祭であったN. C. フリース（N. C. Friis）に送った手紙のなかで陳情している。

その年の秋、後任の宣教師[9]がトロンハイムの司教[10]に手紙を送り、オーネスの学校建設についての報告をしている。その報告には、できるだけ安く、しかし同時に、応分の価格で耐久性のある学校の建設に努力したこと、また宿舎が完成し、学校長（skolemesteren）とその家族も移り住んでいること、そして、既に何家族かのサーメの訪問も受けていることが記されている。しかし、宣教師自身は、寒い農家の家に仮住まいをしている状態であったという。

1785年に赴任した次の宣教師[11]は、最初の1年間は割り当てられた自分の住まい、つまり牧師館に招いて、サーメの子ども達に教育を施していたことが記録されている。建物は、この当時も「よい状態」とは言えない環境であったようだが、その後、何度も修繕を重ねている。

宣教師が1789年に司教に宛てた手紙のなかで、学校があったオーネスにおけるサーメの生活状況について報告をしている。その報告には、当時24世帯の農村サーメ（bygdesamer）がいたこと、そして、そのほとんどが貧しく、村人に小作人として雇われていたこと、しかし彼らはデンマーク語を理解し、子ども達が学校に通っていたことを報告している。

さらに、学校の授業がある間は[12]、子ども達には授業と食事が無償で与えられていたこと、そして、男女それぞれ15人ほどの子どもが通っており、年齢はおよそ12歳から14歳くらいまでであったことが報告されている。

また、学校の教師達は3、4週間かけて山麓にあるサーメの家を訪問しなが

---

[6] Elsvatn（2001）p5.
[7] 以下、モイラナの学校の実態に件に関しては『モイラナ学校史』を参考にしている。
[8] Skulevika（学校の入り江を意味する）という地名が、その学校があった場所に現在も残っている。
[9] ベンヤミン・ダス・ワルヌム（Benjamin Dass Walnum）宣教師。この項では、本文中での煩雑さを避けるため、以下登場する宣教師、司祭の固有名詞は注に示す。
[10] グネルス司教（biskop Gunnerus）
[11] ヨハン・ローリング（Johan Røring）宣教師。
[12] イースターの後の日曜日までの期間と記述されている。

ら、朝の祈祷会（morgenbønn）や午後の祈祷会（aftenbønn）を行い、またカテキズムの問答試験[13]も行ったという。当時は、モイラナにおいてもデンマーク語での教授がなされていたが、報告には「サーメにデンマーク語のみで教えることは不適切である」とも付け加えられている。

　この記述から、この宣教師の生活は、学校運営とサーメの子ども達への教育に奔走していたことが分かる。また、サーメの立場に立ってキリスト教の布教活動を行い、サーメへの学校教育にも熱心な宣教師であったことも分かる。

　サーメ学校での教育がどのようにされていたのかという具体的な記録は残されていないが、基本的には、簡単な読み書き（første, rekke, lesning）とキリスト教の教理問答が教えられていたようである。また、1736年の勅令により、教会学校で堅信礼が行われるようになると、サーメ学校を卒業するサーメの若者も堅信していった[14]という。

キリスト教布教活動の終焉

　およそ100年続いたミッションコレギウムによる南サーメ地域の布教活動は、ある程度の目的を果たし、1800年初期にその使命を終結した。学校においても、サーメの教育は「庶民学校（allmueskole）」が設置されたノルウェーの子ども達と同じ学校区（omgangsskoledistrikter）を単位とする地域に管轄されていった[15]。そして、子どもの教育は、布教活動時代のように宣教師やサーメの教師ではなく、ノルウェーのセミナリウムで教員養成を受けた庶民学校の教師が携わるようになっていった。

　1770年、モイラナでのキリスト教改宗が一段落したため、宣教師達は徐々にこの地を離れ、学校運営は徐々に学校区管轄に移されている。ハットフェルダルでは、1790年、学校に対する責務をコムーネに委譲した。スノーサにおいては、それよりも早い1731年にミッションコレギウムからノルウェー教区管轄に統合されている[16]。これにより、フォン・ヴェステンに代表されるような教会のサーメへの積極的な姿勢は、1800年半ばから強まっていったノルウェー国家の同化政策のもとで衰退していった。

キリスト教布教時期における「サーメ学校」の存在意義

　1700年代のキリスト教布教期は、南サーメの生活水準や意識の向上を図ることによって、国境付近に住む南サーメをデンマーク・ノルウェー同君連合国側に取り込もうとした国と教会権力の思惑が働いた時期であった。それは教会説教と学校教育によるキリスト教化であり、また古いサーメの土着信仰を排斥するものであった。しかし一方では、実際にサーメ地域に入りサーメの目線に立って純粋に「神の言葉」を伝えようとした宣教師達も存在した。この二つの側面が、南サーメ地域におけるキリスト教布教活動の特色であると言える。

　キリスト教布教期においては、サーメへのキリスト教啓蒙活動を目的とした教会側が、サーメの子どもをつなぎ止めるために寄宿制のサーメ学校を必要とした。「生活厚生」を目的の一つとしたサーメ学校は、当時、貧しいサーメにとっては生活救済所となった。また、読み書きや簡単な算術を教えたサーメ学校は、例えばサーメが物品売買などで公平に取引できるよう、ノルウェー社会で生きていくために必要な知識を得る場所でもあった。

　このような点から、この時期のフォン・ヴェステンらによるキリスト教布教は、必ずしもただサーメ社会に改宗を強要したわけではなく、サーメにとっても利のある側面があったと考えられる。

　それは、常時ある一定のサーメの子どもが寄宿舎に住んでいた記録が残されていること、1980年代サーメ学校の校長であり、『スノーサ学校史』の著者であるブル・エラ・ホルム（Bull Ella Holm）が、「1739年の勅令以降[17]、とても残念なことに、サーメの子どもも一般の学校で教育を受けるべきという結果になった」[18]と記載していることなどから推測される。

---

[13]　ルターの「カテキズムの十戒」「使徒信条」「主の祈り」などの暗唱試験があった。
[14]　Elsvatn（2001）p5.
[15]　当時、教会勢力は国に対して大きな権力をもっていたため、教会も教育に深く関与していた。
[16]　スノーサが他の地域より南部に位置し、トロンヘイムに近接していることから布教がより速やかに行われたことが推測される。
[17]　「ノルウェーにおける地方の学校に関する勅令（Forordning, om Skolerne paa Landet i Norge）」のこと。この勅令に関しては次節で詳述する。
[18]　Bull（1988）p4.

ノルウェーへの同化政策時代
——1860年代～1950年代後半

　ノルウェー国家による同化政策時期に対するはっきりとした定義はなく、サーメ教育史に関する先行研究でも、はじまりから終焉までの期間に若干の差異がある[19]。本書では、学校教育に同化政策が影響した1860年の「地方庶民学校法(Lov om allmuskolene på landet)」から1959年の「国民学校法(Folkeskolelovene)」制定までを同化政策時代としたHöem (1989)の主張を支持する。その理由として、以下の二つが挙げられる。

❶同化政策のはじまりとして、1860年の「地方庶民学校法」改正以降から学校教育におけるサーメをはじめとした少数民族に対する同化政策の影響が徐々に強まったこと。

❷同化政策の終焉として、1959年に改正された「国民学校法」において初めてサーメのための学校教育の権利について言及され、サーメ語が学校での教授言語として認められこと。

　次に、ノルウェーの教育史における「同化政策」という言葉の概念について述べる。サーメ研究者による学校教育史に関する先行文献では、多くの場合、19世紀後半から20世紀半ばまでの時代を「ノルウェー化（norskifiering）」とか「同化（assimilering）」という言葉で表されている。しかし、サーメの視点から見ると、地方に民衆教育が広まっていった時代は同化政策が推し進められた時代であり、公立の庶民学校教育が果たした役割はサーメをノルウェー社会に組み込むことであった。

　一方、サーメ以外による教育史研究、つまりノルウェーの教育史という視点から見た先行文献では、その時代を「ノルウェー化」あるいは「同化」とした表現は見受けられず、「ノルウェー社会の民主化」あるいは「国民教育(folkopplæring)」[20]と表現している。

　この視点から見ると、ノルウェーにおいて、国民形成の過程でサーメをノルウェー人と同じ「国民」として位置付けていることが分かる。これには、いか

にして国民形成をしていくか、民主化の名のもとに、いかにしてノルウェー人以外のサーメや他の少数民族も「ノルウェー国民」として組み込んでいくかのという、国家形成期におけるノルウェーの政治的背景がうかがえる。

　ここに、ノルウェーとサーメの二つの側面からの教育史における立場の違いが現れている。本章では、サーメのための学校教育という視点に軸を置くため、「同化政策」という語で記述する。

（1）学校教育法から見た同化政策のための教育の変遷

　ここでは、主にDokka（1988）と松崎（1976）によるノルウェーの教育史をもとに、学校教育を通じたサーメに対する同化政策の変遷を辿る。サーメをめぐる教育問題は、上記の2冊には一切触れられていない。しかし、この時期、幾度かの教育法制定・改正によって庶民学校が確立していく過程において、サーメの言語・文化に対する学校での規制や排除の影が徐々に色濃くなっていった。

　本項では、庶民学校設立時期から第2次世界大戦前まで（1827年〜1939年）の時期に制定・改定された教育に関する法律を時間軸にして、そこに、学校教育におけるサーメ語・文化教育がどのように位置付けられ、埋め込まれていったかを分析する。

　分析にあたっては、Dokka（1988）による教育法制定の年と、各法における特筆すべき点の一覧[21]を抜粋して資料として用いる。また、この時期を、「基礎学校の黎明期（1827年〜1889年）」と「基礎学校の確立期（1889年〜1939年）」の2段階に分けることにする。

---

[19]　例えば、Hoëmは1870年〜1960年、Todalは1850年〜1980年頃、サーメ研究所は1889年〜1945年、小内は1800年代半ばから1940年代としている。また、同化の波はすでに1840年代からあった（Jernsletten）という主張もある。

[20]　松崎巖（1976年）402頁。Dokka（1988）p.74. Thune et al.（2009）参照。http://www.snl.no/Norge/skole_og_utdanning.（2016年閲覧）

[21]　Dokka（1988）pp.210-211.

基礎学校の黎明期——庶民学校（allmueskole）へ

　教会の管轄であった学校は、1814年、デンマークからの同君連合独立後、庶民学校として徐々に国の管轄へと移行していった。そして、学校教育を通じた積極的な同化政策が展開されていった。

　1700年代後半から1800年代前半にかけては、ノルウェーでは南部の農民が中央以北に農地や林業のために開拓をしたほか、鉱山を求めて移住をはじめた時期であり、都市部と中央以北の地域において生活状況に大きな違いがあった。そのため、当時の庶民学校政策は、都市部と地方の二つに分けて考える必要があった。特に、地方における教育の整備が課題とされた[22]。まず1827年に「地方庶民学校法（Lov angaaende Almue-Skolevæsenet paa Landet）」が制定されたわけだが、Dokka（1988）は同法の特徴を以下のように記している。

> 1827年「地方庶民学校法」
> ①牧師管区、鉱山、営林所などに継続的な庶民学校を設置する（条件付き）。
> ②聖書読解、讃美歌唱、書き方、計算は必須科目とする。

　このように「地方庶民学校法」は、牧師管区、鉱山、製材所などに継続的な庶民学校を設立するよう決め[23]、民衆の子どもに就学を奨励したが、上記から分かるように教育内容はごく簡単なものであった。学校は7～8歳の子どもから洗礼を受けるまでの子どもを対象に、1年に少なくとも2か月の教育を受けることを求めた。

　一方、都市部においては、「地方庶民学校法」の21年後となる1848年に、「都市庶民学校法（Lov om Almueskolevæsenet i Kiøbstæderne）」が制定されている。以下が、Dokka（1988）による「都市庶民学校法」の特徴である。

> 1848年「都市庶民学校法」
> ①貧民のための学校ではなく、庶民すべてのための学校となるよう家計調査（behovsprøvning）を廃止する。
> ②各自の負担額に階級を設けることを許可する。

③司祭を議長とし、評議会によって選出されたメンバーで構成された学校委員会が学校管理を行う[24]。

このように、「都市部庶民学校法」では親の負担や学校委員会の設置などが規定され、すべての庶民に対する教育の普及が目指されていた。また、都市部の庶民学校では、必須科目に加え、女子のための裁縫や男子のための体操もカリキュラムのなかに含まれた。

一方、1860年に「地方庶民学校法」が改正されている。この改正により、地方にも庶民学校が浸透していった。以下が、Dokka（1988）による「地方庶民学校法」改正の特徴である。

> **1860年 「地方庶民学校法」改正**
> ①少なくとも、30名の子どもが毎日通うことのできる学校設置が必要である。
> ②学校は、少なくとも年に12週間の授業を提供することを目標とする。
> ③すべての学校は、歴史や地理、自然科学、読み物（lesestykker）の教科書（lesebok）を使用しなくてはならない。
> ④庶民学校に対する国家からの援助が規定される。
> ⑤専門的な監督のもとで庶民学校が運営されるよう、常勤の学校監督者を養成する。

次に、この時期の教授言語について述べる。1800年代前半までは、サーメ語を用いて教授する学校があった。そして、1826年、サーメ語教師のための養成セミナー（seminar）がトロンデネス（Trondenes）に設立された。

---

[22] この時期のノルウェーにおいては、これらの法律制定の時期も原因して、「農村の方が少なくとも就学率の点では進んでいた」と、松崎（1976・380頁）は指摘している。
[23] しかし、その当時の地方での多くは、聖職者が巡回して教育を行う学校、つまり巡回型の学校（omgangsskoler）が多かった。松崎（1976）参照。
[24] Dokka（1988）pp.210-211.

一方、地方自治体が教職員を採用する際、ノルウェー人のみとすることが1837年に定められた法律で可能になった。また、学校でノルウェー語の使用がすすめられるようになっていった[25]。その後、ノルウェー語化に向けた言語通達（fornorsknings språksinstrukt）が出されている[26]。

　最初の言語通達は1862年で、「多数の児童がノルウェー語を理解しない地域では、当面、授業で使用する言語にサーメ語（またはクヴェン語[27]）を残してもよい」とされた。しかし、「生徒が上級生になるまでに、ノルウェー語で授業を受けられるように教師が指導していくこと」という指示が付け加えられた。

　その後、1878年には、「地方庶民学校の教師は、児童にとって『自然な話し言葉』（naturlige talespråk）を使用した口頭指導が望ましい」という教授言語に関する国会決議（Stortingsvedtekt）が出された。しかし、この決議で示す自然な話し言葉とは、元々ノルウェーの地方で話されていた多様な方言「ランスモール（landsmål）」であることが推測される。つまり、地方に住むサーメ児童にとっては「自然な話し言葉」であっても、サーメ語がその「自然な話し言葉」の対象に含まれているとは考えにくい。ましてや、サーメ語に配慮した決議であるとも考えられない。

　元々、ノルウェーの書き言葉はデンマーク語であったが、1814年のデンマークからの独立後、国はノルウェー語なるものの統一に向けて試行錯誤していった。そして、このノルウェー語の書き言葉に対する二つの試みがなされた。

　その一つは、デンマークとの連合時代以来存在する文語を発音・語彙に関してノルウェー語化する方法であり、その結果生まれたのが「リクスモール（riksmål）」である。それに対して「ランスモール」は、古ノルド語の特徴をもつ、特にノルウェーの西北部で話されていた諸方言を基礎として新たな書き言葉を確立しようとした試みから生まれたものである。1885年、この二つの言語は正式に同等に扱われるようになり、公用語として承認された[28]。

　ノルウェー語（norsk）という言語が公式の場で用いられるようになったのは1830年以降で、それ以降の19世紀は、国民文化形成の一環として国語形成が法律や通達を通じて進められていった時期である。上記の通達もまた、当時のノルウェー語形成にあたる諸問題に対処するための決議であると解釈される。

1880年、地方の庶民学校に対して出された通達の内容は、「教師は、児童にノルウェー語を学校以外の時にも使用していくように指導すること。そして、保護者にもノルウェー語の大切さを教育するよう努力すること」というものであった[29]。

　この時期、国から地方の庶民学校に対してノルウェー語指導が強化された。つまり、ノルウェーとしての国家形成において、サーメを含めた全民衆の言語統一を図る必要があるとする姿勢が、結局はサーメ語の排除となっていったのである。

基礎学校の確立期――庶民学校から国民学校（folkskole）へ

　1884年、ノルウェーに議会制度（parlamentarisme）が導入された後、1889年に「国民学校法（Folkeskolelovene）」[30]が制定され、庶民学校は、地方庶民学校、都市庶民学校を問わず、新たに「国民学校」と呼ばれることとなった[31]。この学校法の新たな特徴を、Dokka（1998）は以下のようにまとめている。

> **1889年「国民学校法」**
> ①庶民学校があった場所に、すべての庶民のための国民学校を設立する。
> ②国民学校の教育期間は7年間とする[32]。

---

(25)　庄司（1995）240頁。
(26)　Höem（1989）p164.
(27)　クヴェン語とは、フィンランド系の少数民族クヴェンの話すフィン語である。ノルウェーにおいて、クヴェンは先住民族としては公式に認められていない。
(28)　「リクスモール」・「ランスモール」という名称はそれぞれ「ブークモール」・「ニューノシュク」と名称が変更され今日に至っている。
(29)　1878年の教授言語に関する国会決議の2年後に出されたこの通達では、「自然な話し言葉」をもう少し明確にするために「ノルウェー語」としたと考えられる。
(30)　この法律は、地方の国民学校法（lov om landsfolkskolen）と、都市部の国民学校法（Lov om byfolkskolen）二つの部分から構成されているが、本稿では総じて「国民学校法」とする。
(31)　松崎（1976）では、「allmueskole」との差異を出すために「folkeskole」を「小学校」と訳している。しかし、本書では、19世紀の国民形成の流れを反映していることを示すために「国民学校」とする。

ドンナ（Dønna）島の国民学校

　1889年、ノルウェーで「国民学校法」が制定された。この法律は、すべての教会教区に必ず基礎学校を一校設立させるというものであった。この法律により、都市部と地方によって教育法が分離され、学校の性質も異なっていた庶民学校（allmueskole）が国民学校（folkeskole）とされ、地域に関係なくすべての子どもに統一された教育が目指されることとなった。

　その資金は主に国や各コムーネなどが負担することとなっていたが、各教区内に大規模な農場主（Gods）がいた場合などは、地主が土地や牧場を提供して学校を建てたこともあった。ヌールラン県中央西部沿岸のフィヨルドに浮かぶ諸島、ドンナ島に建てられた国民学校もその一つである。

　ドンナコムーネのフィヨルドにある島々は、メキシコ海流により、緯度にしては温暖で降水量の多い環境となっている。そのため、羊、牛などの牧畜や、ジャガイモや穀物を栽培する大農場主が現れ、島々を統率し、古くから漁猟を生業とするサーメを小作農として雇うようになっていった。これら大農場主は、学校建設のために土地を提供するなど貢献することとなった。この学校は、現在、資料館として大切に保存されている。

　また、この学校では、若い夫婦が住み込みで雇われ、妻は看護師として、夫が教師として働いていたという。しかし実際は、まず必要とされた看護師として妻が雇用され、それに付き添ってきた夫が教師として雇われたそうだ。

ドンナ島にある国民学校

③学校では、歴史、地理、科学に加えて、裁縫、手工芸（スロイド）[33]、体育、作図といった幅広い教科を教える。
　④都市部の学校は学年ごとの学級を設けること。また、地方の学校では、少なくとも下級生と上級生の二つに分けたクラスを設ける。
　⑤学校はコムーネの管轄とする。
　⑥コムーネが選出した議長と、女性を含む委員で構成された教育委員会が、主に学校管理を行う。

　ここで見られる特徴は、学校教育の管轄責任がコムーネに移譲され、学校管理を担う教育委員会の議長は司祭からの任命ではなく、コムーネによって選出されるようになったことである。そして、国民学校は、「すべての庶民」に共通の学校であることが望ましいとされた。この「すべての庶民」にサーメなどの少数民族も含まれており、サーメの子ども達も国民学校に通ってノルウェー語を学ばなければならないようになった。
　ここに、国民の統一を目指すノルウェーの姿勢が見られる。また、この法令の73条2項では、「学校の授業は多数派の言語、すなわちノルウェー語で行われること」[34]、「サーメ語やクヴェン語は補助言語とする」[35]とされた。
　さらに1892年の国民学校法改正により、規定を定める教授言語に関する言語条項（målparagrafen）が加えられた。「各学校の主要言語に、リクスモールとランスモールのどちらかを選択する」という規定である。このように、ノルウェー語であるリクスモールとランスモール以外の言語、つまりサーメ語などのような少数言語は学校で使用される言語から排除されていった。
　そして、最終的に1898年の国民学校法改正によって、サーメ地方における学校でのサーメ語の使用が禁止された[36]。国民学校で使用される言語の取り扱わ

---

[32] 条項では、「堅信礼をもし受けていなければ」という文面も付記されている。
[33] (sløyd) 北欧の伝統的な工芸手法であり、オットー・サロモン（Otto Salomon）によりスロイド教育が発展していった。詳細にあたっては、横山（2007）の論文を参照のこと。
[34] Hætta（2008）p26.
[35] Bucken-Knapp（2005）p106.

れ方は、そのまま教科書にも反映されている。N. V. ストックフレト（N. V. Stockfleth）などが、1835年からサーメ語で書かれた数冊の教科書を出版していたが、次第にノルウェー語の教科書がサーメの子どもの教育現場でも使用されようになったことで、1914年、サーメ語の教科書を絶版としている[37]。

学校教育における同化政策

　サーメ地域においては、校舎のある学校のほかに「トゥールスコーレ（turskole）」[38]と呼ばれる移動型の学校があった。それは、週に何回かの割合で、一定のエリアに存在する数校を教師がもち回りで教える巡回学校や、地域のなかで生徒達が区切られた時間帯に交代で登校したり、複数の集落に住む生徒達が一つの学校に交代で通うといった交代制の学校であった。学校の形態がかなり多様なものであったことがうかがえる。

　このような状況のなか、地域の気候条件、移動型家族への教育の配慮、遠距離地域でのコミュニケーションの可能性などの課題から全寮制の学校も建てられた。1905年、最初の全寮制の学校がフィンマルクに、そして1909年にハヴィカ（Havika）で設立された。これら全寮制の学校は、夏期の放牧期にはトゥールスコーレ型の学校となった。言うまでもなく、トナカイ放牧などで移動する家族の子ども達を1年中寮に置いておくことができなかったからである。

　国民学校がトゥールスコーレ型でサーメ地域に適合していた反面、学校教育を通してサーメにノルウェー化を進めるという一面ももっていた。全寮制の学校は、サーメの年間の生活サイクルに合わせたトゥールスコーレ型でも、実際子ども達が生活する寮はノルウェーの女性が管理し、ベッドが備えられ、食事もサーメの様式とは異なるものであった。さらに、授業以外でもサーメ語を話すと教師から罰が与えられるということも多々あった。

　教師は、政府の方針に忠実な者には給料の昇給が保証されており、サーメ人教師やクヴェン人教師を排斥しようとする動きもあった。Hoëm（1989）によれば、1860年から1960年にかけての約100年間、学校はサーメのみならず民衆のすべてをノルウェー国民化する機能を果たしたとされる。

(2) ナチス・ドイツの占領期

　ここでは、ナチス・ドイツによる占領がノルウェーの教育、そして北サーメ地域に及ぼした影響について述べる。実はノルウェーは、1940年から1945年までドイツ占領下に置かれていた。1940年4月9日、ナチス・ドイツはノルウェーとデンマークに対し一斉に侵略を開始した。ノルウェーは、南はオスロから北はナルヴィークまでの西海岸7地点を急襲された。

　ドイツ軍の狙いは、①イギリスへの攻撃を可能にするためのノルウェー沿岸部における海軍・空軍基地の確保、②スウェーデン北部から産出される鉄鉱石の積出港（ナルヴィーク）とその輸送ルートの確保、であった。

　ドイツの占領によって国王と政府はロンドンに亡命し、占領下のノルウェーでは、ナチス・ドイツに協力したノルウェーの軍人・政治家でもあったクヴィスリング（Vidkum Quisling, 1877～1945）を首班とする傀儡政権がつくられた[39]。

　クヴィスリング政権は、ナチス化（Nazifiseringsforsøk）を促進する政策に着手したが、ナチス化計画の筆頭に挙げられていたのが教育の全面的ナチス化であった。教育のナチス化政策にかかわる二つの法令は、①10歳から18歳までの者は（国民連合の）青年団（Nasjonal Samlings Ungdomsfylking）に加入すること、②ノルウェー教師全員はナチスによって組織されたノルウェー教員同盟（Norges Lærersamband）に加入すること、といった内容であった。

　傀儡政権が樹立されて以後、多くの学校が破壊されたり接収されたりした。また、学校や教師はナチスによる圧迫にさらされた。教師達はドイツ語を学ぶことを強制させられ、労働を強いられた。そのような環境のなかで、ある教師は私学の塾を開いたり、別の教師は学校に留まりながら傀儡政権の指令をサボ

---

[36]　Lehtola（2004）p44.
[37]　Bucken-Knapp（2005）p106.
[38]　サーメの生活様式のなかで発達した移動型の学校。的確な訳がないため、「トゥールスコーレ（turskole）」で統一する。
[39]　クヴィスリングはドイツの傀儡としてノルウェー国民から反感をもたれ、彼の政権もほとんど支持されていなかった。戦後、ドイツ軍全面降伏と共にクヴィスリングは国家反逆罪の罪に問われ、他の親ナチ派の党指導部・高級官僚24名らとともに死刑に処された。

タージュすることによって学校のナチス化に抵抗したという。

　終戦後、ドイツ軍の武装解除、ノルウェー側への治安・行政権限の委譲などが順次行われ、ノルウェーは5年間に及ぶナチス・ドイツからの抑圧から解放された。また、祖国解放と連合軍勝利に貢献した英雄達が称賛され、ノルウェー国民は自国を守ったという喜びに浸った。

　しかし、北サーメ地域にとっては、このナチス・ドイツ軍の侵略が致命的な打撃となった。1944年の秋、撤退とともにソ連の赤軍（røde hæren）の侵攻を阻止しようとしたドイツ軍が、トロムス県北部とフィンマルク県を焦土化する戦術を実行した。この戦術により、住民のほとんどが焼け出されてしまったのだ。もちろん、その間に多くの略奪もあった。

　この地域は、大多数の北サーメが住んでいた所である。1944年にトロムス県とフィンマルク県に住んでいた約7万人のうち、半数ほどがサーメ出身であったとされている。北方におけるドイツ軍の略奪と焦土化戦術で生活のすべてが焼失・破壊されてしまった当時の北サーメの人々は、北方のノルウェー人とともに戦争被災者として復興再建の対象となったことで、結果的に北サーメ地域のノルウェー化が進んだ。

3　戦後の復興と福祉国家形成期（1950年以降～1980年代）

（1）戦後の動向

　戦後は、学校設立のみならず全国で戦後復興作業が行われた。多くの資源が再生に費やされ、特にナチス・ドイツが焼失させたフィンマルク県や北トロムスの再建が必要とされた。

　Bjørklund（2000）は、戦後は「占領権力に対して反抗した者達こそが英雄」となり、「戦争が国民の視点と思想を変化させた」[40]と指摘している。サーメのような少数民族に対する配慮の視点が、徐々にではあるが芽生えてきた時期である。

その意識の変化は、サーメに対する政策や学校教育問題にも現れた。1947年、「学校および教育に関する調整委員会（Samordningsnemda for skoleverket）」が王の勅令により結成され、そのなかでサーメの教育の改善も話し合われた[41]。その翌年、サーメの教育と学校に関する報告書が提出され、国会でサーメ語の教科書のための特別予算が承認された。

　しかし、戦後の復興とともに「福祉国家」を目指した政府は、結果的に北サーメ地域のノルウェー化を推進することになった。政府は、ノルウェー人、少数民族の区別なく公平に食糧を配給し、保健衛生や住居環境を整えた。

　北サーメ地域では、戦後浸透した生活水準の向上によって、サーメらしさとは文化的に劣ったもの、文化生活の障害になるものとサーメ自身が受け止めるようになった。このことは、同化時期以上に大きな影響を与えた。そして、トナカイ放牧業を生業としないサーメの多くは、自分達の過去や貧困から逃れるために町へと移り住み、戦後発展した水力発電所や造船工場などの賃金労働者となっていった。このような状況が、トナカイ放牧を行うサーメが「正真正銘のサーメ」というイメージをつくり出したと言える。

　1955年、ノルウェー国営放送局（NRK）の会長であったコーレ・フォステヴォル（Kaare Fostervoll）[42]は、教会・教育省（Kirke-og undervisnings departmentet）に書状を送り、「サーメ問題の目標は、文化の維持にあるのか、あるいは完璧な平等を、文化と言語の発展を求めるのか」を問いただした。1898年制定のノルウェー語規則以外、ノルウェー政府は明確なサーメ語政策をもっていなかったからである。

　また書状には、「閣僚級の会議で、サーメ文化政策の指針を示して欲しい」と書かれていた。これによって教会・教育省は、1956年、サーメ問題を調査するための「サーメ委員会（Samekomiteen）」を設立した。そして、3年後の

---

[40]　Bjørklund（2000）p20.
[41]　この委員会はフィンマルク県のサーメの状況を考慮していたのだが、南サーメ地域の機種学校の建設を推挙した。その結果、1951年にハットフェルダル、1968年にスノーサにサーメ学校が創立された。
[42]　ノルウェー人。教育者であり労働党の議員でもあった。1949〜1962年、ノルウェー国営放送局（NRK）の会長を任務した。

1959年、同化政策を完全に撤廃する提言を盛り込んだ報告書が提出された。さらに同年、新しい「国民学校法（Lov om Folkeskolen）」が定められている。

同法において、実験的に9年制の義務教育の導入と、地方と都市部の庶民学校のガイドラインや教育内容の一本化が定められた。そして、サーメ語が学校での教授言語として認められたわけである。

サーメの立場から当時のサーメ政策に異議を唱えたのは、北サーメ地域のターナ（Tana）出身の教師ペール・フォクスタ（Per Fokstad）であった。彼もコーレ・フォステヴォルと同様、サーメの文化的自負心を築き直すべきであるとし、サーメ語教育のあり方やサーメの高等教育の必要性について論じた。そして、言語、工芸などを擁護保存する一定の分野にかかわるような、文化維持だけではないサーメ教育政策を主張した。

カウトケイノのサーメ地区の公立学校では、サーメの専門的職業であり、家庭内で代々その技が受け継がれてきた伝統手工芸「ドゥオッジ（duedtie）」を1952年から教えはじめている。また、この時期、北サーメ地域を中心として、いくつかの教育機関が設立された。

そして1957年、フィンマルク県のターナコムーネとポルマック（Polmak）コムーネの協力により、9年制のサーメ人学校の実験校が設立された。また、カラショークコムーネはサーメ教育としてトナカイの飼育に注目し、1958年、学校教育に取り入れている。

（2）サーメ民族運動の展開期（1960年代〜1970年代）

サーメ組織の創設

1953年、フィンマルク県にサーメ評議会（Samerådet）、そして1964年、政府によるサーメ民族問題に関する諮問機関としてノルウェー・サーメ評議会が設立された[43]。ノルウェー・サーメ評議会は、その後、サーメに関する各種補助金を分配する役割を担った。

1975年、農業省の予算としてサーメ居住地域と諸活動を促進するための開発基金（Utviklingsfondet）が開設されるとノルウェー・サーメ評議会は最高監督

機関（øverste tilsynsmyndighet）となり、国に年間基金活動報告を提出した。

　一方、サーメ自身による草の根の政治活動も行われた。ノルウェー国内では、1947年に「ノルウェー・トナカイ飼育サーメ全国協会（Norgga Boazosápmelaččaid Riikkasearvi: NBR）」、1948年に「オスロ・サーメ協会（Oslo Sámiid Rikkasearvi）」が設立された。のちにオスロ・サーメ協会は、フィンマルク地方に結成された幾つかのサーメ協会と合併し、1968年に「ノルウェー・サーメ協会（Norgga Sámiid Rikkasearvi: NSR）」となっている。このような組織を中心に、サーメの政治的エリート達がサーメのアイデンティティ、言語、土地の権利、自決権に対する議論を牽引していった。

　この時期、北欧諸国のなかでのサーメの組織化も進められている。1953年、ノルウェー、スウェーデン、フィンランドの各サーメの代表による第１回「北欧サーメ会議」が開催された。これは、現在も国境を超えたサーメ運動の最高意思決定機関であり、３年に一度会議を開催している（９ページ参照）。

　そして1956年、「北欧サーメ評議会」[44]がフィンランドのウツヨキ（Utsjoki）に設置された。これは、各国のサーメ組織から選出された委員によって構成され、「北欧サーメ会議」の事務局としての役割と、会議の開催期間中、サーメの意思表明を取りまとめる役割を担っている。

　「北欧サーメ会議」は、1971年に活動目標としてサーメ文化政策のための綱領を公表した。この綱領のなかで、自立した民族としての自治権獲得要求が謳われた。このような国境を超えたサーメの組織化は、統一的な運動のための言語の統一性を必要とした。そのため、1979年、北サーメ語統一正書法が決定された。言語の統一によって、1979年のサーメ出版社「Davvi Girji」の設立、1983年の北欧３か国のラジオ局共同のサーメ語講座など、サーメ言語・文化の発信が可能になった。

---

[43] 評議会は、当時発足されていた様々なサーメ協会（samiske organisasjoner）によって任命された18名のメンバーで構成され、カラショークに独自の管理局（egen administrasjon）が設けられた。8ページ参照。

[44] 9ページの注（11）を参照。

サーメ教育政策の展開

　学校におけるサーメ教育の改善もこの時期に見られた。1967年、フィンマルク県の学校局長（Skoledirektøren）が、サーメ学校問題のための独自の相談役となった。カウトケイノとカラショークのサーメ地域の学校ではサーメ語の教科書による授業が展開されるようになり、サーメ語を第一言語として選択することが可能になった。

　1969年に制定された「基礎学校法（Lov om grunnskolen）」では、国民学校から基礎学校（grunnskolen）と改称し、義務教育を9年制とした。この法律によって、10人の保護者が要求すれば、学校側はサーメ語の授業教育を提供しなければならなくなった。

　同年、カラショークにサーメのための後期中等教育学校が設立された。さらに1973年には、アルタにサーメ地域のための教員養成の特別なプログラムのある教員養成学校が設立された。そして、サーメ言語教育のための教材や多言語の教育方法、サーメ人学校の教員養成内容などに関する指導責任は、1975年に設立されたサーメ教育評議会が担うことになった（10ページ参照）[45]。

　サーメ教育評議会はカウトケイノに設立され、エッデル・ヘッタ・エリックセン（Edel Hætta Eriksen）が常任理事となった。教育評議会は、教会・教育省の管轄のもと[46]、1977年、カリキュラムの内容や教材など、サーメ教育に必要な専門的な審議を行った。そして、サーメ地域（この場合は北サーメ地域のことを指す）のサーメが在籍している学校の改善について、この評議会が教育手段の主導権をもつようになった。

　サーメが在籍している学校においては少人数のクラス編成が認められ、補助教員（主にサーメ語に対する）が増員された。また、サーメ語の教科書も開発されていった。最初のものはノルウェー語とサーメ語の2言語であったが、のちにサーメ語だけの教科書がつくられている。

　このように、サーメ自身がサーメの学校教育の改善に携わるようになっていったわけだが、サーメのための学校教育は専門家の意見が集まる北サーメ地域を中心として発展した。サーメ民族復権のため、国内外でサーメ民族の統一運動がなされたこの時期に、北欧3か国のなかで北サーメ語統一正書法が決定さ

れ、さらにノルウェーで圧倒的にサーメ人口の多い北サーメ地域にこのような教育研究機関が集中して設置されていったのだが、ここにサーメの多様な地域性が淘汰されてしまうといった危険性が潜んでいたと考えられる。

（３）サーメ民族の権利獲得期（1980年代以降〜1997年）

アルタ・ダム建設の反対運動とサーメ民族の権利獲得

　1960年代〜1970年代にかけてのサーメの民族運動の展開、さらにノルウェー政府によるサーメ復権に向けた政策の推進に拍車をかけたのはアルタ・ダム建設における反対運動であった。

　1979年、アルタ川水域・カウトケイノダムの建設計画により勃発したサーメの抗議運動を機にサーメ問題が国内で表面化するようになり、サーメ民族問題に対する指針に変化が見られるようになった。そして1982年、ノルウェー政府は、ダム建設予定地に集まっていたサーメと国内外からの人権保護団体・環境保護団体を強制排除した。

　結果的に、ダム建設に対するサーメの抗議運動は敗北したものの、アルタ事件はサーメと政府との関係を変える分岐点となった。これを機に、サーメ問題はもはや文化遺産や言語の維持に留まらなくなった。先住民族としての、サーメの権利問題に焦点が当てられることになったわけである。

　1980年、ノルウェー政府代表とノルウェー・サーメ協会、ノルウェー・トナカイ飼育サーメ全国協会、ノルウェー・サーメ評議会の３協会から選出されたサーメ代表者との間で会合が開かれた。そして政府は、「サーメの土地と水に関する権利」を協議する「サーメ権利委員会（Samerettsutvalget）」を設立した。その結果、1987年に「サーメ法（Sameloven）」[47]が制定されている。

---

(45)　サーメ教育評議会設立までは、1973年に設立されたアルタの教員養成学校がその責任を担っていた。Hoëm（1989）p165.
(46)　発足当時、宗教・教育省の管轄であったが、2000年からはサーメ議会（Sametinget, 1887設立）が管轄している
(47)　「サーメ議会およびサーメの諸権利に関する法律」。本項では「サーメ法」と記述する。
　　　https://www.regjeringen.no/en/dokumenter/the-sami-act-/id449701（2016年閲覧）。

「サーメ法」の成立により、「ノルウェー国家は、ノルウェー人とサーメから構成される」と謳われることになった。ここでのノルウェー人とは、国民としてではなく民族としてのノルウェー人を指す。これによりサーメは、ノルウェーの先住民として事実上認定されたわけである。同時に「サーメ語法（Samespråkloven）」が成立し、サーメ語とノルウェー語が同等な地位にあることが確認された。

そして、その翌年、最終的に憲法（Grunnloven）に、「サーメの民族集団がその言語、文化、生活様式を維持・発展させることができるよう諸権利に関する条件を整えることを国家機関の責務とする」という条文（第110条のa）が追加された。

サーメ議会（Sametinget）の成立

サーメ法が基盤となり、1989年、フィンマルク県のカラショークにサーメ議会が設立されることとなった。サーメ議会の目的は、①サーメの政治的地位の強化と利益向上、②ノルウェー人との対等で公正な関係の推進、③サーメ言語、文化、社会の保護・開発である。そして、議会の機能として、以下の四つが挙げられている。

❶サーメに関する社会問題への対処。
❷ノルウェー政府のための諮問機関。
❸サーメに割り当てられる予算管理。
❹サーメ文化、言語、教育、文化遺産、産業についての一定程度の権限行使。

サーメ評議会議員（2013年）のキルステン・アップフェル氏。サーメ議会場の案内をしてくれた

議員数は39名で、任期は4年である。ノルウェーの議員選挙と同時期に七つ

サーメ議会場の外観（左）と内部

の選挙区から選出される。また議会は、「開発委員会」「専門委員会（プランニング・財政、子ども・保育・教育、経済・文化事業）」「言語員会」という三つの委員会によって構成されている[48]。

この国内での動きに伴い、ノルウェーは1991年、サーメが居住する4か国のなかで唯一、国際労働機関（ILO）第169号条約[49]に批准している。そして、それに呼応する国内法の一つとして、2005年、北ノルウェー・フィンマルク県におけるサーメ民族の土地と水に対する個人的および集団的所有権を認めるとした「フィンマルク法（Finnmarksloven）」をノルウェー議会で採択した。

ノルウェーが ILO 第169号条約に批准して以降、サーメ議会の権限も増していった。サーメ議会は2000年からサーメ教育評議会を管轄することとなり、カリキュラム編成、教科書（北サーメ語・ルレサーメ語・南サーメ語による）の発行など、サーメ言語・文化教育の維持発展に携わる権限が移管された。

さらに1993年11月、ノルウェーはフィンランドやスウェーデンに先駆けて、欧州評議会加盟国による「地域言語または少数言語のための欧州憲章」に批准した[50]。欧州評議会は、第2次世界大戦により大きな被害を受けたヨーロッパ

---

[48] 2013年9月、カラショーク、サーメ議会にて、元サーメ議員、現サーメ評議会議員キルスティン・アップフェル（Kirsten Appfjell）氏へのインタビューによる。
[49] ILO 第169号条約は、先住民族の権利、生活、労働条件を包括した最も現代的な国際法文書である（先住民族の権利15頁からの引用）。また、2016年7月現在、22か国がこの ILO 第169号条約に批准している（ILO ホームページ、2016年閲覧）。
[50] フィンランドは1994年、スウェーデンは2000年に批准した。

の国々が経済の復興と国力の回復、恒久的な平和を望んで、1949年にフランス（ストラスブール）に設立した国際機関である。現在、加盟国は中東欧諸国・ロシアを含む40か国に上り、政治、経済、社会、文化など様々な分野（軍事・防衛を除く）で協議を実施している[51]。

その欧州評議会の主導によって、ヨーロッパにおける地域言語、少数言語を保護・促進するために採択されたのが1992年の「地域言語または少数言語のための欧州憲章」である（以下「欧州憲章」とする）。「欧州憲章」の前文には次のような記載がある。

> この憲章の署名国である欧州評議会加盟国は、… 欧州評議会の目的が、とりわけ、共通の遺産である理想および原則を維持しおよび実現するために、加盟国間のより強い統一を達成することにあることを考慮し、消滅の危機にさらされているものすらある欧州の歴史的な地域言語または少数言語を保護することが、欧州の文化的富と伝統の維持発展貢献することを考慮し、公私の生活における地域言語または少数言語の使用権が、国連市民的および政治的権利に関する国際規約に規定された原則にしたがって、奪うことのできない権利であることを考慮し、… 欧州諸国家の各地域における特定の条件と歴史的伝統を考慮に入れ、次の通り協定した[52]。

地域・少数言語への意識的な支援を打ち出すことによって、加盟国の母体となる欧州の多言語状況を、ナショナルな言語に加えてマイノリティー言語にまで目を配って認識し、その認識に基づいた多言語主義政策を推進する姿勢がうかがわれる。

サーメのための学校教育の発展

サーメ民族の権利獲得とともに、学校教育でもサーメの権利獲得が進展していった。1987年のサーメ法の施行後、サーメ民族の地位と文化および言語の保護が保障され、それに準じて改正された「教育法（Opplæringsloven）」でサーメ教育の項が新たに設けられた（次章で詳述）。そして、学校でサーメ語の授

業とサーメ語を教授言語する道が開かれた。

　また、1972年に施行された教育計画（Mønsterplanen）[53]は、ノルウェー語以外の言語が話されている地域に住む生徒達に配慮した国における初めての教育計画であるが、1987年の改定によって、サーメ地域における基礎学校のサーメ語教育が前進したと言われている。

　高等教育や研究機関もこの時期、新たな展開を見せた。2005年、総合的なサーメ高等教育機関として「サーメ・ユニバーシティ・カレッジ」が設立されたし、サーメの幼児のための教育も1995年に制定された「幼稚園法（Loven om barnehage）」の第8条「コムーネの責任（Kommunens ansvar）」によって保障されることとなった。その条項の内容は、サーメ語行政地区においては幼児のためのサーメ語・文化に基づいた保育施設を提供する責任があり、その他の地域においては、幼児がサーメ語や文化を身に付けられるような環境を提供するというものである。

　そして、1997年、新たにサーメの初等・中等教育のためのガイドラインの規定（Forskrift om rammeplan for de samiske grunnskolelærerutdanningene）が導入されることなった[54]。

　次章では、サーメ言語・文化教育の現状とその地域差異について論じていくことにする。

---

(51)　日本外務省公式ホームページより。http://www.mofa.go.jp/mofaj/area/ce/（2016年閲覧）。
(52)　渋谷謙次郎（2005年）27頁。
(53)　1972年、最初に施行された教育計画・ガイドライン・カリキュラムの名称である。Mønsterplanen は、1987年に「Læreplanen」と名称が変更している。
(54)　スウェーデン、フィンランドではサーメ用のナショナル・カリキュラムが導入されていないことを考えると、ノルウェーのサーメ教育政策は、教育内容保障の点においても他の北欧諸国を牽引していると言える。

第2章
ノルウェーにおける
サーメ語・文化教育の現状

新学期にサーメの民族衣装を着た先生

本章では、ノルウェーにおける様々な教育機関におけるサーメ言語・文化教育の現状について考察する。サーメの教育環境は、各サーメ地域において特徴や差異がある。まず、北サーメ語と南サーメ語の言語状況、ノルウェーの基礎学校課程におけるサーメ語学習者、カリキュラムに見るサーメ言語・文化教育の位置付けを明らかにする。そして、基礎学校、就学前教育、後期中等教育、高等教育の各段階における北サーメ地域と南サーメ地域の教育状況を対比させ、ノルウェーで展開されている多様なサーメ言語・文化教育の現状を探ることにする。

北サーメ語と南サーメ語の言語状況

サーメ語が10の言語で区分されることは序章で述べたが、ここではノルウェー、スウェーデン、フィンランド各国で話されているサーメ語の方言である話者の割合を見る。フィンランドでは北サーメ語、スコルトサーメ語、イナリサーメ語、スウェーデンとノルウェーでは、北サーメ語、ルレサーメ語、南サーメ語が第二公用語とされている。

各国の方言話者数の概算は、Rasmussen and Nolan（2011）によると、フィンランドではサーメ語の話者総数2,200～2,700人のうち、北サーメ語の話者1,500～2,000人、スコルトサーメ語の話者400人、イナリサーメ語の話者300人となっている。一方、スウェーデンでは、サーメ語の話者総数5,700～8,100人のうち、北サーメ語の話者5,000～7,000人、ルレサーメ語の話者500～600人、南サーメ語の話者200～500人である。それに対してノルウェーでは、サーメ語の話者総数20,700～24,100人のうち、北サーメ語の話者は20,000～23,000人、ルレサーメ語の話者は500～600人、南サーメ語の話者は200～500人となっている[1]。

以上から、ノルウェーのサーメ語話者数は、他の2国に比べてかなり多いことに加え、国内での他のサーメ語（ルレサーメ語、南サーメ語）の話者数に対して、北サーメ語の話者数の割合がはるかに高いことが分かる。このようにノルウェーは、スウェーデンやフィンランドに比べて、北サーメ地域と他のサー

図2-1 ノルウェー県（Fylke）地図

1. エストフォル県
2. アーケシュフース県
3. オスロ
4. ヘードマルク県
5. オップラン県
6. ブスケルー県
7. ヴェストフォル県
8. テレマルク県
9. アウスト・アグデル県
10. ヴェスト・アグデル県
11. ローガラン県
12. ホルダラン県
14. ソグン・オ・フィヨーラネ県
15. ムーレ・オ・ロムスダール県
16. ソール・トロンデラーグ県
17. ヌール・トロンデラーグ県
18. ヌールラン県
19. トロムス県
20. フィンマルク県
21. スヴァールバル諸島

出所：http://www2m.biglobe.ne.jp/ZenTech/world/map/Norway/image/Norway_County_Map.（2016年9月閲覧）

メ地域との規模に大きな差がある。

次に、ノルウェーにおけるサーメ語話者が居住する地域的な特徴を見ておきたい。ノルウェーは行政的に21の県（fylke）に区分されている。**図2-1**から分かるように県のほとんどが南部に集中しており、中央以北は4県しかない（図中の18～20）。そして、その北部の4県と首都オスロにほとんどのサーメが居住している。

---

(1) Rasmussen and Nolan（2011）p37.

column 2 北サーメ語と南サーメ語の違い
──サーメ集会での民族歌の混乱（2010年2月6日）

　10に区分されるサーメ語は、同じサーメ語といってもかなり異なる。それぞれ隣接する地域のサーメ語には共通する言葉もあるが、距離が離れている地域、例えば、北サーメ語と南サーメ語では語彙や発音が異なる言葉が多く、互いのサーメ語でコミュニケーションをとることはかなり難しい。日本語で言えば、東北弁と博多弁で会話するようなものだ。

　北サーメ語と南サーメ語がどのくらい異なるのか、筆者が体験した一つのエピソードがある。

　2月6日は、先住民族のサーメが今日住んでいる4か国、ノルウェー、スウェーデン、フィンランド、ロシアで祝われるサーメ民族記念日（Saami National Day）である。この日付は、1917年にノルウェーのトロンハイムで開催された最初のサーメ会議を記念して選ばれており、1993年から祝祭日となって各サーメ地域で祝われるようになった。

　ノルウェー、ヌールラン県北部のフィヨルド地域で毎年2月6日に行われる集会にも、小規模ではあるが、南サーメの人々が遠くから近くから集まり、サーメ民族の団結を記念する貴重な場となっている。しかし、その集会で2010年、あるハプニングが起こった。

　集会では、トナカイの干し肉を入れたコーヒーを飲み、乾いたクランベリー・ケーキを食べながら、まずは南サーメ地域でサーメが味わってきた差別の経験が話し合われた。そして、その「苦い歴史を風化させてはいけない！」というスピーチがなされ、先住民族サーメしての団結が集会場に充満していった。

　その後、サーメ版ビンゴのようなゲーム（おみくじのような木の棒を引いて、そこに書かれている数字と自分の持っている板の数字があったら勝ち）が行われ、早く上がった勝者達にはトナカイの干し肉が与えられた。子どもも大人もみんなそのゲームに興じ、あちらこちらで歓声が上がった。一緒に行った友人（サーメ）の奥さんであるK氏（当時50代）もゲームに勝ち、トナカイの干し肉の賞品を手に入れご満悦であった。

そして、集会のクライマックスとして、いよいよサーメ民族歌の合唱となった。サーメ民族歌の歌詞は、1906年、ノルウェーの北サーメであるイサク・サバ（Isak Saba）が書いた詩をもとにしたものである。サバは学校教師であり、民間伝承の研究者でもあったが、サーメで初めて国会議員に選出された政治家（1906年〜1912年）としても著名である。のちに、作曲家アルネ・セーリー（Arne Sørli）によって曲がつけられ、1992年、ヘルシンキで開催された第15回サーメ会議において民族歌として公認された。

　しかし、伴奏用として使われていたCDからその曲が再生されると、大きな戸惑いの空気がざわめきとなってその会場を覆ったのだ。曲から流れてきたサーメ語は聞きなれないサーメ語であり、誰一人歌いはじめることができなかった。何かの手違いで、準備されていたCDが北サーメ語のものだったのだ。

　会場には、南サーメ語の民族歌を暗唱できる者はほとんどいない（実は、この民族歌第5番まであってかなり長い！）。それゆえ、CDから流れる歌詞が頼りだったのだ。参加者は、居心地悪く、その北サーメ語の民族歌をただ聴いているしかなかった。

　民族歌のタイトルは、日本語に訳すと「我がサーメ家族の歌」となる。北サーメ語では「*Sámi Soga Lávlla*」、南サーメ語では「*Saemiej Laavlome*」となる。

　このように、地域によってサーメ語の語彙も発音もかなり異なるため、北サーメ語とノルウェー語を母語とするサーメと、南サーメ語とスウェーデン語を母語とするサーメが会話するとなると、英語かノルウェー語とスウェーデン語のチャンポンで話すこととなり、サーメ語ではない。つまり、ノルウェー語とスウェーデン語よりも、北サーメ語と南サーメ語のほうがコミュニケーションは困難であるということだ。しかし彼らは、「国やサーメ語地域が違っても、サーメ民族としてのつながりはある」と言う。

北サーメ語話者が居住している地域は、最北部のフィンマルク県とトロムセ県（**図2－1**の19～20）である。また、南サーメ地域には、南サーメ語の話者がヌールラン県南部からヌールトレンデラーグ県の北部（**図2－1**の17～18）に分布している。これら4県はノルウェーの北半分の縦に細長い地域であり、西海岸はフィヨルド沿岸地域、東部はスウェーデン国境に隣接している。また、この4県は、現在も首都オスロからの交通手段が少ない。このように、ノルウェーに居住するサーメは南北に細長く分布しているため、北部と南部ではサーメを取り巻く歴史的経緯、方言、環境の差異が大きいと言える。

次に、この4県のなかでの、サーメ人口の偏りをサーメ議会有権者の数から見ていく。**図2－2**は、サーメ議会の選挙権をもつサーメ有権者数の分布図で

図2－2　サーメ有権者数

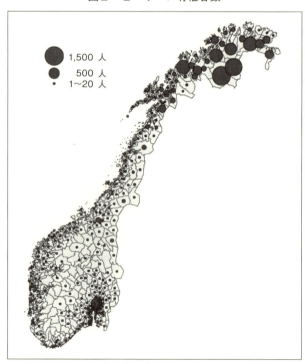

出所：Samepolitikken（2008）より。

ある。サーメ議会への選挙権を得るには、そのための選挙人名簿に登録する必要がある。ノルウェーに住む18歳以上（選挙後の年内に18歳になる者も含む）のすべてのサーメが権利をもっているが、選挙人名簿に登録するために三つのサーメ宣言をしなくてはならない[2]。

サーメ議会資料[3]によると、選挙登録者は1989年には約5,500人であったが、2001年には約10,000人、2012年には約14,000人と、登録を選択する者が増加する傾向にある。しかし、図2－2で見るように、そのほとんどがフィンマルク県、トロムセ県に集中している。次に首都オスロが続いているほか、ルレサーメや南サーメの居住地域に数名から数十名が分散している。この分布図からも、ほとんどのサーメ有権者が北サーメであることが分かる。

次に、世界の言語状況から把握した北サーメ語と南サーメ語の話者の消滅危険度レベルを、UNESCO および「エスノローグ（Ethologue）」からの統計資料を参照してまとめてみる。

2013年にサーメ・ユニバーシティ・カレッジから発行されたサーメ統計資料に[4]、ノルウェーにおける北サーメ語と南サーメ語の話者数と各サーメ地域内のサーメ人口数の統計が掲載されている[5]。ここでは、そのサーメ統計資料の出所となった第一次資料「エスノローグ」による２方言の言語状況に上記のサーメ統計資料に記載された話者数と人口数を加えて、表2－1と表2－2としてまとめた（次ページ掲載）。

---

(2) サーメ語を第一言語としている者、または当人の両親、祖父母、曾祖父母のいずれかがサーメ語を第一言語としている（いた）こと、なおかつ当人が自身をサーメであると考えて、サーメ社会のルールに従っていること。あるいは、両親が選挙人名簿に登録されている者、あるいは登録されていた者。

(3) サーメ議会から出されているインターネット資料 The elected assembly of the Sámi people, The Sámediggi - The Sami Parliament 参照。
http://nationalcongress.com.au/wp-content/uploads/2012/09/1.0.1-Sami-Parliament-Info.pdf.
（2016年９月閲覧）。

(4) Samiske tall forteller 6: Kommentert samisk statistikk 2013, Sami allaskuvla, 2013.

(5) この統計資料でのサーメ語話者数は、Rasmussen and Nolan（2011）の統計から見るとかなり少ない。

表2−1　北サーメ語の言語状況

北サーメ人口（人）	30,000～40,000
北サーメ話者数（人）	15,000
分布地域	フィンマルク県、トロムソ県、ノールラン県の北西沿岸部
地域人口（人）＊	239,058
別称	"Lapp"、"Northern Lappish"、"Norwegian Lapp"
普及率	サーメ語話者の２／３が北サーメ語
識字率	第１言語30～60％、第２言語75～100％
発展性	基礎学校で教授されている

出所）エスノローグ（Ethnologue）Languages of the World
　　　http://archive.ethnologue.com/16/show_country.asp?name=NO（2016年９月閲覧）
＊大多数の北サーメの分布地域は、フィンマルク県とトロムセ県全域であり、その２県の総人口である。

表2−2　南サーメ語の言語状況

南サーメ人口（人）	600
南サーメ話者数（人）	300
分布地域	ハットフェルダルとベフスン地域、最南部はエルゴまで
地域人口（人）＊	551,729
別称	"Lapp"
普及率	数名の子どもたちに使用されている
識字率	第１言語１～５％、第２言語75～100％
発展性	

出所）エスノローグ（Ethnologue）Languages of the World
　　　http://archive.ethnologue.com/16/show_country.asp?name=NO（2016年９月閲覧）
＊南サーメが居住しているハットフェルダル・ベフスン・エルゴまでの最南部を網羅するヌールラン県とヌールトレンデラーグ県全県の総人口を記した。

　上記の表から、北サーメの分布するフィンマルク県とトロムセ県の総人口におけるサーメ人口の割合は、概算であるが約17％、それに対して、南サーメの分布するヌールラン県とヌールトレンデラーグ県の総人口に対するサーメ人口の割合は約0.1％となる。これだけの環境の違いがある二つのサーメ地域で、どのようにサーメ学校教育が展開されているのだろうか。

2 基礎学校および後期中等教育に関する法におけるサーメ教育の位置付け

ノルウェーでは、6〜16歳の年齢の子どもに対して義務教育が行われている。2学期制で、8月の中旬に新学期がはじまり、1月上旬〜中旬で前期と後期が区切られ、6月下旬に年度が終了する。義務教育課程は、6〜13歳を対象とする7年間の初等教育（Barneskole år 1-7）と、13〜16歳を対象とする前期中等教育（Ungdomskole år 8-10）で区切られており、この段階を合わせて「基礎学校」と称している。

義務教育課程後に後期中等教育課程（videregående trinn）があり、16〜19歳の3年間となっている。これは、職業学科課程（Yrkesfaglige utdanningsprogrammer）と学習準備学科課程（Studieforberedende utdanningsprogrammer に分かれている（87〜88ページで詳述）。その後、大学（Universitet）およびユニバーシティ・カレッジ（Høgskole）で行われる高等教育がある。

基礎学校は各コムーネ、後期中等教育は各県が管轄している。基礎学校と後期中等教育の学校に関しては「基礎学校および後期中等教育に関する法（Lov om grunnskolen og den vidaregåande opplæringa）」に規定されている。ちなみに、高等教育機関の管轄は教育研究省（Kunnskapsdepartmentet）である。

現在、サーメのための学校教育に関する法律は、「教育基本法」第6条第2項「サーメの基礎学校教育」、第3項「後期中等教育のサーメ教育」、第4項「教育内容」に記載されている。以下が、サーメのための条項である。

第6条　第2項　基礎学校におけるサーメ語教育（Samisk opplæring i grunnskolen）

1. サーメ語の管理行政地区[6]では、基礎学校の学齢期にあたるすべての生徒がサーメ語の教育を受ける権利がある。

---

[6] サーメ語行政地区（forvaltningsområde for samisk språk）は、カラショーク（Karasjok）、カウトケイノ（Kautokeino）、ネッセビー（Nesseby）、ポールサンゲル（Porsanger）、ターナ（Tana）、コフィヨルド（Kåfjord）。サーメ法第3条第1項より。

2. サーメ語の管理行政地区以外のコムーネでは、コムーネ内で少なくとも10人の生徒がサーメ語教育を受けたいと希望し、さらに1グループ（学校など）に6人の生徒が集まった場合、サーメ語教育を受ける権利がある。
3. コムーネは、コムーネ内に1校または数校の学校でサーメ語教育を実施させる決定権を有す。
4. サーメ語行政地区（本章の4節で詳述）のコムーネは、コムーネ内にあるすべての基礎教育課程の生徒はサーメ語で教育を受けることができるという規定（forskrifter）を設けることができる。
5. サーメ語行政地区以外となるコムーネの基礎教育課程の生徒は、サーメ語教育を受ける権利がある。学校で、適切な教員（undervisningspersonale）によるサーメ語教育を行うことができない場合は、省（Departementet）がそれに代替する教育形態を規定することもある。
6. 8年生（中学校）になってからサーメ語を学びたいと思う生徒は、上記の1.2.5.に従って教育を受けることができる。

第6条　第3項　後期中等教育課程のサーメ語教育（Samisk videregåande opplæring）

1. 後期中等教育において、サーメはサーメ語で教育を受ける権利がある。学校で、適切な教員によるサーメ教育を行うことができない場合は、国がそれに代替する教育形態を規定することもある。
2. 国は、サーメ教育を行う特定の学校やサーメの生徒のための教科、サーメ語とサーメの伝統的な職業科目（særskilde samiske fag）のコースを提供する規則を設定することができる。県（Fylke）も、またそのような教育を提供することができる。

第6条　第4項　教育内容（Innhaldet i opplæringa）

1. カリキュラムは、サーメに関する教育、サーメの伝統的な専門領域に結び付いた言語・文化・社会に関する教育が含まれた内容が必要である。国が定めた枠組みの範囲内で、サーメ議会がその教育内容

を規定する。
2. サーメ議会は、国が定めた予算の範囲内で、基礎学校および後期中等教育におけるサーメ語教育のための学習計画を設定する。また、後期中等教育におけるサーメのための伝統的な職業教育の学習計画も設定する。
3. 国は、サーメ語の管理行政地区の基礎教育課程、他の地域での基礎教育課程、そして後期中等教育課程におけるその他（サーメ教育以外）のカリキュラムを規定することができる。サーメ議会には、国がそのガイドラインを設定する際、協議する権利が与えられている。

以上のように、ノルウェーは、法律でサーメの言語と文化教育の保障を明言している。具体的には、サーメは基礎学校およびその後の教育も、本人またはその保護者が希望した場合は学校でサーメ教育を受ける権利を有しており、政府はそれを保障する義務がある。そして国は、基礎学校から後期中等教育までのサーメ語と文化、伝統的な職業科目（særskilde samiske fag）の提供を保障しなければならない。

サーメ・ナショナル・カリキュラム

前述したように、1997年、政府は義務教育課程におけるサーメの生徒のための特別なナショナル・カリキュラムを編成した。さらに、2006／2007年の「知識向上（Kunnskapsløftet）」の教育改革の「知識」のなかにサーメ語・文化教育が含まれたことにより、義務教育課程から後期中等教育課程までのサーメ・ナショナル・カリキュラム（Læreplaner i Kunnskapsløftet samisk）が新たに編成された。Ngai（2015）らによると、先住民のための教育として特別なナショナル・カリキュラムを制定している国は、現在のところノルウェーのほかに見受けられない[7]。

ここで、2006／2007年の「知識向上」の教育改革について簡潔に述べておく。

ノルウェーでは、2000年3月、これまで政権を握っていた労働党に代わって、保守党、キリスト教民主党、自由党による中道右派連立政権（2001年〜2005年）が誕生した。この政権交代によって教育の見直しが図られ、2003／2004年度の教育白書『学習の文化（Culture for Learning）』に、新しい教育の統治モデルとして分権化や規制緩和、目標管理、学習成果とアカウンタビリティに着目した新自由主義改革が志向された[8]。同時に、教育の国家質保証システムの構築が進められ、2004年に全国テストがスタートした。

さらに2006年には、「知識向上」と呼ばれる初等中等教育改革の一つとして、ナショナル・カリキュラムの改訂・大綱化が行われた。北川（2007）によると、新しいナショナル・カリキュラムは、従来のカリキュラムと対照的な四つの特徴を備えている。それは、①言語学習の強化、②コンピテンス達成目標の重視、③基礎的スキルの重視、④聾および強度難聴者、並びにサーメのための教育課程の重視である[9]。

また、義務教育課程における新要領は以下の5項目で構成されている。

❶一般篇（Generell del）
❷教育諸原則（Prinsipper for opplæringen）
❸諸科目教育課程（Læreplaner for fag）
❹知識向上教育課程要領——サーメ篇（Læreplanverket for Kunnskapsløftet-Samisk）
❺科目および時間配分（Fag-og timefordelingen）[10]

新要領に「❹知識向上教育課程要領——サーメ篇」が掲げられたことにより、知識向上カリキュラムとあわせて、教育庁（Utdanningsdirektoratet）はサーメ議会と連携して、サーメ語での教育カリキュラムを普通教育のカリキュラムと並行かつ同等となるよう開発した[11]。そして、この改訂後の2006年から、サーメ語で諸教科を受けるカリキュラムが実施されるようになった。つまり、この改訂により、サーメ語を第一言語とするサーメ生徒に対して、サーメ語による一般教科の学習が保障されることになったわけである。

さらに、「❺科目および時間配分」の改訂により、サーメ語が第一言語およ

び第二言語の生徒、フィンランド語が第二言語の生徒、手話が第一言語の生徒のために、コムーネおよび県は、各教科において定められた時間数を25％以内で再調整できるようになった。

ただし、このような再調整は、それが当該生徒のための科目全体の目標達成に至ると予想される時、そして時間のみの再調整であり、諸科目の教育課程の目標は放棄できないとしている。

以下の**表2－3**は、北川（2007）が対訳したカリキュラム改訂（通知F-012-06の2007.8.7改訂付記）をもとに、通常の基礎学校科目授業配分のうち、主として言語科目と技術科目の時間数を抜粋したものである。それに対比して、サーメ教育を提供する基礎学校の言語科目と技術科目（伝統手工芸ドゥオッジ）の時間配分を**表2－4**で表した。

サーメ語を第一言語、および第二言語とする生徒に対処した代替授業時間配分は**表2－4**の通りである。この場合、第8学年～第10学年での外国語／言語深化科目がある場合とない場合の2パターンがある。

この二つの表の対比から、サーメ教育を受ける生徒の基礎学校10年間におけ

表2－3　通常の基礎学校科目授業数配分（時数単位は60分／週×1年間）

科　目	第1～7学年	第8～10学年	基礎学校総計
ノルウェー語（Norsk）	1,296	398	1,694
英語（Engelsk）	328	256	584
外国語／言語深化科目＊ （Fremmedspråk språklig forfyppinning）	0	227	227
言語科目合計	1,624	881	2,505
技術（Kunst og håndverk）	477	150	627

出所）北川（2007）をもとに筆者作成。
＊言語深化科目は、言語学習のみではなく、その言語が使われる国の背景や文化も学習する科目である。

---

(7)　Ngai（2015）p82.
(8)　佐藤（2014）744頁。
(9)　北川（2007）107～108頁。
(10)　前掲書、96頁。
(11)　「サーメ篇」の開発基礎となったのは、教育法第6条4項およびILO条約第169号である。

表2－4　サーメ教育を受ける基礎学校の科目と時間配分

科　目	代替1 外国語／言語深化科目なし		
	第1～7学年	第8～10学年	基礎学校統計
第1言語 サーメ語／ノルウェー語	916	335	1,251
第2言語 サーメ語／ノルウェー語	570	279	849
英語	328	227	555
外国語／言語深化科目	0	0	0
言語科目合計	1,814	841	2,655
ドゥオッジ（Duodji）	427	161	638

科　目	代替2 外国語／言語深化科目あり		
	第1～7学年	第8～10学年	基礎学校統計
第1言語 サーメ語／ノルウェー語	916	278	1,194
第2言語 サーメ語／ノルウェー語	570	222	792
英語	328	227	555
外国語／言語深化科目	0	0	0
言語科目合計	1,814	954	2,768
ドゥオッジ（Duodji）	427	161	638

出所）北川（2007）をもとに筆者作成。

る言語関連科目の総計は、「代替2外国語／言語深化科目あり」の場合2,768時間、「代替1外国語／言語深化科目なし」の場合でも2,655時間と、通常の基礎学校の総計2,505時間に比べて150時間～約250時間も多いことが分かる。また、通常の基礎学校の技術科目に代替するドゥオッジも11時間多くなっている。

しかし、基礎学校で必修である、宗教、数学、理科、社会科、音楽、食と健康（Mat og Helse）[12]、選択・学科課程科目（Programfag til valg）の諸科目はいずれも同じ時間数となっている。そのため、表2－4には記さなかったが、総授業時数が通常の基礎学校の7,496時間に比べ、代替1の場合は7,686時間、代

替２の場合は7,749時間と、190時間〜253時間多い計算になる。

このような2006年のナショナル・カリキュラム改訂は、学校のサーメ語授業カリキュラムへの自由裁量を増やし、フィンマルク県、トロムセ県内の北サーメ地域の、特にサーメ言語行政地区の基礎学校において十分なサーメ言語・文化教育を実現させることとなった。しかし、その一方で、サーメ語教育を受ける学習者の負担は大きくなっている。

「基礎学校におけるサーメ語教育に関する統計」からの考察

次に、基礎学校でサーメ語を学ぶ生徒数、およびサーメ語を第一言語、第二言語、第三言語としているサーメ生徒数の地域的統計を以下に示す。**表２−５**と**表２−６**は、ノルウェー中央統計局（Statistisk Sentralbyrå）が監修したサーメに関する統計（Samisk Statistikk）から抽出し作成したものである[13]。

表２−５から、北サーメ地域であるフィンマルク県とトロムセ県（サーメ語の行政地域を含む）において、北サーメ語で全教科を学習している生徒数の合計は829名に及ぶが、南サーメ地域やルレサーメ地域であるノールラン県では27名にすぎないことが分かる。

さらに、**表２−５**は県別での総計であるため、ルレサーメ語と南サーメ語の二つの方言が合算されている。しかし、**表２−６**から、南サーメ語を第二言語として話すことのできる生徒数が全国で62名、第三言語としている生徒数は全国で12名と、その割合の多いことが分かる。

次に、サーメ語行政地区（Forvaltningsområde）について述べる。サーメ語行政地区はサーメ法第３条１項に応じて決定された地域で、サーメ語の使用に関して特別な規定を適用している。行政地区は、カラショーク、カウトケイノ、ターナ、コーフィヨール、ポールサンゲル、ネッセビー、ラバンゲン、テュス

---

(12) 直訳すると「食と健康」となる。日本でいう家庭科に相当する。
(13) https://www.ssb.no/en/befolkning/statistikker/samisk/hvert-2-aar/2014-02-06?fane=tabell#content（2016年９月閲覧）。

表2－5 基礎学校でサーメ語を学ぶ生徒数（年間）

	全国	サーメ行政地区	フィンマルク県	トロムセ県	ノールラン県	オスロ県
総生徒数	614,894	2,395	9,281	19,355	29,046	59,487
教科言語がサーメ語である児童・生徒（合計）（1）	873	783	760	69	27	－
1－7年生（合計）	635	559	546	59	17	－
1年生	114	97	94	14	4	－
2年生	93	73	73	17	1	－
3年生	88	81	74	7	5	－
4年生	79	62	68	7	1	－
5年生	83	79	74	3	4	－
6年生	77	74	71	5	－	－
7年生	101	93	92	6	2	－
8－10年生（合計）	238	224	214	10	10	－
8年生	84	80	78	3	1	－
9年生	71	67	65	4	1	－
10年生	83	77	71	3	8	－

出所）筆者作成。

フィヨール、スノーサである[14]。これらのコムーネでも、生徒はナショナル・カリキュラムに従って教育を受ける必要がある。

　72ページに掲載した図2－3は、表2－7に示されているサーメ語の行政地区の分布地図である。カラショーク、カウトケイノ、ターナ、コーフィヨール、ポールサンゲルの五つのサーメ語行政地区はフィンマルク県内のコムーネであり、ネッセビー、ラバンゲンの二つのサーメ語行政地区はトロムセ県内のコムーネである。この7コムーネは北サーメ地域に位置している。一方、テュスフィヨール行政地区はノールラン県北部のコムーネ（ルレサーメ地域）、スノーサ管理行政地区はヌール・トロンデラーグ県のコムーネ（南サーメ地域）に位置している。

表2-6 サーメ語を話す生徒数（年間）

	全国	サーメ行政地区	フィンマルク県	トロムセ県	ノールラン県	オスロ県
北サーメ語を						
第一言語としている*	879	751	795	70	6	4
第二言語としている**	475	210	265	138	3	20
第三言語としている***	579	185	386	138	29	-
						-
ルレサーメ語を						-
第一言語としている	30	21	-	6	24	-
第二言語としている	30	12	-	-	29	-
第三言語としている	38	32	2	-	35	-
南サーメ語を						
第一言語としている	21	10	-	-	1	-
第二言語としている	62	8	-	1	12	-
第三言語としている	12	2	-	2	-	-

出所）筆者作成。
以下は、表内にある注（1）-（3）の説明である。
（＊）全教科をサーメ語で学習する生徒（Elever som har samisk som opplæringsmålform）。この規定はサーメ語行政地区内の学生に適用される。
（＊＊）北サーメ語、ルレサーメ語、南サーメ語を第二言語としている生徒。サーメ語指導要領（samisk lærerplan）のレベル1－7を修了しているものを含む。
（＊＊＊）北サーメ語、ルレサーメ語、南サーメ語を第三言語としている生徒。サーメ語指導要領（samisk lærerplan）のレベル1－4を修了しているものを含む。
但）表2－5と表2－6には、一般の行政県とサーメ行政地区があり、生徒数がダブルカウントされている場合がある。

基礎学校におけるサーメ教育

　前述したように、ノルウェーは1～7学年（6歳～12歳）の小学校

---

(14) 2013年、南サーメ地域のロイビック（Røyvik）コムーネが、新たにサーメ語行政地区として国からの助成金を受けるようになった。

表2－7　サーメ語行政地区

カラショーク（Karasjok）	フィンマルク県	北サーメ地域
カウトケイノ（Kautokeino）	フィンマルク県	北サーメ地域
ターナ（Tana）	フィンマルク県	北サーメ地域
コーフィヨール（Kåfjord）	フィンマルク県	北サーメ地域
ポールサンゲル（Porsanger）	フィンマルク県	北サーメ地域
ネッセビー（Nesseby）	トロムセ県	北サーメ地域
ラバンゲン（Lavangen）	トロムセ県	北サーメ地域
テュスフィヨール（Tysfjord）	ヌールラン県	ルレサーメ地域
スノーサ（Snåsa）	ヌール・トレンデラーグ県	南サーメ地域

出所）Handlingsplan for Samisk språk status 2010 og videre innsats 2011をもとに筆者作成。

図2－3　各コムーネ内でのサーメ語を学んでいる生徒の概数

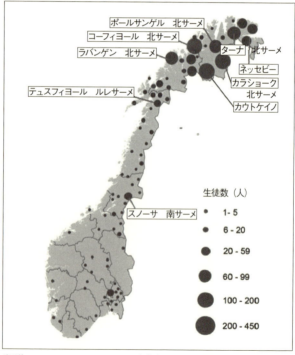

出所）https://www.regjeringen.noを参考に2013年筆者作成。

(Barnskolen) と 8 ～10学年（13歳～15歳）までの中学校（Ungdomsskole）の10年間が義務教育課程であり、あわせて「基礎学校（Grunnskolen）」と呼んでいる。

　義務教育課程におけるサーメ教育は、南サーメ地域に限ってサーメ学校が存在する。しかし、その他の地域では、基本的に公立の基礎学校で提供される。本項では、基礎学校におけるサーメ言語・文化教育の実情を、北サーメ地域と南サーメ地域との対比において考察する。

（1）北サーメ地域

　北サーメ地域に位置する19のコムーネで構成されているフィンマルク県には、2015年時点で76校の基礎学校があり、8,883名の生徒が就学している[15]。そのなかで、カウトケイノを含む五つのコムーネ（カラショーク、ターナ、ポールサンゲル、ネッセビー）がサーメ語行政地区であり、これらのコムーネには15校の基礎学校がある。

　このことから、少なくともこれら行政地区の学校ではサーメ語教育がなされていると考えられる。さらに、トロムソ県にあるサーメ語行政地区のラバンゲンコムーネや、行政地区ではないが、フィンマルク県の最北に位置するアルタ県にもサーメ語を第一言語とする基礎学校が数校ある。

　本項では、2011年と2012年に行った北サーメ地域、カウトケイノ基礎学校調査の事例から[16]、基礎学校におけるサーメ教育の特徴を考察する。カウトケイノ基礎学校は村の中心部に位置し、小学校と中学校が同じ敷地内に併設された公立の基礎学校である。しかし、ここに就学するほとんどがサーメの生徒であるため、北サーメ語が第一言語の言語科目として取り扱われているほか、近年では北サーメ語が他の科目の教授言語として採用されている。ちなみに、校舎

---

[15] https://skoleporten.udir.no（2016年9月閲覧）
[16] 著者は、2011年カラショークのサーメ議会、2012年9月カウトケイノの基礎学校、トロムセ大学、2013年のサーメ議会、2012年9月カウトケイノの基礎学校、トロムセ大学、2013年のカラショークのサーメ議会、サーメ出版社（Davvi Girji）、でのインタビュー調査を行っている。

内のすべての案内、スケジュール、配布資料などは、北サーメ語とノルウェー語の二言語で表示されている。例えば、学校名を掲げる案内版には、北サーメ語の「Guovdgeainnumánáidskvia」とノルウェー語の「Kautokeinoskolen」の2言語で表示されている。

以下は、2011年9月7日と9月9日に行った学校訪問の際、各校長[17]に対して実施したインタビューからまとめた学校の概要である。

カウトケイノ基礎学校に通う生徒の背景

カウトケイノ基礎学校では、徒歩で通えない子ども達のためにスクールバスが提供されており、生徒のほとんどがバスで通っている[18]。そして、生徒の90％以上がサーメ家族の出身であり、北サーメ語を話すことができる。

2011年に調査した時点での小学校の全生徒数（6～12歳）は約230名である（2016年現在、231名）。1年生2クラス、2年生2クラス、3年生2クラス、4年生3クラス、5年生2クラス、6年生2クラス、7年生3クラス、そして第一言語がノルウェー語という生徒が少ないため上級クラスと下級クラスに分かれ、複式で授業が行われている。小学校の教師数は32名で、1クラスの生徒数は約15名となっている。

一方、中学校の生徒数は86名で（2016年現在、97名）、各学年に2クラスである。中学校の生徒もほとんどがサーメであり、全教科も北サーメ語で学習している。生徒数に対して教師が19名と、教師数の割合がほかの公立の学校に比

カウトケイノ基礎学校のスクールバス

カウトケイノ基礎学校の全景

べて高くなっている[19]。

　親の職業は、トナカイ放牧業に従事している家族が約30％であり、そのほかは、林業、農業、公務員、教員、サービス業などの職業に就いている。カウトケイノコムーネは、従来からトナカイ放牧業のサーメが多く、2000年頃は約60％のサーメがトナカイ関連業に従事していたという[20]。しかし、次第に小規模のトナカイ放牧者は、合併されたり他の業種に転職したりして、現在、その数は半減している。

　とはいえ、トナカイ放牧業が主要な産業であることに変わりはない。コムーネ内のサーメ人口に対してトナカイ放牧業に従事する割合が30％という数値は、北サーメ地域のなかでもかなり高いものとなっている。

カウトケイノ基礎学校におけるカリキュラムの特徴

　次に、実際カウトケイノの基礎学校で、どのようにサーメの教育がカリキュラムに反映されているのかを見てみる。まず、小学校のカリキュラムの特徴として、1年生の段階から北サーメ語、ノルウェー語、英語が履修できることが挙げられる。

　サーメ語を第一言語としているクラスでは、1学年から北サーメ語の授業が週に5時間、ノルウェー語の授業が2時間、英語の授業が1時間となっている。そして、技術（Kunst og håndverk）の科目の代替として、サーメの伝統手工芸であるドゥオッジが教えられている。

　また、ノルウェー全国の生徒が受ける全国テスト（nasjonale prøver）での読み取りのテストは、ノルウェー語ではなくサーメ語で受けている。小学校の校長であるヴァース（Vars）氏によると、小学校では、1学年からサーメ語、ノ

---

[17]　カウトケイノ小学校の校長はブディル・ウチ・ヴォース（Bodil Utsi Vars）氏、中学校の校長は、エッレン・J・サラ・エイラ（Ellen J. Sara Eira）氏である。本調査では2011年9月7日（水）、9月9日（金）両氏にインタビューを行った。
[18]　スクールバスでも通いきれないコムーネ北部に、もう一つ小規模ではあるがマシ（Masi）基礎学校がある。全児童・生徒数は41名（2016年現在）である。
[19]　中学校の校長エイレン・J・サラ・エイラ氏のインタビューから。
[20]　小学校の校長ブディル・ウチ・ヴォース氏のインタビューから。

カウトケイノ基礎学校のヴァース校長　　北サーメ語とノルウェー語で書かれた校長室の入り口

ルウェー語、英語を学ぶことから生徒の言語スキルが高く、5学年が受ける全国テストでの英語科の成績が県内で上位にランクされているという。

　また、小学校において、サーメ語、ドゥオッジの授業のほかはサーメ文化教育を行っていない。その理由としてヴァース校長は、「学校教育で特別必要としてはいない。なぜなら、サーメの文化は各家庭で普通に教育されているから」と語った。言語も、家庭でごく普通に北サーメ語とノルウェー語の両方を使い分けているという。

　中学校のカリキュラムの特徴としても、まず言語科目数の多さが挙げられる。この学校では、代替2（68ページの表2-4を参照）の外国語科目を導入しているため、生徒は四つの言語科目を学習している。ほとんどの生徒は第一言語としての北サーメ語、第二言語としてのノルウェー語、第三言語としての英語、さらに第四言語として外国語（フランス語、スペイン語、フィンランド語、ドイツ語）を選択して学んでいる。

　時間割は、ノルウェーの場合、教師が授業の進み具合によって各科目への時間配分を決めるため、若干その配分が異なるが、1週間の科目別時間配分はおよそ表2-8の通りとなっている。

　これを見ると、言語諸科目の総時間数が8時間に対して[21]、数学3時間、社会2時間、理科2時間となっている。北川（2007）によると、通常の中学校におけるノルウェー語、英語、外国語／言語深化科目を合わせた言語諸科目は

第2章 ノルウェーにおけるサーメ語・文化教育の現状 77

校庭の様子

表2−8　1週間の科目時間配分（10年生）

科　目	表示	時間数
北サーメ語	Sam	2
ノルウェー語	Nor	2
英語	Eng	2
選択言語	Frem	2
社会	Nat	2
理科	Saf	2
数学	Mat	3
体育	Lasm	1
音楽	Mus	1
ドゥオッジ	Duo	3
宗教	Rle	1
水泳	Svøm	1
その他	Utd	1

出所）中学校の時間割。Diibmoplaa-Timeplan 2011-2012をもとに筆者作成。

852時間であり、数学313時間、社会、理科各256時間となっている。比率で考えると、約6.7（言語諸科目）：2.4（数学）：2（社会、理科各時間）となり、カウトケイノ基礎学校の中等科での言語諸科目の授業時間数の割合が大きいことが分かる。

「4言語の履修は生徒に負担がかかるのではないか」という質問に対し、中学校の校長であるエイラ氏は、「言語習得に関して問題はないが、その分、数学などの科目にしわ寄せがいく傾向も否めない」と答えてくれた。

　図2−4は、2015年に実施された8年生を対象とした全国テストのカウトケイノ中学校の評価結果である。ノルウェーでは全国テストの結果が6段階で評価され（6が最高点）、その結果は教育庁よってインターネットで公表され、誰でも閲覧できるようになっている。評価点は、各学校、各コムーネ、県、全国と四つの枠の平均値で表されている。その結果からも、カウトケイノ中学校における数学の成績が他の地域に比べ低いことが分かる。しかし、逆に英語の読解、ライティングの能力はフィンマルク県のなかでは高く、全国の平均値以上となっている。

---

(21)　週の授業科目数を書いた表の内訳をヴァース氏に聞いたところ、「選択科目2」は四つの言語科目を、週2時間ずつ行うという意味であるという。

中学校のエイラ校長

7年生の授業風景

図2-4　全国テスト結果　カウトケイノ中学校と他の地域との比較

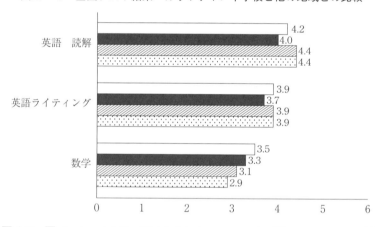

□ 全国　■ フィンマルク県　▨ カウトケイノ・コムーネ　⋯ カウトケイノ中学校
出所）教育庁 Utdanningsdirektoratet の公開ホームページより。

カウトケイノ基礎学校におけるサーメ教育の将来性

「今後、北サーメ語を話す人口は増えると思うか」という筆者の質問に、小学校のヴァース校長は次のように答えてくれた。

「現在、この地域ではほとんどのサーメが北サーメ語を話すようになっている。

学校でも当たり前のように北サーメ語で授業をしている。かつて同化政策が行われた時代よりも、はるかに北サーメ語の話者は増えている」

ヴァース校長は、2011年現在40代の後半である。彼女が基礎学校を卒業した卒業した1979年頃は、授業はすべてノルウェー語で行われていた。彼女自身、北サーメ語を話すことはできたが、読み書きの教育を受けてこなかったため、24歳で教員養成コースに入ってから読み書きを習ったという。

2016年8月16日付のサーメ新聞（NRK Sapmi）によると、コムーネは独自の言語教育計画を作成し、次年度の5年生に対するノルウェー語のクラス設置を廃止し、生徒全員が北サーメ語で授業を受けるようにすると決定した。さらに、北サーメ語の教師を増員することも決定している。

それに対して小学校、中学校の保護者会からは、「突然、サーメ語を理解しない子どもがサーメ語のクラスに編入した場合、サーメ語の教育レベルが低下するのではないか」とか、「ノルウェー語を第一言語とする子どもが入ることによって、次第にノルウェー語の環境に移行してしまうのではないか」という意見（懸念）が出されている。

さらに、「5年生から突然サーメ語のクラスに編入させるのではなく、もっと早い段階で、ノルウェー語を第一言語とする子どもにもサーメ語を学ぶ機会を与えるほうがよいのではないか」という議論にまで発展したという。

カウトケイノは北サーメ地域の中心であるため、基礎学校におけるサーメ教育が最も進んだ地域である。もちろん、フィンマルク県すべての基礎学校でこのような教育が行われているわけではない。しかし、北サーメ地域のサーメ語行政地区にある基礎学校では、カウトケイノ基礎学校のようなサーメ語教育の導入が行われているようだ。

（2）南サーメ地域

一方、南サーメ地域の基礎学校では、カウトケイノ基礎学校のようにサーメ教育を展開させている基礎学校はない。現在、国立の寄宿制サーメ学校が2校、そして独自に南サーメ語教育の場を提供しているコムーネなどがある。

生徒の背景

　南サーメ地域は、分布域は広いがサーメ人口が少ない地域である[22]。前述したように、ノルウェーにおけるサーメ語話者の正確な統計数値はないが、現在2万人以上のサーメが北サーメ語を話すのに対し、南サーメ語の話者は300人前後と極めて少数となっている[23]。

　しかし、Todal（2003）やJernsletten（1993）は、南サーメ地域が多数派のノルウェー人の村で、少数のサーメがマイノリティーとして共存してきた地域であるにもかかわらず、その言語が維持されていることに着目している。その背景として、トナカイ飼育業を生業とした家族単位のサーメがあり、トナカイとともに移動する特異な生活習慣によって、村人との接触が少なかったためだと論じている。

　現在、南サーメ地域には、サーメのための寄宿制基礎学校が2校ある。その1校が、本研究の対象校であるハットフェルダルコムーネのサーメ学校であり、もう1校は、サーメ語行政地区となっているスノーサコムーネにあるサーメ学校である。2校の設立までの過程と現状は若干異なっている。以下において、それぞれをまとめることにする。

ハットフェルダル・サーメ学校

　ハットフェルダル・サーメ学校は、国内で最初の、そして唯一となる国立の寄宿制サーメ学校である。南サーメ地域を中心としたサーメ学校設立運動が第2次世界大戦後にようやく結実し、1951年に設立された。当初は、トナカイ放牧業の子ども達を対象にした学校であったが、学校の環境は十分とは言えず、サーメ語・文化教育が行われることはなかった[24]。

　このサーメ学校で南サーメ語の授業が導入されるようになったのは、南サーメ語の正書法が確立した翌年の1980年からである。その後は、徐々に南サーメ語や文化教育が行われるようになった。当時、常に20人前後の生徒が寄宿していたが、2000年を過ぎた頃から寄宿して学校に通う生徒数が徐々に減少し、2011年からは通年制の生徒がいなくなった。よって、2006年の「知識向上」という教育課程に掲げられたサーメ語教育カリキュラム編成の効果は、この学校

ハットフェルダル・サーメ学校

では見られない。

しかしながら、ハットフェルダル・サーメ学校は、2017年現在、地域の公立学校に通う生徒に対し、①週に2回のインターネットによる南サーメ語の遠隔教育と、②1年間のうち6回、各1週間サーメ学校に寄宿し、サーメ教育を受ける短期セミナーを開設し、新たな教育戦略で南サーメ語・文化教育の提供を試みている。この二つの教育方法は、本来の通年制寄宿制学校の運営と平行して1995年から段階的に展開してきたものである。

---

(22) 南サーメ地域はおよそヌールラン県とヌールトレンデラーグ県を中心とした地域であり、そこに僅か約600人のサーメが拡散して居住している。そのため、南サーメ地域の確かな境界線を描くことは難しいが、本書では、最北はヌールラン県のモイラナ（Mo I Rana）コミューネから、最南はヌールトレンデラーグ県のさらに南のヘドマルク（Hedmark）県にあるエルゴ（Ergå）村までとする。
(23) Solbakk（2006）参照。
(24) Elsvatn（2001）参照。

スノーサの看板。ノルウェー語（左）と南サーメ語で書かれている

スノーサ・サーメ学校[25]

　スノーサ・サーメ学校の設立は1968年である。この頃は、ヌールラン県中央北部の内陸部に位置するハットフェルダル・サーメ学校だけでは広大な地域に分布する南サーメの子ども達にサーメ教育を提供することが難しく、もう少し地の利のよい場所への移転に関する議論がなされていた時期であった。

　当時の国民学校省(Folkeskolerådet)は、南サーメ南部の、トロンデラーグ県やヘドマルク県、ヌールラン県の一部の沿岸部に居住するトナカイ放牧業のサーメ家族の子ども達を対象としたサーメ学校の設立を検討した。そして、南サーメ地域南部のほぼ中央にあたるスノーサ・コムーネが第2のサーメ学校建設の候補地として挙げられた。その打診に対してコムーネは、積極的に建設資材などの準備を請け負った。そして、1968年秋、南サーメ地域における2番目のサーメ学校がスノーサに開校された。

　設立当初、約20名の児童がそのサーメ学校に入学した。しかし、まだ独立した校舎はなく、開校後しばらくは地元にある公立学校のヴィンエ（Vinje）校でサーメ学校が運営された。当時、1～3学年の生徒には各1クラスが設けられたが、4～6学年のサーメ生徒はノルウェーの子ども達との統合クラスであった。

　このクラス編成はサーメの保護者達が望む環境ではなかったが、2～3年間はこのようなクラス編成が続いた。そして、数年後、ようやく4～6学年の生徒にも独立した1クラス（4～6学年の統合）が設置された。

　その後、サーメの生徒だけの寄宿学校校舎の設立が望まれるようになり、1977年12月2日、コムーネ北西部のスノーサ湖の畔に寄宿舎と学校が一体化したサーメ学校が完成した。さらに、1985年に寄宿舎が拡張され、新しいキッチンと食堂、リビング、収納庫、談話室が建てられた。そして、1988年には7～10学年クラスも設置され、生徒数は15名から20名前後となっている[26]。この学

校も生徒数の減少という問題を抱えているが、今のところ通年教育を維持している。

両校は、創立以来、南サーメ語教育を中心とするサーメのための特別な授業を実践し、コムーネにおけるサーメの文化センター的役割の一端を担ってきたと言える。

就学前教育におけるサーメ教育

政府は、幼稚園におけるサーメ語教育の環境整備も行っている。労働社会省（Arbeids- og sosialdepartementet）の「サーメ言語のための行動計画 Handlingsplan for samiske språk」（2010）[27]によると、現在41のサーメ幼稚園があり、約950名のサーメ幼児が通っている。筆者が2009年9月、2011年8月、2014年9月と3回訪問したオスロ市内にあるサーメ幼稚園も、基本的には北サーメ語を教える幼稚園であった。

この幼稚園の園名は「チザ・サーメ幼稚園（Cizaš Samisk Barnehage）」で、公立の幼稚園である。オスロ中央駅から北東部、地下鉄2駅目のテイェン（Tøyen）駅から歩いて約7、8分の中央高台に立地している。高台には公立幼稚園が隣接しているほか、近くには「ムンク美術館」があるといった住環境のよい所である。

林の中にある園の入り口を入ると、まず目に留まるのは、サーメ文化の象徴でもある移動型の住居用テントである。このテントは園児達の遊びの場であり、物語を聴く場でもあり、外の活動から戻って一時暖を取る休憩所であり、そして隠れ家でもある。

---

[25] スノーサのサーメ学校に関する記述は、2009年9月、スノーサ・コムーネに調査訪問した際に入手した資料『学校史』、Bull（1988）によるものである。
[26] 2009年9月、著者が学校訪問した時の概算である。この時、具体的な資料は入手できなかった。
[27] https://www.regjeringen.no/globalassets/upload/fad/vedlegg/sami/hp_2009_samisk_sprak_engelsk.pdf.（2016年10月閲覧）。

園長先生とサーメのお話をしてくれるおじいさん役の男性

園長はマリ・ヘランデール（Mari Helander）氏、サーメの女性である。以下では、3回の幼稚園訪問視察とヘランデール氏へのインタビューをもとにしてチザ・サーメ幼稚園の実情を描いていきたい。

1〜5歳までの幼児数（2014年）は27名、スタッフは10名（パートタイムの語り部モルモル［mormor］を含む）。保護者の職業は、会社員、公務員、医者、看護士、弁護士、オペラハウス勤務、アルバイトなどと様々である。

2014年現在、この幼稚園に通う園児はサーメの幼児のみである。公立の幼稚園であるため、オスロ市は近隣に住むサーメ以外の幼児も入園できるように要請しているが、園の方針としてサーメ以外の幼児に入園許可を出していない。その理由は、「サーメ文化のみの環境にしたい」という教育方針があるからだ。

チザ・サーメ幼稚園は、1981年に私立のピアレントスクール（Parentschool・託児所・保育園的なもの）として開始され、その5年後、1986年にオスロコムーネの公立幼稚園となった。チザ・サーメ幼稚園の場合、オスロコムーネとサーメ議会の管轄となっている。

教育方針・教育計画の骨子がサーメ議会によって立案され、その骨子をもとにコムーネとサーメ議会が「教育要領」を決める。その「教育要領」をもとにサーメ幼稚園は、年間の教育方針や教育計画を作成する。幼稚園は、年間計画（Årsplan）と報告書をコムーネとサーメ議会に提出しなければならない。

日常の教育内容の特色として、サーメ語（北サーメ語）による語りかけ、歌とダンス、簡単なサーメの伝統手工芸（ドゥオッジ）の導入、さらに毎年9月、トナカイの解体作業を見学するデイキャンプなどが挙げられる。

教育プロジェクト計画案も2012／2013年度、2013／2014年度に採択され、国から2年間にわたるプロジェクト運営補助金も獲得した。その主なプロジェク

ト内容は、①北サーメ語を話す女性（幼児にとって祖母の年代）のパートタイム雇用、②保護者やスタッフを対象としたサーメ語講習会の開設、③北サーメ地域へのスクールトリップ、である。それぞれの内容は以下の通りである。

①**北サーメ後を話す女性のパートタイム雇用**——北サーメ語を話す女性が「おばあちゃん（Mormor）」的存在となり、幼児達に口承でサーメの昔ばなしや文化を伝える役割を担う。

②**サーメ語の講習会**——幼児だけでなく、サーメ語を話せない保護者やスタッフに対する北サーメ語の講習会である。

③**スクールトリップ**——2013年5月、北サーメ地域、フィンマルク県カラショークに4泊5日のスクールトリップを行った。対象者は5歳児で、そのうち3名の園児がスタッフ2名とともに同地に滞在した。彼らは、各サーメの家庭にホームステイしながら、サーメ議会やサーメテレビ局、サーメ博物館などを訪問し、さらにカラショークのサーメ幼稚園での合同保育も体験した。この計画が、この年度の最も大きなプロジェクトであった。

このスクールトリップの目的は以下の三つであった。

❶サーメの伝統的な自然のなかでの日常生活を体験する。

❷多くのサーメが住む地域に行き、多くのサーメと出会うことによって自分達のアイデンティティを育てる。

❸ランゲージシャワー（language shower）によって、自分達のルーツ・先祖を認識し、立ち返る体験をさせる。

幼児達は、日常生活でサーメ語を話している人達とともに生活をすることによってランゲージシャワーを体験し、日常生活のなかでサーメの衣装を着ている老人を目にしたり、北の自然の中でキャンプを体験した。また、トナカイを目撃したり、魚釣りも行っている。

オスロの公立幼稚園の場合、月謝2,655NOK[28]と給食費115NOKを合わせた

---

[28] ノルウェークローネの略称である。2019年3月現在、1 NOKは12.8円。

サーメテントの中で焚き火の準備をするアシスタントの教師

2,770NOK が毎月（7月は除く）保護者から支払われるが[29]、その収入に加えて運営補助金がコムーネなどから支給されている。

チザ・サーメ幼稚園の運営補助金は、サーメ議会からの6万NOK、オスロ・コムーネから5万NOK、パートタイムの語り部の報酬金としてサーメ議会からの5万NOKに加えて、上述したプロジェクト特別予算14万NOK（2年分）が加算されていた[30]。

オスロに住むほとんどのサーメの子ども達にとって、トナカイ放牧業に象徴される伝統的なサーメの文化環境は自分達とはかけ離れた世界のものである。しかし、オスロのチザ・サーメ幼稚園は、地域のコミュニティを巻き込んだサーメ語・文化教育を目指し、サーメの幼児達がより自然な形でそれらに出合う機会をつくろうと努力をしている。このような経験型のサーメ教育は、基礎学校教育課程より就学前教育課程のほうがより柔軟に導入しやすいと言える。

「サーメ言語のための行動計画」（2010年）でも、サーメ幼稚園の数は近年比較的安定しており、ノルウェーの幼稚園に通うサーメの幼児達に対してサーメ語の学習を受ける機会が提供されつつあると報告されている。さらに2008年、サーメ幼稚園、もしくはサーメの幼児がいる幼稚園を合わせた19の幼稚園に、サーメ語啓発のための奨励金が支給されたと報告されている。しかし、その大半は北サーメ地域のフィンマルク県であるという。

南サーメ地域のような小さなサーメのグループにこそ就学前教育が必要であると Todal（1998）や Jernsletten（1993）は主張してきたが、近年は、チザ・サーメ幼稚園の事例のような就学前教育でのサーメ教育が、他の小さなサーメ地域・コムーネのなかでも徐々に取り組まれ、展開されるようになっている。

後期中等教育におけるサーメ教育

　基礎教育課程を修了した生徒は、その後、３年間の後期中等教育を受けることになる。生徒は、進学を主とする五つの学習準備学科課程（studieforberedende utdanningsprogrammer）と、職業教育を主とする八つの職業学科課程（yrkesfaglige utdanningsprogrammer）から自分の進む学科を選択する。学習準備学科課程は、①スポーツ（idrettsfag）、②アート・デザイン・建築（kunst, design, arkitektur）、③メディア・コミュニケーション（medier og kommunikasjon）、④音楽・舞踊・演劇（musikk, dans og drama）、⑤学問専修（studiespesialisering）である。一方、職業学科課程は、①土木工学・建設（bygg- og anleggsteknikk）、②デザイン・手工（design og håndverk）、③電気（elektrofag）、④保健・保育（helse- og oppvekstfag）、⑤自然利用（naturbruk）[31]、⑥レストラン・食糧（restaurant- og matfag）、⑦サービス・流通（service og samferdsel）、⑧技術・工業生産（teknikk og industriell produksjon）となっている。

　職業コースは、２年間の学校における教育（oppfaeringa）と、１年間の企業における教育を含む。また、条件によって、企業における教育は２年以上に延長することができる。ちなみに、県（fylke）が企業における生産的労働の教育を希望する生徒に対して設定することができない時は、その教育を学校が行うこととなっている。

　北サーメ地域には、サーメのための伝統的な職業コースをもつ、いわゆるサーメのための高校（後期中等教育・Sami Joatkkakuvla Ja Boazodoaloskuvla）がカウトケイノとカラショーク、そしてアルタに１校ずつある。通常、ノルウェーでは後期中等教育課程の学校は県が所轄しているが、サーメのためのこれらの学校は国が直接管轄している。

　北サーメ地域に住むサーメ生徒は、基礎学校を卒業後、地元の公立高校か上

⑶ https://www.oslo.kommune.no/barnehage/pris-og-betaling/（2016年10月閲覧）。
⑶ 2014年９月６日（金）マリ・ヘランデール園長へのインタビューから。
⑶ 農業、畜産業、水産業、林業などを学ぶ実習コースのこと。

記のサーメ高校かを選択する。サーメのための高校には、地元だけでなく他のサーメ地域からも寮に寄宿したり、親戚などの知り合いの家に居住したりして通学する生徒もいる。サーメ高校を卒業した生徒の進学先としては、地域的に近いトロムソ大学や、地元のサーメ・ユニバーシティ・カレッジ（次ページからの記述参照）などがある。

　北サーメ地域以外のサーメ地域には、2017年現在、「サーメのための高校」は確認されていない。しかし、ハットフェルダルコムーネの公立基礎学校の校舎に、後期中等教育課程の特別な職業専門コースとしてトナカイに関するコースが併設されている。

　ハットフェルダルコムーネには高校がなく、大半の生徒は沿岸地域のモーシェンかモイラナにある高校に進学している。彼らは、学校のある平日は寄宿生活をしている。トナカイ関係コースを選んだ生徒は、逆にハットフェルダルに通うことになる。このようなトナカイ関係の特別職業コースが、若干ではあるが北サーメ地域以外にも設置されつつある。

高等教育におけるサーメ教育

（1）ノルウェーの高等教育におけるサーメ語・文化教育の状況

　ノルウェーは、現在40校の国立の高等教育機関がある[32]。その内訳は、総合大学6校、単科大学5校、ユニバーシティ・カレッジ25校[33]、芸術カレッジ2校、士官学校2校である[34]。そのなかで、オスロ大学とトロムソ大学、トロンデラグ・ユニバーシティ・カレッジにおいて、現在サーメ語教育や文学、歴史を中心としたコースが設けられている。

　大学によっては、サーメ語学は学士、修士を取得できる領域の一つとして学修できるようになっている。講座は、サーメでない学生も受講することができる初級科から、サーメの教員養成、サーメ言語研究科まで設置されている。このようにノルウェーでは、高校卒業後もサーメの学生が、サーメ語やサーメ文

化教育を継続して学ぶことを可能にする制度が整っている。

　しかし、国立の総合大学やユニバーシティ・カレッジに入学するサーメの学生の多くは、サーメ語やサーメ文化を学ぶためではなく、ほかの様々な学科を学ぶために入学してくる。また、仮に大学でサーメ語やサーメ文化について学修したとしても、卒業後の就職先は教職やサーメ新聞、出版社関係といった道が若干あるのみである。事実、サーメ語を活かせる雇用の場は極めて少なく、習得したサーメ語を活用できる職に就く学生はひと握りでしかない。

　また、大学や年度によっては受講希望者が少なく、講座が開講されないこともある。これらの国立大学では、サーメ語や文化教育を継続するための教授確保の困難さや、予算を含む多くの資源不足などといった様々な問題を抱えている。筆者が調査した限りであるが、国立の総合大学やユニバーシティ・カレッジでサーメ語やサーメ文化の教育・研究が進められているが、それは一つの学問分野でしかなく、少数派であるサーメの学生を主体とした学科や教育を提供しているようには見えなかった。

　このような状況のなか、サーメによるサーメのための研究・教育機関の必要性から設立されたのが「サーメ・ユニバーシティ・カレッジ」である。

（2）サーメ・ユニバーシティ・カレッジ

設立の経緯

　サーメ・ユニバーシティ・カレッジの意義と目的[35]は以下の通りである。

　・サーメ地域と先住民世界のための主要な高等教育・研究機関として。
　・サーメ・コミュニティとの連携――若い世代とともにサーメ言語、伝統、

---

[32] 教育省、高等教育の質的保障のための監査機関 NOKUT（Nasjonalt Organ Kvalitet : UTdanningen）の2015年度報告書より。
[33] ノルウェーは、近年、数校のユニバーシティ・カレッジが統合化され、新たに一つのユニバーシティとして再建される動きがある。
[34] それに加えて、1校の総合大学を含む20校の私立学校がある。
[35] 2015年11月、サーメ・ユニバーシティ・カレッジホームページより引用。http://samas.no/nb/om-hogskolen/visjon（2015年11月閲覧）。

サーメ・ユニバーシティ・カレッジ（Samisk Høgskole; Sámi allaskuvla）

職業、技術と知識を維持、発展させる。
・サーメ社会がマジョリティー社会と平等に発展するための支援。

　サーメ・ユニバーシティ・カレッジは2005年に設立されたが、その母体となったのは1973年にカウトケイノで発足した「北欧サーメ研究所（Nordisk Samisk Institutt）」と、1989年に創立された「サーメ・カレッジ（Samisk Høgskole）」である。また、サーメ・カレッジの前身は、戦後アルタに設立されたサーメのための教員養成学校であった。
　現在、このユニバーシティ・カレッジは、フィンマルク県カウトケイノの中心部より北西の高台にある[36]。また現在、北欧サーメ研究所があった建物は図書館と劇場、コンベンションホールとして使用されている。
　校舎では採光が工夫されており、木材が豊富に使われている。内部は、入り口から地下のカフェテリアまで広い螺旋階段が続き、その先にはサーメの象徴である木造のカヌーと大きな暖炉があり、サーメの伝統的な移動型の住居であるコータをモチーフとしたものとなっている。2階には研究室や図書館があり、1階は教室となっている。

サーメ・ユニバーシティ・カレッジの談話室（左）とラウンジ

　また、建物内には、大学のほかにサーメ議会の教育部門、歴史の保存と人権団体、トナカイの放牧関係の組織団体などが入っている[37]。サーメ・ユニバーシティ・カレッジの建物は、このように複合的な機能をもつ教育センターとなっている。それゆえだろう、この建物は「サーメの小さい村」という意味の「DIETOSHIDA(デートシーダ)」と呼ばれている。

　以上のように、サーメ・ユニバーシティ・カレッジはサーメのための唯一の高等教育機関としてサーメの文化伝承と発展を促進し、さらにサーメの権利と社会的平等を獲得するために多様で包括的な教育・研究を提供し、展開させることを目的として運営されている。

教育課程――多様な短期コース

　サーメ・ユニバーシティ・カレッジは、2学期制通年の学士課程（Fultid）に加え、5週間の短期コース（Deltid）が年に2回、春と秋に開講されている。短期コースを選択する学生は、学士取得を目的とせずに、単位（ECTS[38]）のみを取得することもできる。その意味で、比較的弾力性のあるプログラムであると言える。

---

[36] 近代的な建物であるため、村ではかなり目を引く。そのため、村人のなかには「自然にそぐわない」と、あまりよくない印象をもつ人達もいる。2011年聞き取り調査より。
[37] 品川（2011）らの調査による。この団体について、筆者はまだ把握できていない。
[38] ECTS : European Credit Transfer System 欧州単位互換制度に換算できる単位。

授業言語は、基本的に北サーメ語となっている。学部は、①ドゥオッジ・産業と自然学部、②言語学部、③社会科学部の3学部からなる[39]。大学院は大学の組織図には示されていないが、修士課程のプログラムが各学部に設けられている[40]。さらに、優秀な学生には奨学金を提供し、提携大学で博士課程を取得させる研究者養成プログラムも導入されている。2015年時点で、約10名の博士課程の学生がいる。また、博士課程のコースが設置できない他のユニバーシティ・カレッジにも同様の研究者養成プログラムがある。

以下で、それぞれの学部の詳細について記述する。

①ドゥオッジ・産業と自然学部

この学部の目標として以下が掲げられている[41]。
- 手工芸品やデザインを専門とする高等教育を受けた専門家の育成。
- サーメ幼稚園やサーメ学校での、訓練を受けたサーメ語教師の育成[42]。
- サーメ教員養成。ノルウェー、フィンランド、スウェーデンの基礎学校の教員資格取得（サーメ語と文化を専門とする教員がサーメ地域以外の学校や幼稚園に勤めることも可能にするため）。

この学部は「ドゥオッジ」と「産業と自然」の二つの専攻コースからなっている。「ドゥオッジ」の専攻コースは、伝統手工芸と現代的なデザイン教育を提供している。一方、「産業と自然」の専攻コースは、主にサーメ学校とサーメ幼稚園教諭やアシスタントを養成するための教育プログラムや幼稚園教諭の修士課程を提供している[43]。

②言語学部

この学部の目標として、以下が掲げられている。
- サーメ言語運用能力の発達を促進し、サポートする。サーメ語の教育・研究により、サーメに関する専門知識・情報をサーメ社会に発信する人材の育成。
- 自身の知識や価値観を伝承するためのツールとしてのサーメ語の継続

維持。そのための、大学での教育と研究対象言語と日常言語の両側面からのサーメ語の使用。
・言語学分野のサーメ語の学際的研究の促進。先住民の言語は高等教育で使用されるべき言語であることの提示。

　この学部には、学生のサーメ言語能力レベルにあわせて様々なコースがある。学士・修士課程のサーメ言語と文学、短期コースとして、①サーメ語の入門(サーメ語を話すことのできない学生のための準備学修コース。このコース修了後、サーメ・ユニバーシティ・カレッジで他のコースを受ける資格が与えられる)、②サーメ言語と文学の基礎、③サーメ語やフィン語[44]やノルウェー語の教員養成プログラム、④言語ジャーナリズム、⑤ドゥオッジに関する専門用語、⑥サーメ音楽と即興歌のヨイク[45]などがある。

③社会科学部
　この学部の目標としては、以下が掲げられている。
・サーメ社会のラジオ・テレビ・出版事業等に携わるジャーナリストの育成。

---

[39] http://samas.no/nb/om-hogskolen/organisasjon（2015年11月閲覧）。
[40] NOKUT（Nasjonalt Organ Kvalitet I UTdanningen）に認定され設置される。生成言語学と2014年から新たに導入されたジャーナリズムなどがある。調査時（2011年）にはなかったので、大学のホームページ（http://samas.no/se/studier）の情報による（2015年11月閲覧）。
[41] 以下、各学部の目標は、大学のホームページに記載されたノルウェー語の記事を逐次訳したものである。
[42] サーメ幼稚園やサーメ学校では、サーメ語が話せるだけでサーメ語教師やアシスタントになることも可能なため、教師、アシスタントの質的向上のための目標である。
[43] http://samas.no/se/studier（2015年11月閲覧）。
[44] フィン語はノルウェー北部で話されている少数言語の一つである。フィンマルク県はフィンランドに近くこのような言語が残った。しかし、ここで意味するのがフィン語かフィンランド語かは現時点では確認できていない。今後の課題である。
[45] 「はじめに」でも記したように、シャーマニズムと関連して誕生したサーメの無伴奏の即興歌である。ヨイクは自然界とコミュニケーションを取るための道具・方法として捉えられ、キリスト教が布教された時代には異教のものとして歌うことが禁じられた。

表2－9　サーメ・ユニバーシティ・カレッジ　2015年度秋期プログラム一覧

①「ドゥオッジ・産業と自然」学部

	コース	授業言語	講義場所	コース期間	単位	備考
1	伝統知識と文化と幼児教育	北サーメ語	大学	通年	30	
2	ドゥオッジとデザイン制作	北サーメ語	大学	通年	30	継続教育
3	幼稚園アシスタント	北サーメ語	大学・実習	短期	15	幼稚園や保育園での実習中心
4	教育指導方法1	北サーメ語	大学・実習	短期	5	継続教育　2学期で5単位
5	教員養成	北サーメ語	大学	通年（2年）	60	サーメ語かドゥオッジの教師になれる
6	学士　サーメ幼稚園教諭養成	北サーメ語	大学・遠隔	通年	180	他の言語を使用
7	学士　職場で幼稚園教諭資格を取得する	北サーメ語	大学・現場	短期	180	4年間で180単位を取得する

②言語学部

	コース	授業言語	講義場所	コース期間	単位	備考
1	北サーメ語Ⅰ	北サーメ語	大学	短期	15	
2	北サーメ語Ⅱ	北サーメ語	大学	短期	15	
3	サーメ語と文学	北サーメ語	大学	短期	30	サーメ語の教員養成のための単位所得になる
4	言語学音声学	北サーメ語	大学	短期	10	
5	南サーメ語Ⅱ	南サーメ語	トロムリ大学	短期	15	トロンヘイム大学でも提供
6	自然科学のテキスト読解	北サーメ語	大学	短期		

③社会科学部

	コース	授業言語	講義場所	コース期間	単位	備考
1	学士　トナカイ業	北サーメ語	大学	通年	180	トナカイ放牧業に関する知識全般
2	口頭伝承　ナラティブ	北サーメ語	大学	短期	10	
3	トナカイ業の概要	北サーメ語	大学	短期	10	ノルウェー語でも対応可
4	ジャーナリズム言語	北サーメ語	大学	短期	5	
5	サーメ文化とサーメ社会	北サーメ語	大学	短期	15	全サーメ対象、教育学部の学生に推奨
6	サーメ文化研究	ノルウェー	大学	短期	15	
7	メディア	北サーメ語	大学	短期	5	
8	先住民学習	北サーメ語	大学	短期	10	主要言語は北サーメ語である
9	ジャーナリズム批判	北サーメ語	大学	短期	10	
10	サーメ伝統知識	北サーメ語 ノルウェー語 英語	遠隔教育	短期	30	学生はトロムソ、フィンマルクの沿岸地域など

出所）ホームページ（http://samas.no/nb/studier）を参考に2015年10月筆者作成。

・先住民とマジョリティーの両側面の社会的視野に立つ修士号学位をもつジャーナリストの育成。
・トナカイの飼育や管理方法、社会、法律、経済学、ビジネス理論、エコロジー、経営などの専門性の高い職業教育による、高い牧畜技術をもつ者の養成。

　学士課程で、トナカイ飼育に関する専門知識、学士・修士課程のジャーナリズム、そして①先住民族の知識と哲学、②サーメの歴史Ⅰ・Ⅱ、③伝統的な知識教育、④サーメ文化と社会（授業言語はノルウェー語）などの短期コースがある。2015年度秋期の各学部が提供している全23コースを**表2－9**として示した。
　この表は半期（2015年秋期）のプログラムであるため、先に述べたコース全部が反映されているわけではないが、おおよその内容は概観できる。「ドゥオッジ・産業、自然」学部は7コースあり、この学部の特徴としては、基本的に教員養成を目的としているため通年のコースが多い。しかし、学生の様々な状況に応じて単位が取得できるよう工夫された多様なコースが設けられている。
　例えば、この学部にある学士課程コースは、サーメ幼稚園教諭の養成コースで、いずれも180単位が必要であるが、通年制と、実際に幼稚園などで働きながら資格を取る社会人のための短期制の2コースが設置されている[46]。
　言語学部の6コースはすべて短期コースである。この学部には、唯一南サーメ語を授業言語とする「南サーメ語Ⅱ」のコースがあり、授業は南サーメ地域に近いトロムソ大学内で行われている。そして、サーメ語教師の資格を取るための単位は「サーメ語と文学」のコースで取得できることになっている。
　社会科学部の10コースには、トナカイ業に関する通年の学士課程のコースがあるが、他の9コースは幅広いサーメ知識や先住民族などに関する領域を扱っている。そのうち「サーメ文化研究」のコースは、ノルウェー語を授業言語と

---

[46] ノルウェーやスウェーデンでは、社会人になって経験を積んだあと、大学やユニバーシティ・カレッジなどに入り直し、教員になるために必要なコースや単位を取得する人が多い。

している。また、「サーメ伝統知識」のコースは遠隔教育の形態で行われており、授業言語は選択することが可能である。そのため、サーメ以外の学生や北欧以外の留学生も受講しているようである。

しかし、サーメ・ユニバーシティ・カレッジで提供されているコースの授業言語は圧倒的に北サーメ語であり、南サーメ語が授業言語なのは、言語学部の南サーメ語Ⅱコースのみとなっている。

学生の状況と進路選択

在学生の数は、半期毎に設定される短期セミナーの数によって変動するが、およそ150～200人前後[47]である。そして、そのほとんどがサーメとして北サーメ語を話し、その文化を背景にもつ若者である。ノルウェーの北サーメ地域のサーメの学生が大多数、そのなかに南サーメ地域や、他の地域の（スウェーデン、フィンランド、ロシアを含む）からのサーメが若干名いる。さらに、そのうちの約60％はトナカイ放牧業を営む家族の子弟、もしくはそこで働いている若者である[48]。

このように、学生の多くは北サーメ地域、カウトケイノやその周辺のカラショーク、アルタからのトナカイ放牧関係の家族出身の者か、もしくはそこで働く学生であるため、卒業後の進路として、地元に残ってトナカイ関係の仕事をする者が多い。また、トナカイ関係以外の学生も、卒業後にこの地域に残る者が多いという[49]。その理由は、カレッジのあるカウトケイノを中心とした北サーメ地域に、サーメ学校、サーメ関係の様々な施設団体、サーメ評議会、サーメ議会などが集中しており、それらに付随した新たな雇用が生まれはじめたからである。

特徴と課題

サーメ・ユニバーシティ・カレッジは、サーメのための唯一の国立の高等教育機関としてサーメ言語・文化の教育・研究の場を提供している。提供しているコースも多彩であり、いずれのコースの単位も欧州の大学との互換性をもっている。近年は、提携大学との博士課程プログラムも設置され、より研究的な

側面も強化しつつある。

　さらに、同じ敷地内に様々な教育センター、研究施設などを複合的に配置することによって、サーメの教育、言語、文化のデートシーダ（サーメの伝統的な小さな村）としての役割を担うようになった。

　そして、このデートシーダの存在が、北サーメ地域に新たな雇用を生み出しつつある。つまり、これにより、サーメが就学前教育から高等教育まで一貫したサーメ教育を受け、卒業後もそのまま地元で就職することが可能となり、ある意味では完結したサーメ地域社会が形成されつつあるということだ。

　サーメ・ユニバーシティ・カレッジの設立によってカウトケイノを中心としたノルウェーの北サーメ地域は雇用が充実しつつあるが、その雇用の場は極北の閉塞的な地域に限られている。そのため、優秀なサーメの若者の多くは、サーメ・ユニバーシティ・カレッジではなく他の国立大学に進学を希望し、そのまま他地域に就職するという人材流出の問題も抱えている。よりアカデミックな高等教育機関としての質的向上、教育内容の充実や資源確保、インターナショナルな視野を含めた規模の拡大が大きな課題となっている。

　それに加えて、サーメ・ユニバーシティ・カレッジにはサーメ言語・文化の多様性という側面からの課題がある。前述したように、サーメは現在、四つの国に分割居住している。また、国とは別に10の言語グループに分かれる少数先住民族の共同体と定義され、グループの大小はあれ、それぞれの言語グループは独自の言語・文化を維持してきた。しかし、現実は、北サーメが教育文化・経済の中心となっている。カレッジが提供しているコースもほとんどが北サーメ語で行われており、北サーメ語以外のサーメ言語に対する教育的な配慮は見受けられない。

⑷7　2011年、大学学生自治会委員長（2011年）ミッケル・オーレ・エイラ（Mikkel Ole J Eira）氏からの聞き取りによる。
⑷8　同上。筆者がこの大学を訪問したのは2011年9月前半の時期であったが、この季節はちょうどトナカイが山の放牧地から里に下りてくる時期で、サーメは1か月近く牡トナカイの肉を市場へ出すための作業に追われる。そのため、トナカイ放牧の関係する学生は、それぞれの地域の家族や職場に戻っていた。
⑷9　同上。また、品川（2013）も報告書で述べている。

南サーメの学生をはじめとして、他のサーメ語を話す学生がこのカレッジで学ぶためには、北サーメ語を学習し、理解できるようにならなくてはならない。つまり、サーメ言語・文化を学ぶために、本来話していた地域のサーメ語ではない北サーメ語に置き換える必要があるということだ。もちろん、北サーメ語話者が大多数の言語比率であるため、コース需要の問題もあるだろう。しかし、このような状況を考えると、サーメの教育・言語・文化を活性化するために設立されたサーメ・ユニバーシティ・カレッジ自体が、北サーメへの統合化を促してしまう可能性があるのではないかと思われる。

第3章
ハットフェルダル・サーメ学校の設立と歴史的変遷

ハットフェルダルの名前の由来となったハットン山

本章では、サーメ民族としての言語や文化が北サーメ地域に統合されつつある現状のなか、サーメのなかでもさらにマイノリティーである南サーメ地域において、独自のサーメ語・サーメ文化を伝承するためにハットフェルダル・サーメ学校は「学校」という枠のなかで何を伝えようとしているのか、生徒は何を学んでいるのか、その存在意義は何か、そして今どのような課題を抱えているのかについて考察していく。

　そのため、まずハットフェルダル・サーメ学校の設立と歴史的変遷を概観する。第1節では南サーメ地域に位置するハットフェルダル・コムーネ周辺地域と、この地域で長い間生活を営んできた南サーメの特徴を描く。第2節では、1951年にノルウェーで最初に設立された寄宿制のサーメ学校以前の、サーメのための教育獲得運動の経緯を明らかにする。そして第3節で、ハットフェルダル・サーメ学校設立以降の歴史的変遷（1951年～2000年）を考察していく。

南サーメ地域のハットフェルダル

（1）地域的な特徴と歴史的経緯

　ハットフェルダルコムーネはヌールラン県の最南東に位置しており、コムーネの中心部から東へ40km先の丘陵地域沿いがスウェーデンとの国境となっている。この地域周辺は「トラレ・クルチュール（Tre kultur）」[(1)]と言われ、ノルウェーとスウェーデン、そしてサーメという三つの文化が融合した地域とされている。

　その背景には、古くからこの地域でトナカイ放牧をしていたサーメが、夏になるとスウェーデンの国境を越えて山のほうへ行き、冬になるとノルウェーの西沿岸部のほうへ移動していたという事実がある。現在も、ノルウェー、スウェーデンのトナカイ放牧サーメがこの丘陵地域でトナカイ放牧業を営んでいる。

　ハットフェルダルやその周辺地域には南サーメ語の地名が残り、村の様々な場所にサーメに関する古い史跡が点在している。ハットフェルダルは沿岸部を

第3章　ハットフェルダル・サーメ学校の設立と歴史的変遷　101

ハットフェルダルの中心部にある教会

図3－1　ハットフェルダル位置図

出所）https://media.snl.no/system/images/
4863/standard_hattfjelldal_plas

南北に走る鉄道駅からは40km程離れた内陸部にあり、最寄り駅であるトルフォシュ駅（Trofors）からは車で40〜50分かかる。ハットフェルダルと鉄道駅との交通手段としてバスがある。バスは、ハットフェルダルからトルフォシュ駅を経由して、一つ北にあるモーシェン（Mosjøen）駅まで、午前と午後の1日2回往復する便がある[2]。コムーネの中心部南側に国道73号線が走っており、東に行くとスウェーデンの国境を超えてターナビー（Tärnaby）の村に、また西に行くとトルフォシュの駅に到着する。

コムーネの中心部は、教会と役場、バスターミナル、2軒のスーパーマーケットと飲食店、数店の雑貨屋、トナカイの精肉店、理髪店があり、教会の隣にハットフェルダル・サーメ学校の校舎と寄宿舎がある。そして、サーメ関係資料が保管された図書室や、工房が設置されているサーメセンター（Samisk Kultursenter）が学校の裏手に建てられている（図3－2参照）。

---

(1) 直訳すると「三つの文化」となる。
(2) バスの時刻表は週日と週末で異なるが、基本的に1日2便である。

図3−2　ハットフェルダル中心図

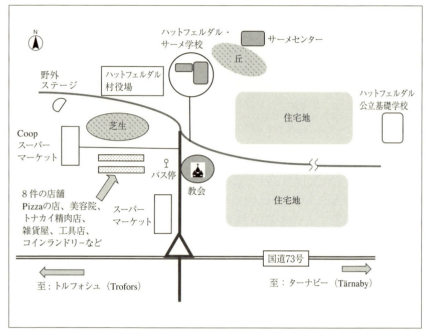

出所）筆者作成。

　このように、ハットフェルダルコムーネは南サーメ文化が色濃く残されている地域である。コムーネの住民の何人がサーメであるかは把握されていないが、おおよそ村の5％〜10％くらいがサーメであろうとされている[3]。コムーネの総人口は1,465人（ヌーラン県人口統計2016年）であることから[4]、100人前後がサーメであると言える。サーメの人口数が明確でないのは、同化時代のサーメに対する差別の反省として、ノルウェーの法律で民族の統計を出すことが禁じられていること、また婚姻関係によってかなり民族構成が複雑になっているためである。
　元々ハットフェルダル周辺地域は、西のフィヨルド沿岸部を含むヌーラン県南部の地域を包括して「ベフスン（Vefsn）」と呼ばれていた。現在のハットフェルダルコムーネ（1869年設立）、北西沿岸のフィヨルド地方のモーシェン

第3章　ハットフェルダル・サーメ学校の設立と歴史的変遷　103

サーメセンターのある学校裏山からの遠景。ハットフェルダルの中心部　　ハットフェルダル・サーメセンターの内部

（Mosjøn）を中心としたベフスンコムーネ（1875年設立）、南西沿岸部フィヨルド地方のブレンネイ（Brønnøy）コムーネ（1927年設立）、ハットフェルダルより南西部の内陸部にあたるグラネ（Grane）コムーネ（1927年設立）を含む地域である。

　また、ベフスンよりさらに広域の、南はトロンデラーグ県北部の地域から北はヌールラン県北内陸部のサルトフェレト（Saltfjelle）や、北沿岸部クンナ（Kunna）までの地域全体を「ヘルゲランド（Helgeland）」として示されることもあり、この名称は現在（2017年）も使用されている。

　ベフスン博物館のクヌート・スコルペン（Knut Skorpen）館長によると[5]、ベフスン地域には、1300年くらいまでは少数のノルウェー人とサーメが混在して居住していた記録が残されているという。しかし、1348～1349年に流行した黒死病（Svartedauden）により、この地域に住むノルウェー人の半数が死亡した。

---

(3)　自治体の人口統計部署、郷土史の執筆者、サーメ学校関係者、ノルウェー公立学校関係者など多数からの聞き取りによる（アンスガール・クレペン［Ansgar Kleven］氏など）。
(4)　https://www.citypopulation.de/php/norway-nordland.php（2017年3月24日閲覧）。
　　ノルウェー中北部地域に共通する高齢化と人口減少の問題を抱え、近年のノルウェー政府の都市集中政策により、他のコムーネとの統合の可能性も示唆されている。近年は人口の確保と自治体の予算確保のため、数年単位だが、100人単位でソマリアなどからの難民の家族も引き受けている。
(5)　以下の史実は、2013年9月6日（金）、モーシェンにあるベフスン博物館の館長クヌート・スコルペン氏からの聞き取りによるものである。

生き残った村人は、全員、南部やより西部の沿岸地域に移住していった。そのためベフスン地域は、1800年代前半までは1家族のサーメだけが数頭のトナカイやヤギを所有し、狩猟採集を生業にした定住地をもたない移動型の生活習慣を守りながら生活をしていた。

1800年代半ば以降、南部からのノルウェー人の移住により牧畜のための土地開拓が行われるようになると[6]小作農（Husmann）として働くサーメも現れ、それに伴ってサーメの定住化も見られるようになった。

そのなかでも内陸部のハットフェルダルは、30～40頭のトナカイ放牧で生計を立てていたサーメが多く居住していた地域である[7]。1800年代半ば以降、南部からのノルウェー人が農場を開拓するために、ハットフェルダルのエルスヴァテン（Elsvatn）、ウーリェヴァテン（Ørjevatn）、スーセンダル（Susendal）、ウンケルヴァテン（Unkervatn）の湖周辺に移住し、農地が開拓されたほか林業も開発されていった。

1885年、製材所がハットフェルダル中心部のすぐ南に創立された。この頃からトナカイを飼育するサーメが減少していく。そして、トナカイを手放したサーメは、小作農になったり、製材所で働いたりするようになった。一方、トナカイ放牧業で生計を立てる家族のトナカイ所有数は約200頭と大幅に増加し、トナカイ放牧に特化した有力なサーメ家族が現れた。

この時期に起こった同化政策の影響により、ハットフェルダルでもトナカイ放牧業やトナカイ関連業に携わる家族以外のサーメは徐々にノルウェー化した生活のなかに組み込まれていき、多くのサーメは南サーメ語を話さなくなった[8]。

また、ハットフェルダルは、第2次世界大戦中のナチス・ドイツ傀儡政権下において、北方ロシアへ進軍するドイツ

寄宿舎の外観

空軍の燃料補給のための駐屯地とされた。現在のハットフェルダル・サーメ学校の寄宿舎は、当時駐屯していたドイツ兵の宿舎を改装したものである。

現在、南サーメ地域ではノルウェー人とサーメとの婚姻関係が見られるようになり、サーメ家族とノルウェー人家族との間の明確な区別が難

寄宿舎内部のダイニングルーム

しくなりつつある。親族のなかにサーメの血を引いている者がいる場合でも、その多くはノルウェー人として生活をしている。だが、ノルウェー人がトナカイ放牧業のサーメと結婚した場合には、サーメ家族の一員として暮らすパターンが見られる。

また、ノルウェー化された家族に生まれたサーメが、成人して自身のアイデンティティを見直し、南サーメとして生きていくことを選択した者もいる。彼らの多くはトナカイ放牧業に従事しないサーメであり、何世代にもわたってノルウェー社会に同化されたサーメ家族の一員である。

しかし、1980年代以降、サーメ議会やサーメ登録制度の整備、さらにサーメに対する社会的な認識の変化により、自らをサーメと表明するサーメも増えている。このグループは「近代サーメ（Modern Sami）」と呼ばれ[9]、伝統的なトナカイ放牧業のサーメとの間で思想的な面での対立も生じている（第5章で詳述）。

---

(6) この地域は寒冷のため畑作には向かず、収穫できるのはジャガイモくらいであり、主に羊やヤギを中心とした牧畜業であった。
(7) 第1章で述べたが、1700年初頭、ドイツの啓蒙主義の思想を受けたノルウェー、デンマークの同君連合国のミッションコレギウムの伝道団の「七星（syvstjernen）」と呼ばれる聖職者達が派遣され、南サーメ地域にキリスト教改宗活動が行われたが、ハットフェルダルは国境沿いの丘陵地帯をトナカイとともに移動するサーメが多く居住するため、国家統治の強化・国防を目的としていち早くキリスト教集会所が設けられ、1700年初頭には「サーメのための教会学校（Sameskolen）」が存在していた。
(8) Elsvatn（2001）p10.
(9) Høgmo（1994）p25.

エピソード　近代サーメの一人——マグヌスの話

　ここで、2010年9月にノルウェーのヘルゲランド（Helgeland）の自宅でインタビューを行うことができたサーメの男性、リヴォーエン・ヨーン・マグヌス（Rivojen Jorn Magnus）氏（当時50代）についての話をしたい。実は、このマグヌスこそ、フィールドワークのなかで出会った最初の近代サーメの代表的な人物ではないかと思っている。

　マグヌスは、ヘルゲランドの沿岸地域に住むルレサーメである。彼は、サーメ工芸家の肩書きに加え、サーメの歴史研究や音楽活動も行う多彩な芸術家でもある。また、レストランでシェフとして働いた経験もあり、料理の腕前はプロ並みである。それらの経験を生かし、2010年、地元にあった元小学校を買い取り、それを改装してサーメの文化活動を伝える多目的ホールを完成させた。インタビュー時（2010年）は内装を手がけていた途中であったが、大きなダイニングルームは清潔で、とてもセンスの良い空間であった。そして、所々に彼の美しいサーメ工芸作品が展示されていた。この多目的ホールには、宿泊施設も併設される予定となっていた（2019年現在は完成されており、多くのサーメに利用されている）。

　しかし、マグヌスは、30代になるまで自分がサーメであることは知らず、ノルウェー人としての人生を送ってきたという。そして、ある日突然、両親から自分がルレサーメの血筋であるということを告白された。告げられた時、彼はものすごい衝撃を受けたという。しばらくは、そ

マグヌスと彼の作品サーメドラム。背景には完成間近のホテル

のショックから立ち直れず落ち込んだそうだ。しかし、徐々に「自分のアイデンティティは一体何なのだろう」と模索しはじめたらしい。そして、マグヌスは、独学でサーメの文化や歴史をむさぶるように探究していった。

そのなかでも、特にサーメの工芸ドゥオッジの美しさに惹かれ、芸術家として身を立てていく決心をした。多くの資料を集め、見よう見まねでドゥオッジの手法を学んでいったわけだが、現在、マグヌスの作品数は膨大な数となっている。トナカイの角を柄にあしらったサーメナイフ、白樺の瘤をくり抜いたサーメコップの「ククサ」、サーメドラム（左の写真参照）、食器類など、そのどれにもサーメの文様が施されている。また、トナカイの角や革がふんだんに使われているほか、白樺や松などがピカピカに磨かれた芸術性の高い貴重な作品ばかりである。それらの作品が、さり気なく、多目的ホールの美しいダイニングルームや心地よさそうなリビングルームに飾られている。

インタビューの夜、マグヌスはそのダイニングで夕食を振る舞ってくれたが、当時はレストランとして開業していなかったので、光栄なことに筆者は、「最初のお客」として迎えてもらえることになった。メニューは、鯨の燻製やサーモン、キノコなどを使った珍しいサーメの伝統的料理であり、盛り付けも味も最高であった。さすがに芸術家である。

おまけに、マグヌスの大切な作品の一つである「ククサ」のお土産（果たしてお土産といっていいのだろうか、かなり貴重なものに見受けられる）まで貰い、私は夢見心地でマグヌスの大きな夢の多目的ホール（まだ未完成だが）を後にした。

その「ククサ」は、後日、どのサーメの人に見せても羨ましがられる印籠のような役割を果たしている。いつか、もう一度ヘルゲランドに行って、完成された多目的ホールに宿泊したいと思っている。

マグヌスは、ヘルゲランド地域のサーメの歴史についても博識である。一つのエピソードを紹介しよう。それは、ノルウェー沿岸部でトナカイ放牧業に従事していたサーメがスウェーデン側に追いやられたという話である。

1700年代頃、ノルウェーに拠点を置くヘルゲランド地域のサーメは、夏の

マグヌスがつくった白樺の器　　　　マグヌスから貰ったククサ

間、スウェーデンとの国境を越えた丘陵地域へトナカイを放牧するために移動し、数か月間をそこで過ごしていた。その後、秋、雪が降りはじめるとヘルゲランド地域に下りてくる。そこで、秋の間に必要とされるトナカイに関する作業を行い、それが終わる10月の下旬に今度はノルウェーの沿岸部の島まで渡り、そこでトナカイとともに冬の期間を過ごしていた。

　そして春になると、またヘルゲランドに戻り、そこでトナカイの出産などといった春の作業を行う。同じくそこで数か月を過ごし、翌年の夏にまたスウェーデン国境添いの丘陵地域へトナカイを放牧するために移動した。

　彼らのこのような生活パターンは、ノルウェー・スウェーデン間の国境などはお構いなしである（そもそも、サーメの自然や土地に対する価値観に国境という概念はなかった）。そのため、デンマークとの連立王国であると言いながらもデンマークの管理下にあり、スウェーデン王国からの圧力にさらされていたノルウェーにとっては、国境あたりを移動するトナカイ放牧業に従事するサーメの存在は邪魔なものであり、脅威ともなった。

　つまり、ノルウェーは、夏にスウェーデン側に移動するサーメを、スウェーデン王国がスウェーデン国民であるとし、そのサーメが移動するノルウェーの沿岸地域の島々までをスウェーデン領土として拡げられるのではないかと恐れたということだ。そのため、スウェーデンとノルウェーの沿岸部を移動するトナカイ放牧のサーメ家族達を、ノルウェー側から追い出したことさえあったとも言われている。

（2）ハットフェルダルに住むサーメの背景

　ここでは、ハットフェルダルにおいて伝統的トナカイ放牧を続けてきたサーメ家族の背景と、その家族において生まれたトム・カップフェル（Tom Kappfjell）氏のライフヒストリー、そしてトナカイ飼育業以外の生業で生活してきたサーメ家族の背景と、そのような家族のなかで自らをサーメとして表明してきたレイフ・エルスバテン（Leif Elsvatn）氏のライフヒストリーを描くことにする。さらに、ハットフェルダルのような小さな村でも生じている、近代における南サーメの二分化を明らかにする。

トナカイ放牧サーメ

　2017年現在、ハットフェルダルとその周辺に拠点を置いてトナカイ放牧を行っているサーメ家族は約10家族、そしてこの地域でトナカイ専門の精肉店を営むサーメが１家族ある。ハットフェルダル付近を本拠地とするサーメの夏の放牧地は、ノルウェーとスウェーデンの国境沿いにある丘陵地帯となっている。

　秋（９月上旬）になるとトナカイは、スウェーデン国境沿いの山々からハットフェルダル周辺の丘陵地帯へと移動する。トナカイの繁殖期は11月で、その頃になると雄のトナカイは繁殖のために発散する分泌物の匂いで食用にならない[10]。したがって、夏の放牧地で餌をしっかりと食べて太った雄のトナカイは９月中旬にこの地で屠殺され、食用として市場に出される。

　繁殖期が終わると、冬の逗留地であるノルウェー西部のフィヨルド沿岸部へ移動し、そこで冬を過ごす。雪解けの前にハットフェルダル周辺の丘陵地に戻り、この地で出産をする。そして、５月初め頃から夏の放牧地域であるスウェーデン国境沿いの丘陵地帯にまた移動をはじめる。夏の放牧地から冬の逗留地までは約100〜150km ある。

　筆者は、2011年、2013年、2014年の９月に、ハットフェルダルのトナカイ放

---

[10]　2013年８月、スウェーデンのトナカイ牧畜民であるニルス・グスタヴ・ブリンド（Nils Gustav Blind）氏からの聞き取りによる。

牧業のサーメ家族とともに秋のトナカイの飼育作業に参加した。その場所は、ハットフェルダルの中心地から東に車で約30分行った所にある丘陵地帯で、そこに入る道はほとんど舗装されていなかった。トナカイ放牧業のサーメだけが昔から使用している共有地である。

トナカイ放牧を生業にしているサーメの生活は、1970年代頃から大きく変化した。徐々に、スノーモービルやヘリコプター、またフェリーなどが移動手段として使われるようになり、さらに2000年頃にはトナカイにGPSを付けて管理するようにもなった。家内工業的な小規模なトナカイ放牧業が大規模化したわけである。

ハットフェルダルを含むヘルゲランド地域のトナカイ放牧業を営む家族も、1900年頃は1家族につき約100頭から数百頭のトナカイを保有する程度であったが、21世紀に入る頃には、1家族当たり2,000～3,000頭のトナカイを管理できるくらい大規模な経営を行うようにもなった[11]。

ラッハコエー（LAAHKOEH）── 現在も継承されているトナカイ放牧サーメの家族観

南サーメ語で「LAAHKOEH」と呼ばれる家族系統図（**付録資料1、2参照**）[12]は、トナカイ放牧業のサーメのつながりを表すものである。その家族系統図によると、サーメの家族とは、曽祖父母から従兄、ハトコまで入る非常に大きな集団であり、時には親しい友人までも家族の一員とすることもある。それらの者は「ラービエ（Laevie）」（ハトコと同じ）と呼ばれ、家族として受け入れられる[13]。

LAAHKOEの説明をするトム

サーメは家族以外の者に対して排他的であるとも言われるが、一旦ラービエとされたら、その者は家族として温かく受け入れられ、困った時には家族同様に手が差し伸べられる。同時に、その者も家族に対して責任を負わなければならない。

かつて、数百頭のトナカイを移動させるためには多くの人手が必要とされた。当然、親戚一同が協力して飼育にあたらなければならなかったわけだが、それが理由でサーメ家族の認識範囲は広く、曽祖父から従妹あたりまでを1家族と捉えている。

トナカイ放牧に関係する1家族として認識する数は、子どもを含めて100〜150人前後となる。そして、家族同士のつながりも当然のごとく強い。秋の繁殖期前、市場に出されるトナカイ食肉のためのスロータリング（トナカイの牡の屠殺）の時期にはほかの仕事をしている者も集結して、家族総出でトナカイの移動、群の寄せ集め、屠殺・解体作業に参加する。

父方母方によってそれぞれの関係を表す呼称が異なり、またそれぞれの役割にも複雑な役割があり、細分化されている。そのような大きな家族のつながりと互助関係は、トナカイとともに厳しい自然の中で生き抜くために必要であった。その家族観は、たとえ自分自身がトナカイ放牧業を離れたとしても、長年にわたってサーメの心の中に深く刻まれてきた。

それでは、この家族観と家族関係の呼称と役割を分類し、『LAAHKOEH』という本にまとめたトム・カップフェル氏のライフヒストリーを描くことにする。

『ラッハコエー』の表紙

---

(11) 2011年9月1日、ハットフェルダルにある、ヘルゲランド資料館の館長であるアンスガール・クレベン（Ansgar Kleven）氏からの聞き取りによる。
(12) 1991年、トム・カップフェル氏によって、相関関係と各呼称名が整理された本が出版された。Kappfjell（1991）参照。
(13) 2016年1月、トム・カップフェル氏からの聞き取りによる。

トナカイ放牧家族に生まれたトムのライフストーリー

　トムは、1954年、トナカイ飼育業K家の9番目の子ども（veekke[(14)]）として誕生した。兄弟構成は、7人の兄（⑲ vielle。付録資料の番号に基づく。以下同）と1人の姉（⑱ åabpa）である。家はマイヤバッテン（Majavatn）湖の畔にある。

　トムの母親は出産後病気がちとなり、彼は生後4か月で湖の対岸にある父方の実家に預けられた。そのため、実質的に彼を養育したのは、父方の祖母（④ aetjh-aahka）と父の妹である結婚前の叔母（⑭ seasa）、そして弟である叔父（⑮ tjietsie）である。彼の南サーメ語はここで養われることになった。

　サーメの家族観であるLAAHKOEHによると、子ども達の保護や養育は母の妹や弟となる。しかし、彼の場合、母方がそこから50kmくらい離れたトルフォシュのトナカイ放牧業の出身であるため、湖対岸に住む父方の家に預けられた。もう一つの理由として、父の実家近くに叔父（⑮ tijetsie）が牧畜用の土地を購入して4頭の牛を飼い、定住生活をしていたことも挙げられる。

　父の実家には、彼の曽祖父（① Madtere Aajjah）や父の従妹（⑯ aajkoe-tjietsje）も同居していた。トムはここで、ハットフェルダル・サーメ学校に入学する6歳まで育てられた。

　彼の実家から祖父母の家は、湖の周りを歩くと約10kmだが、秋になり湖に氷が張りはじめると湖を横断することができるため、かなり早く行けたそうだ（ボートという手段もあったが）。夏や冬などは、彼の兄弟、大勢の従妹、ハトコ達が1週間くらい滞在した。

　彼の父はカップフェル家の長男として生まれ、結婚後、トムの父方の実家があるマイヤバッテン湖の対岸に家を建て、トナカイ放牧業を引き継いだ。彼の母の実家もトナカイ放牧業である。母方は、特にトナカイのミルクからチーズを製造し、販売をしていたようだ。毎年秋には、モーシェンで行われていた祭りにトナカイを10頭以上引き連れて、そこで解体し、肉の量り売りをしていたという。削ぎ落とせずに残った多くの肉付きの骨は持ち帰り、家族や親戚、友人達に振る舞われた。

　彼らは、食べて残ったトナカイの骨を森に捨てる時、必ずその骨を折って捨てるという。骨を折る意味は、もし折れていない骨を発見したら、オオカミが

トナカイを襲った可能性があると思われるからである。そのため、人がトナカイの骨付きの肉を食べたあとは、オオカミでないことが分かるように骨は必ず折るという習慣が生まれた。

　トナカイの角や骨を使って、スカーフ留めやオモチャなどもつくったそうだ。また、50〜60個の大量の松笠を集めて、トナカイに見立てた「放牧ごっこ遊び」もしたという。

　父や年上の兄達は、夏はスウェーデン国境近くの山に滞在し、冬はノルウェー沿岸部にまで下っていく。そして、長い冬をトナカイとともにそこで過ごす。その頃（1960年代）の移動手段は徒歩とスキー、橇、そしてボートであった。彼が初めて父や兄らに連れられていかれた所は夏山の放牧地であった。そこで彼は、約3週間にわたって簡単な「トナカイ追い」の仕事を学んだ。食べ物は、パン、ジャガイモ、湖で獲れた魚、トナカイ、ヘラジカ、森のベリー、キノコなどである。特に魚は、大量に獲れたためによく食卓に上がったという。

　当時は電気がなかったため、多くの保存食もつくられたという。特に魚を発酵保存した「ラークフィスク（Rakfisk）」が多く、その樽の蓋を一旦開けると、朝昼晩とその魚を食べなければならなかった。また、トナカイのミルクからチーズやバターもつくっていた。降りつもる雪が天然の冷蔵庫の役割をしたため、森の木の根元に穴を掘って保存したという。

　7歳になると、トムはハットフェルダル・サーメ学校に入学した。その時、実家に戻っている。1〜3学年は8月中旬からクリスマスイヴの12月24日まで、そして4〜7学年はクリスマス休暇後から6月の中旬までが学校に通う期間であった。その間は、ハットフェルダル・サーメ学校で寄宿しながら教育を受けている。

　夏期は、父や兄、親戚の者達とともにトナカイの放牧についていき、その技術や知識を学んだ。8〜9歳になると、トナカイ放牧のメンバーの一員として見なされ、小さな仕事を任せられるようになった。また、クリスマス休暇には冬のキャンプ地にも行くようになった。

---

(14)　同氏の聞き取りに従い、家族観の呼称を巻末の**付録1**、**2**に記した。

column 3

生きていくために必要なのは名刺ではなく
LAAHKOEH
ラッハコエー

　サーメには名刺を交換する習慣がない。これは、ノルウェー北部地方全体に言えるかもしれない。サーメの人々にとって、名刺の肩書は何の意味もなさないと言える。だから、せっかく調査のために用意した名刺も、受け取ってはくれるが、必ずといっていいほどテーブルの上に置かれたままとなり、結局、ワインやコーヒーの染みがついたその名刺を虚しく回収する羽目になる。

　その代わり、「誰々の息子であるとか、誰々の甥である」という家族関係（LAAHKOEH）での位置づけが、その人物の重要なステータスとなる。誰の家族出身であるか、どのような家族的ネットワークをもっているかが、サーメ社会のなかで認めてもらうためには大切な必要条件となっている。

　例えば、相手が彼（彼女）自身のことを知らない場合でも、彼（彼女）の曾祖父母のことを知っていて、その曾孫だと分かればそれだけで受け入れられ、大切に扱ってくれるという。特に評判のよい親戚がおれば、その人物の関係を自己紹介として挙げることによって、より有利な立場になれるという。そして、一旦その関係が築かれると、サーメ社会ではより緊密なものとして取り扱われることになる。

　2016年の冬、筆者もトム・カップフェルの家族の「ラービエ」（再従兄弟もしくは親しい友人という意味）として認められた。この関係性の獲得は、名刺に書かれた大学の名前や職業よりも、はるかにフィールドでの活動をスムーズなものにしてくれた。ここでは、そのなかの大切な（というか命拾いした）

スウェーデン国境の道

エピソードを紹介する。

　2016年2月の調査中、予定していたバスが止まり、筆者はフィールド地から約70kmも離れたスウェーデン国境沿いで足止めをくらった。運悪く、その時は数週間前に他の調査地で氷に滑って腕を骨折し、ギブスをはめての調査となった。まさに、泣きっ面にハチ！　片手で荷物の運搬をして、深々と吹き積もる雪のなか、近くにあるホテルに何日も滞在するわけにはいかない。何せ、ノルウェーのホテル代は高い！　それに、数日後に迫った帰国予定もあった。

　バスが運行するかという目処（めど）も立たず、さあどうしたものかとトムに電話をし、ほかの交通手段を聞いたところ、トムは「ラービエだから、今から迎えに行く！」と言って、仕事をほっぽり出して車で助けに来てくれることになった。

　約1時間後、雪まみれの車から出てきたトムの姿を見た時の、思わずホッとして、涙が出るような安堵感と感謝の気持ちは今でも忘れることができない。大袈裟ではなく、あの雪のなかの数時間は生きた心地がしなかった。

　名刺の肩書きではなく、「家族・友人」のネットワーク（絆）がサーメにとって、この地に住む者にとって、どれだけ必要で大切なものかということを、身をもって学んだ貴重な経験となった。

筆者とトム

11歳の時、足の骨を折ったトナカイを一人で屠殺し、解体するという経験があった。夏は大量のハエや蚊から守るため（病気などになる）山の頂上にトナカイを追い立てるが、その時、一頭のトナカイが残雪と崖の間に落ちてしまったからだ。そして、14歳から15歳になると約50km^{2}ほどの土地の管理を任され、そこを移動したり滞在したりするトナカイの群れに関して責任をもたされるようになった。

　その後、3年間モーシェンの公立高校に行き、卒業したのは20歳の時である。卒業の頃には200頭のトナカイを所有していたが、父が行っているトナカイ放牧業の一員としての仕事を辞め、モイラナ（Mo i Rana）に行った。そこで、スチールの加工工場で約5年間働いた。その間、短期大学で1年間金属工学を学んでいる。以後、ノルウェー北部鉄道に再就職をし、主に線路の管理や修理工事などに従事したが、1985年、31歳の時に大きな交通事故に遭って休職に追い込まれた。

　その2年後、トロムソ大学に入学し、そこで5年間法律を学んだ。大学卒業後、ヌールラン県庁（Nordland Fylkes kommume）に就職したが、そこでの主な仕事は図書館を開設するといったものであった。

　就任中、トムはハットフェルダルのサーメセンターにサーメ専用の図書館を設置したほか、定期的に南サーメ地域を巡回する移動図書館バスを設立している。1998年から開始された移動図書館の巡回路は11ルートあるが、それらはすべての人々が平等に本を借りることができるよう、スウェーデンを含む南サーメ地域の図書館のないエリアを中心に開発されていったものである[15]。

　そのエリアは、ノルウェー西部のフィヨルド地域の北はモイラナからブレンネイスン（Brønnøysund）を経て南はナムソス（Namsos）までと、フィヨルド沿岸部から東はスウェーデンのリュックセレ（Lycksele）からエステルスンド（Östersund）までと、ほぼ南サーメ地域を網羅するといった広範囲にわたっている。

　またトムは、前妻との息子トーマス（Thomas）がハットフェルダル・サーメ学校に通っていた頃の1991年、同校の教育役員会の委員長にも選出されている。任期中、学校の閉鎖という危機が訪れたが（第3節で後述する）、閉鎖抗

議のための運動に貢献したことでトムは、保護者や学校関係者から大きな信頼を得ている。退任後もトムは学校に深くかかわり、影響力を与えてきた。

現在、市の中心から離れたブルースタッド（Brustad）出身の女性とハットフェルダル・サーメ学校の近くにある丘の上に住んでいる。新しい妻は、前妻との間に生まれた息子トーマスが通うサーメ学校の教師であった。彼女は、現在もハットフェルダル・サーメ学校の教師として南サーメ語を教えている。新しい妻との間にも息子がおり、彼もまたハットフェルダル・サーメ学校を卒業している。

前妻との息子トーマス（2016年当時42歳）は、現在トロンハイムに住み、娘2人と息子1人がいる。トムの孫にあたる長女、次女は、普段はトロンハイムの公立学校に通っているが、毎年数回、ハットフェルダル・サーメ学校の短期セミナーに参加しているという。

しかしトムは、息子や孫にトナカイ飼育業の仕事をしてもらいたいとは思っていない。有力なトナカイ飼育業の大家族の9番目の子どもとして生まれ、幼い頃からトナカイ放牧の生活を経験してきたトム自身も、成人してからはその生活から離れ、様々なキャリアを積んで今の地位を築いている。

「大家族のなかでトナカイ飼育業を継ぎたい甥や姪がたくさんいるのだから、その者に継がせればいい。逆に、大学に進学したい者、ほかの職業に就きたい者は、どんどん外へ出て学歴を付け、キャリアを積んだほうがよい」

と、トムが話してくれた。その理由として、「近代化が進んでも、やはりトナカイ放牧の生活は厳しいものであり、またトナカイ放牧の家族の絆が固いだけに、閉鎖された社会でもあるからだ」と言う。

トムのプロジェクト

2018年秋から開始している、トムのプロジェクトについても紹介しておこう。

2018年度、トムはサーメ議会から、「聖なる山ビッサガ（Bissege）と、祭事儀式として使用された岩場の遺跡を探る」というテーマで研究費を獲得した。

---

(15) 移動図書館バスは「ブックモービル」と呼ばれている。吉田（2013）232頁参照。

ピッサカ山麓の湿原地帯で発見した祭事跡地
(2018年9月5日撮影)

遺跡を発見して大満足のトム
(2018年9月5日撮影)

　調査には、スノーサ・サーメ博物館所属の考古学研究者エーリック・ヌールベルィ(Eric Norberg)が協力員として加わっている。そして著者も、特別協力者として2018年9月5日〜12日まで参加した。
　プロジェクトの目的は二つある。一つ目は、キリスト教の布教以前、サーメが行っていた祭事の岩場（そのほとんどが、中央部で二つないし三つに割れた大きな岩）を見つけ出すこと。二つ目は、成人男性のサーメ達によって語り継がれてきたその山や谷の形状を揶揄して語られてきた隠語の根拠を、現地調査において明らかにすることであった。
　この調査に同行した一週間、トムの様々な考え方や行動から、彼のなかに宿るサーメの精神性を筆者は確認することができた。ここでは、その一部を紹介したい。
　調査地は、ルース湖の西岸部、ツヴォール山系((Tvørrfjellet)にある聖なる山ビッサガである。トムは、ビッサカの東南の谷沿いに広がる湿原地帯で、犠牲が捧げられたと思われる岩場を発見した。ノルウェーの南サーメ地域における遺跡調査はこれまで一度も行われていないため、学術的研究としてはトムが第一発見者となる。

岩の狭い割れ目の地面から、20cmほどの棒状の破片が見つけられた。おそらく、生贄に捧げられたトナカイの骨ではないかということだ（エーリックがサンプル鑑定する予定）。

科学的な調査を行おうとしているトムであるが、サーメが古代から伝承してきた自然の神々に対して畏敬を表す精神性は、今もなお彼の心の奥深くに残されているようだ。そのことが、今回の調査におけるトムの発言や行動のなかに度々見受けられた。例えば、エーリックが発見した岩に登って、上から裂け目を撮影しようとした時、トムはその岩にエーリックが足をかけることを許さなかった。それだけでなく、地面を掘ったりすることも嫌がったのだ。

またトムは、岩に痕跡が残っているはずの遺物に対してもサーメのアニミズム的な信仰を示した。

「ビェックルマ（Biegkolma）という風の神が、強い風や雨によって、人間がつくったものをすべて一掃する。生贄として捧げられたトナカイの血や油なども、ビェックルマによって跡形もなく一掃されてしまう。だから、岩に捧げられた痕跡などは一切残っていないはずだ」と主張した。

さらにトムは、今回せっかく発見した祭事跡の岩の位置やそこまでのルートなどを一切記録しなかった。「何故、地図に記録しないのか」と質問したところ、「この周辺の山の地形は自分の頭の中に記憶されているし、岩の位置なども、そのまま子どもや孫達に語り継いでいけばいいのだ」と言う。この回答に筆者も呆れて、「では、どうやってこの調査の報告書を書くつもりなのか」と詰問すると、トムは困惑した表情を見せていた。

トムは、今回のプロジェクトで購入したドローンでサーメの聖地であるビッサカに遺る遺跡を探し当てた。しかし、トムの心身にはサーメの伝統的な自然の神を敬う精神性が染み付いているのだ。トムのそんな科学

祭壇の岩の調査をするトムと筆者

的な一面と精神的なサーメの思考が、今回の発掘調査で見られた貴重な体験の一場面であった。

さて、今回のプロジェクトの二つ目の目的は、聖なる山ビッサガに対する秘話を山の形状から確認するというものであったが、これには少々筆者は戸惑いを隠すことができなかった。

ビッサガの語源は、元々「メスの熊」という意味をもつらしい[16]。単独峰で、その両側には二つのY字の谷があり、そこから豊かな雪解けの水が湖に流れ落ちるという地理的な形状は、成人したサーメ男性の想像を豊かに膨らませた。そして、古くからビッサガは、酒の入った席で女性の身体における性的な部分として揶揄されてきたらしい（図3－3参照）。

幼い頃、トムも大人達が話しているのを聞いたことがあるという（当時6歳。ノルウェー語を話す環境はなく、南サーメ語しか知らなかった）。もちろん、当時は叔父達の話をまったく理解することはできなかったが、その時の記憶は鮮明に残ったらしい。そして、青年になった時、その内容の意味を理解したそうだ。

しかし、ドローンやGPSもない時代に、どのようにしてサーメの男達は山の頂からの光景を見ることができたのだろう。それに対してトムは、「おそらくノアイテ（呪術師）が見た光景を、男達が語り継いでいったのではないか」と言う。

ルース湖と聖なる山の一つスヌーティエ（Snurhtje）山

「ノアイテは、トランス状態になった時に鳥（鷲）になって空を飛ぶ」と、サーメの古い宗教では信じられてきた。上空から見た、山の頂きとその周りを取り囲む周辺の丘陵地帯、氷河から豊かに湖へ流れ出る川から、ノアイテ達はその聖なる山を女性のシンボルとして表した。それが、男達の酒の場での話として語り継がれていったのではないかという。

第3章　ハットフェルダル・サーメ学校の設立と歴史的変遷　121

図3-3　調査地ビッサガ山と二つの谷ビッサガ・トゥーリエ（Bissege-durrie）とオッティエ・ビッサガ・トゥーリエ（Ohtje Bissege-durrie）地帯

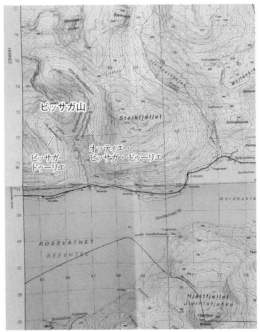

出所）ノルウェー地図　Best.nr.1213 Utgitt 2014 Kartblad 2026 Ⅳより。

　ビッサガ山麓の南東、ルース湖を挟んだ対岸には、ヒェルト（Hjert）山がそびえている。この山は、南サーメ語で「ハルタカ（Heretege）」と呼ばれている。それは「一人の男が立っている」という意味であるが、隠語として「勃起した男性器」を表すという。また、ビッサガ山から流れる水をサーメの男達は、隠語として「シーミア（Seimie）」と呼んでいる。その元来の意味は、「溢れ出る水、豊かな水」であるが、この場合は「女性の体液」として使っていたそうだ。

---

(16)　2018年9月10日、スノーサ在住の南サーメ語教師ライラ・マールベイ（Laira Norberg）氏からの聞き取りによる。

上記の内容からすると、単に形状から想像した男性のエロティズムしか捉えられないかもしれない。実際、サーメ議会から研究費をあてられたにもかかわらず、トムの調査を否定的に批判する声も聞かれる（特に女性から）。

　しかし、この地域を眺望すると、サーメが古くから、この山を女性の神、聖なる山と崇めることに合点がいく。谷間から流れる豊かな水と広大な湿原地帯が多くの生命を育くみ、サーメにとって大切なトナカイに豊かな栄養源を供給してくれるという大切な場所なのだ。キリスト教が布教される以前、自然を神（多くが女性である）として崇めていたサーメが、この山の豊かな土壌を、子どもを産み育てる女性の体にたとえて、そこを聖なる場所として大切にしてきたことが十分に理解できる。

　このように興味深いトムの調査、多くのサーメ女性達から批判を浴びながらも着実に進められている。

ハットフェルダルのトナカイ放牧業以外のサーメの背景

　ハットフェルダルで、トナカイ放牧業以外のサーメ家族が従事する仕事の一つに農牧業がある。現在、農場を営んでいるサーメ家族は数家族である。農場といっても、農作物の栽培というよりはむしろ羊や山羊の牧畜業が主な収入源となっている。そのほか、製材所で働く者や商売を営む者、デイサービス、学校の教職員、サーメ施設に関係する勤務者など、コムーネの中心部や周辺地域において様々な職業に就いている。

　ただ、トナカイ放牧業家族のような特徴的な就業体系はなく、家族の結束力も薄いため、日常生活ではサーメであるのかノルウェー人なのかが分からない。また、ノルウェー人がマジョリティーである村社会のなかで普段の生活を送り、積極的にサーメのアイデンティティを表明することもない。地域の村人達の間でも、「苗字などから、多分あの人はサーメ家族の出身だろう」という程度の認識である。

　誰がサーメであるかという話題は非常に繊細であり、差別にも発展しかねないため、暗黙の了解でタブー視されていることもあるのだろう。しかし、そもそもハットフェルダルの村人の多くには、祖先を遡ればサーメの血が入ってい

るため、誰がサーメであるかという話題自体が成立しないとも考えられる。

　ハットフェルダルでフィールドワークを行った7年間のなかで、トナカイ飼育関係者以外で「自分はサーメである」と表明した人は、以下に紹介するレイフ・エルスバテン（Leif Elsvatn）をはじめとするほんのわずかであった。しかし、サーメ記念日である2月6日には、各地区で開かれる集会に民族衣装を着てサーメ民族として参加する人が予想以上に多く、普段の生活では表面化しない南サーメの存在が浮き彫りにされた[17]。

トナカイ放牧業の出身ではないレイフ・エルスバテンのライフストーリー

　レイフは、1945年、ノルウェー人の父親とサーメの母親との間に生まれた。レイフ自身が述べることだが、両親の詳しい経緯は明らかではない。

　父親は、第2次世界大戦中、ドイツ軍の宿舎などを建てる大工として働いていた。しかし、強度のアルコール依存症であったため、母親はレイフがまだ幼い頃、レイフと10歳上の姉を連れて家を出た。離婚後、母子は母方の親戚を頼ってハットフェルダルに移住した。親戚がハットフェルダルのエルスバテン（Elsvatn）湖畔で農場を営んでいたため、その家族の近くで母親と姉とともに数頭の羊と10数羽のニワトリを飼い、湖での釣りや山での採集をしながら暮らしていた。

　レイフによると、当時の食事はほとんど湖で獲れた魚や採集した野生植物だったらしい。湖で獲れる魚は北極イワナ（røyø）やマス（ørret）であり、大量に釣れる秋には、塩漬けや燻製、発酵などで保存した。また、山や森からは、多くの草木の茎や種、ベリー類、ナッツ、キノコ類

自宅の前で撮影したレイフ

---

[17] 2010年、筆者が調査したベフスン集会場で行われたサーメ記念集会では、およそ200人の南サーメの人達が参加していた。

が採集できた。ハーブ類とトナカイや牛のミルクを混ぜて、ヨーグルトやサワーミルクをつくったそうだ。

家畜は食肉として売られ、その収入でチーズや小麦粉、雑穀類を購入し、家で固焼きパン（tynnbrød: ノルウェー語）などを焼いていたともいう。

レイフは7〜12歳までの5年間、家から5kmほど離れた小学校（Åseng skolen）に寄宿しながら通っていた。その後、13〜14歳の2年間、ハットフェルダルの公立中学校（Hattfjelldalskolen）にバスで通った。住んでいた地域は、ハットフェルダルの中心部から南東に14kmほど離れている。

中等教育課程を卒業してからの10年間、レイフは森林伐採の会社で働き、1971年、26歳の時にネスナ（Nesna）にある教員養成大学（lærerhøgskole）[18]に入学した。そこで4年間学び、教員資格を得ている。

卒業後、1975年〜1980年までの5年間、公立の基礎学校で教師をし、その後1980年に、ハットフェルダル・サーメ学校に移動願を出した。ハットフェルダル・サーメ学校（81ページの写真参照）には1992年までの12年間勤め、主に数学や歴史を教えた。最終的には、校長という役職にも就いている。レイフがサーメ学校の教師を希望した理由は以下の通りである。

1900年代の初めは、ノルウェー化政策により、自分がサーメであると名乗れる者が少なかった。1965年以降、政府からサーメのための多額の補助金がハットフェルダルコムーネに下りるようになり、サーメに対する政治的、社会的環境が徐々に改善されていった。

再び何人かのサーメが戻ってきて、「自分達はサーメである」と名乗るようになるだろうとレイフは期待した。そして、多くのサーメが戻ってくる日が来ることを信じて、ハットフェルダル・サーメ学校の教師を希望したわけである。しかし、レイフは語る。

「現実は、ノルウェー人と結婚したサーメが『自分はサーメである』と名乗ることが難しかったり、純粋な血筋をもつサーメやトナカイ放牧業のサーメ、サーメ語を話すサーメ以外はサーメではないと、サーメ社会の内部でも排他的な差別があったりして、なかなかサーメの人口は増えていない」

レイフはまた、「現在（2016年）、ノルウェーでは南サーメ語を話せる者は

レイフと妻のカリと筆者。羊の放牧場にあるコテージにて

200人程度しかいない」とも語った。

　彼自身も、子どもの時から南サーメ語を話せたわけではなかった。教職に就いてから、前掲したトムの妻である教師トーベ（Tove）とともにアンナ・ヤコブッセン（Anna Jacobsen）というトナカイ放牧業の女性から南サーメ語を学んだ。さらに、1986年にはネスナの教員大学の南サーメ語コースを履修し、その後、ボードー（Bodø）大学で歴史のコースを履修している。

　教職に就いていた1980年代は、伝統的なサーメ文化が学校でも教えられていたそうである。例えば、1週間、狩猟採集のキャンプに行くというスケジュールもあったという。

　レイフは、サーメ自身がアイデンティティを取り戻すためには教育が必要であると考えている。現在は多くのサーメが高い学歴をもっているが、「トナカイ放牧業を営むサーメ家族は勉強のことをあまり考えていない」とも語った。また、「トナカイ放牧業を営むサーメだけがサーメではない」という考えをもっている。

⒅　教員養成のためのユニヴァーシティ・カレッジである。

レイフにとっての理想的なサーメ教育は、国のカリキュラムに沿った幼稚園から大学までに至る質の高い教育に加え、サーメ語とサーメ文化を取り入れた教育である。サーメ学校の校長にまでなったレイフだが、1992年、学校を辞職している。レイフの目指したサーメ教育と、ハットフェルダル・サーメ学校の当時の教育内容にずれがあったからである。

ハットフェルダル・サーメ学校を辞職後、1996〜2000年の4年間、サーメ議会の議員に就任した。そして、レイフは2001年に『ハットフェルダル・サーメ学校史』を出版し、キリスト教布教時代から2001年に至るまでの、ハットフェルダルにおけるサーメ学校の歴史を描いた。また、それだけに留まらず、ハットフェルダルにおける農業史や村の郷土史(19)などを書き続け、著書として出版している。そして、2015年、ハットフェルダルコムーネから栄誉賞（Hattfjelldalsprisen）が授与された。

南サーメ地域にサーメ学校ができるまで

ここでは、ハットフェルダル・サーメ学校がどのような経緯のもと設立されたのかついて明らかにしていきたい。まずは同化政策時代にまで遡り、南サーメ地域におけるサーメのための学校設立要求運動の背景を描いていくことにする。

1850年代後半から第2次世界大戦後、さらに1960年代まで続いた政治的、社会的な同化政策は、サーメに自身の言語やアイデンティティを喪失させた（39〜44ページ参照）。しかし、その同化への流れは、北サーメ地域、ルレサーメ地域、南サーメ地域によって差異がある。本節では、まず各サーメ地域のノルウェー化が進んだ経緯を概観する。そして、南サーメ地域における1900年以降のサーメのための学校設立要求運動に着目し、サーメ学校が設立されるまでの経緯を明らかにしていく。

(1) 同化政策期の南サーメ地域——三つのサーメ地域の特徴から

　同化政策の影響をまず大きく受けたのはルレサーメ地域であるという。ルレサーメ地域は、北サーメ地域と南サーメ地域の間にあり、西部の海岸線はフィヨルド地域である（7ページの**図序-2**参照）。ルレサーメの人々の生計は、主に小規模な農業や漁業で成り立っていた。

　同化政策期、沿岸地域のサーメは、地域経済の近代化による強い圧力を受けてきた。近代化したノルウェー経済の力に押され、前近代的な方法で漁業や農業を営んできたルレサーメは伝統的な生活を捨て、ノルウェー化を余儀なくされた。また、ティスフィヨルド（Tysfjord）といったルレサーメ集落のように、村人全員が仕事を求めて内陸部に移っていったというケースも見られた。それが、サーメの文化を、ノルウェー社会のなかで劣ったものだとする差別的な考え方として広まる原因となった。

　学校教育を通じても同化政策が行われていった。国民学校ではノルウェー語による授業が課され、ノルウェー語やノルウェー文化がサーメの子ども達に教え込まれた。そして、サーメのアイデンティティを捨てたかのように振る舞うサーメが多く現れることになった。

　一方、北サーメ地域では、1902年、フィンマルク県に独自の地方教育庁制度が設けられた[20]。それは、国民学校を通してサーメをノルウェー社会に同化させるという教育強化の意味をもっていた。しかし、北サーメ地域においてサーメが生きていくための基本は、この時期においてはまだ伝統的な自然の恵みを利用したものに基づいていた。そのような環境において、サーメ言語やサーメの伝統は、学校が提供するノルウェー教育より重要なものであった。

　Hoëm（1989）は、「文化的視点から見ると、学校やノルウェー政府機関は、フィンマルク県のような単一のサーメ社会では隔離された島のような存在であ

---

[19] 巻末の参考文献一覧を参照。
[20] Minde（2005）によると、自由党（Venstre）支持者であったようだ。ノルウェー化政策や国防政策だけでなく、サーメ地域に対する福祉政策にも力を入れていた一面をもっていた。ベルント・トーマッセン（Bernt Thomassen）が最初の地方教育庁長官となった。

った」[21]と指摘している。また Minde（2005）は、「特にトナカイ放牧業のサーメ達は、学校がどれだけ子ども達からサーメの伝統的な仕事や生活の仕方を学ぶという大切な時間を取り上げているかを訴えていた」[22]ことについて聞き取り調査から明らかにしている。さらに Jernsletten（1993）も、「北サーメ地域においては、学校はサーメ社会から完全に孤立したものとなっていった」[23]と指摘している。

　結果的に、ノルウェー化政策を推進しようとした学校は、北サーメ地域ではうまく機能せず、サーメにノルウェー社会との隔たりという感情を引き起こしたことになる。それが、北サーメ語とサーメ文化の保護という結果を生み出したと考えられる。

　次に、南サーメ地域に同化政策が及ぼした影響について概観しておきたい。Jernsletten（1993）と Todal（1998）は、ルレサーメが農業や漁業で生計を立ててきたのに対し、南サーメの主な生業がトナカイ放牧業であったことから、ノルウェーの最も南に位置し、都心部オスロにも近いにもかかわらず、当初はルレサーメ地域ほど同化政策の影響を受けなかったとしている[24]。

　南サーメは、基本的にはトナカイ飼育業を生業とする数家族が共同で生活し、そのトナカイの移動に伴っていくつかの村と関係をもった。南サーメ地域のどの村もマジョリティーはノルウェー人であり、南サーメ語が村内において情報伝達の言語として使用できる所はなかった。

　また、トナカイ放牧業に拠って生計を立ててきた南サーメとノルウェー人農民の間において、周辺部の牧草地や山へ行く道の権利をめぐっての争いが頻繁に起こった。このことは、しばしば村のなかでサーメの孤立を引き起こすこともなった。

　1950年代まで、ノルウェー人とトナカイ放牧業を営んでいたサーメの間における婚姻はほとんどなかった。Todal（1998）によると、村から孤立した南サーメの小グループが相互に協力するためには南サーメ語が欠かせなかったとされる。また、次のような指摘もある。

「南サーメ地域における同化政策期の政治的な動向に関する研究はほとんどなされていない。また、南サーメ地域における国民学校がどのような役割を果た

してきたのかという研究もほとんどない」[25]

　しかし、南サーメ地域の三つのコムーネの『学校史』（27ページ参照）に、同化政策期の南サーメ地域における国民学校の実態や南サーメによる権利運動の内容が、断片的ではあるが残されている。

　次項では、この三つの『学校史』に残されている記述をもとにして、同化政策期の南サーメ地域において学校がどのような役割を果たしていたのか、それに対して南サーメはいかに学校設立の要求運動を推進していったのかについて概観する。

（2）南サーメ地域から沸き上がったサーメのための権利運動

　南サーメ地域では、同化政策の時期、エルサ・ローラ・レンベルグ（Elsa Laula Renberg, 1877～1931）や、ダニエル・モーテンソン（Daniel Mortenson, 1860～1924）といった南サーメ地域出身の政治活動家を中心に、サーメ権利獲得のための運動が進められた。その背景には、南サーメ地域にある学校によるノルウェー化の圧力とそれに対する反発があった。

ハヴィカのサーメ学校

　『スノーサ学校史』には、1907年にロイルビック（Royrvik）サーメ集会が開かれ、サーメのための学校の必要性などが協議されたこと、さらにその嘆願書が政府に送られていたことが記述されている。そして1909年、トロンハイム福音伝道派（Trondhjems Indremisjon）を中心としたミッション協会の責任のもと、ハヴィカ（Havika）にサーメ学校が設立された。この学校はサーメの子どものための学校であったが、本来の目的は、彼らの母語で「神の言葉」を学ぶべき

---

[21] Hoëm（1989）p165.
[22] Mindeは、北サーメ地域で教師をしていた者達に聞き取り調査をしている。それをまとめた論文が、Minde（2005）である。
[23] Jernsletten（1993）p119.
[24] 前掲書、p118とTodal（1998）pp.360-361.
[25] 前掲書、p360。

だというサーメへの福音伝道の促進であった。

　しかし、この学校は普通のノルウェー式の寄宿学校であり、サーメが望んでいるものとは程遠いものであった。そして、教育内容も、サーメ語教育や他の教科においてもサーメ的な要素が考慮されておらず、キリスト教知識に重点が置かれたものであった。必然的に、それに対する批判的な声が上がるようになった。

　『ハットフェルダル学校史』にも、ハヴィカのサーメ学校に関する事柄が多く描かれている。以下が当時の状況である。

　ハヴィカのサーメ学校には、当初、数人のサーメ教師がいたが、サーメ的環境の学校であるべきという理想からかけ離れた現実を見て短期間で辞めてしまった。そして結局は、ノルウェー人教師や舎監による学校へと変化していき、設立後数年でハヴィカのサーメ学校はノルウェー化を推進する機関となっていった。また、学校を主導する立場であった監督委員会（tilsynskomite）にも、当初はサーメも加わっていたが、数年後にはサーメのメンバーが1人もいないという状況になった。

　しかし、ハヴィカのサーメ学校への入学希望者は安定しており、毎年およそ20人の生徒が入学してきた。この学校に通学せずに、地元の国民学校に通うサーメの子どももいたが、そのような子ども達はほかの生徒から日常的なからかいや差別を受けていたとされる。南サーメの子どもにとってハヴィカのサーメ学校は、自分達が差別されず、普通に会話のできる砦であったようだ。

1917年のサーメ地方会議での要求

　1917年2月6〜9日にトロンハイムのソジスト教会で開催されたサーメ地方会議は、前述したエルサ・ラウラ・レンベアとダニエル・モーテンソンらの政治活動家とヘルゲランドのサーメ集落の主導によって開催されたものである。参加者は、ノルウェーとスウェーデン両国からの南サーメが中心であった。

　そこでは、「トナカイの放牧地」、「ラップ法」、「学校問題」などの多くの議論がなされた。学校問題に関しては、地方会議の3日目に、スウェーデンの遊牧民学校査察官（nomadeskoleinspektør）であるカーネル（Karnell）を座長にし

て議論された。以下は、その時の会議で出された声明である。

> トロンハイムの会議に集まったラップ人[26]達は以下の声明を発表する。すなわち、学校の授業におけるラップの言語の保持、ラップの監督者、そしてラップのトナカイ放牧（rendrivende）という、民族として生存するために知っておく必要がある諸科目の教育を国家は保障する義務があるべきだということである。
>
> しかしながら、ラップ人の居住する最北の地と最南の地では条件（forholdene）が異なるため、我々は諸官庁に以下のことに注意してもらうように望む。すなわち、文化が突出し、ラップ人が定住の道を歩みはじめている南部の教育が、いまだに原初的なままの北部の教育にそのまま当てはめられることのないように、ということである。我々は、ミッション協会の面々ではなく、国家が教育を保証するべきということが正しいことと考えている[27]。

ここで着目したいのは、「文化が突出し、ラップ人が定住の道を歩みはじめている南部の教育が、いまだに原初的なままの北部の教育にそのまま当てはめられることのないように」[28]という文面である。ここから南サーメ地域は、北部のサーメ地域とは違う、という強い意識が見て取れる。ノルウェーとスウェーデンの村社会のなかで定住する道を歩みはじめた南サーメにとっては、サー

---

[26] サーメは、かつてノルウェー語でも「ラップ（Lapp）」と呼ばれていたが、現在は蔑称とされている。

[27] このプロトコルは、地方会議の秘書を務めたエレン・リエ（Ellen Lie）により筆記された。エレン・リエはトロンハイム新聞「Dagposten」のジャーナリストであったが、1917年の春と夏に多くの学校関連の記事を扱っていた。『ハットフェルダル学校史』参照。

[28] この遊牧民学校の経験のために、会議に参加していたスウェーデン側のサーメからはサーメ学校に対する消極的な意見が出された。ここに、ノルウェーの同化政策と違う路線を辿ったスウェーデンの、特にトナカイ放牧業のサーメに対するサーメ分離隔離政策におけるサーメの取り扱われ方が反映されていると考えられる。サーメのための学校が、サーメの文化や言語を守る機能をもつ側面と、それによって差別化により結び付く側面があるということが分かる。

メ民族としての必要な知識科目に加え、国民学校で教育されている普通教育も必要だとしているわけである。

　原初的なままの北部の教育とは、おそらく当時スウェーデンにあった「遊牧民学校（Nomadskolorna）」のことを指していると考えられる。遊牧民学校は、トナカイ放牧業のサーメをスウェーデン人から分離するために造られた学校である。そこで教えられていた教育内容も環境も劣悪で、その学校がサーメへの差別と偏見を助長したと言ってもよい。また、「ミッション協会の面々ではなく国が教育を保障すべき」という文面からは、ハヴィカのサーメ学校への批判も込められていると考えられる。

1919年に出された当局への手紙

　さらにノルウェーの南サーメは、国立の寄宿学校創設の要求のために、1918年から1919年にかけての冬、教会・教育省（Kirke-og undervisningsdepartementet, KUD）へ嘆願書を送っている。『ハットフェルダル学校史』によると、この手紙は印刷され、様々なコムーネの南サーメ達に署名を求めて送られたものである。この嘆願書の全文を以下に掲載しておく。

> **王立ノルウェー教会（Det kongelige Norske Kirke）と教育省に宛てて**
> 　ヘルゲランド、トロンハイムにおけるノルウェー国民である以下のサーメ民族は、敬意をもって貴省に我々の子どものための国立学校（寄宿学校）、我々の子どもに知識を分け与え、地方の国民学校に対応する遊牧民の特殊な生活状況や、我々の民族性（nasjionalitet）[29]に適した学校を設立し、その学校には可能な限り優れたサーメの教員団を雇用いただくようお願いする次第であります。
> 　我々の誠意を込めた陳情の背景には、遊牧民生活においては子どもを地方の国民学校において教育させることが非常に難しく、また我々は、学期中も季節によってはラップ地方内部の放牧地を移動するため、様々な学区を転々とすることが挙げられます。
> 　どのような障害が教育に対して発生するかは、我々が指摘するまでもあ

りません。ただ、我々は教育が完遂されず、そのうえ現状の学校制度は経済的にも苦しめられているということを指摘致します。ここにおいて、様々な理由からハヴィカの小さなラップ学校（den lille lappeskole）に子どもを通わせることができない者達は、学期中は子どもを定住者の家に住まわせているのです。

　我々ノルウェー・サーメは、今、自分達の発展と文化の恩恵に与るために努力しています。また我々は、成長の途にあるわが民族がよい教育を受けることで、生のための闘争を勝ち抜き、民主的なノルウェー（そこでは、国内の息子や娘達と比して、我らを「山の民（fjeldfolket）」と呼びますが）の価値ある市民となるために、知識を獲得することの必要性を理解しております。

　最後に、この嘆願書は、政府側からのサーメへの補償が特別に配慮されるべきであるということを意味するものではありません。それどころか、我々もまた選挙権を与えられた納税の義務を負う国民であるため、強い結び付きであなた方と我らを、共通の愛すべき祖国に結び付けたいのです。

敬意をこめて

　以上のように手紙の内容は、南サーメのための国立の寄宿学校の要求に加え、国民学校と同等レベルの知識提供と、遊牧生活や彼らの民族性に適した教育内容の要求であった。さらに、教職員としてサーメを雇用する必要性と、遊牧生活をしているサーメのために学校環境の改善を訴えるものであった。

　ノルウェーの南サーメは、自分達をノルウェー・サーメとし、自身の文化への承認を獲得するための努力をしてきただけでなく、子ども達がよい学校教育環境のもとで成長していく必要性も認識していた。そして、彼らを「山の民」と見なしているノルウェー国家において、価値のある国民になるために必要な知識が習得できる場所を望んでいた。

---

(29)　原文では「nationalitet」となっているが、ここではノルウェー国民という意味ではなく、国を越えたサーメ民族の集合体という意味が込められていると推測される。なお、本書では「サーメ民族」と訳す。

1919年と1921年の会議

　続いて、1919年、1921年に地方会議が行われ[30]、再び寄宿学校設立の要求が掲げられた。そこでは、以下の５項目に関する、より具体的な寄宿学校設立の要求が協議された。

- ❶国家による寄宿学校の建設と運営
- ❷学校の設置場所
- ❸学習内容
- ❹サーメの教師やスタッフの確保
- ❺学校運営委員会へのサーメの参加

学校局長（Skoledirektøren）からの支持

　以上に挙げたサーメの要求運動に対して、当時の学校局長トマセン（Thommassen）は、徐々にではあるが、その要求に耳を傾けるようになっていった。彼は1921年の地方会議にも参加し、サーメの問題提起について関心を示している。サーメの要求は、サーメとノルウェー国民の平等という、正当性のある要求であると彼は考えたのである。

　彼は国家の資金と運営による学校の建設プランと見積もりを作成し、1922年10月、その資料を教会・教育省に送付した。しかし、国の予算の関係で、南サーメ学校設立は棚上げにされた。その後は、後任のアンダッシュ・トーダル（Anders Todal）学校局長に引き継がれた。

　1938年、トーダルは南サーメからの要請を受けて、再び南サーメ学校設立を提唱し、スノーサかグロングに学校を建設するという提案を教会・教育省に提出した。学校は数年で設立されるはずであったが、1940年４月、ドイツがノルウェーを占領したために建設計画が中断された。さらに、ナムソス（Namsos）が攻撃を受けたことで、ハヴィカのサーメ学校の運営も停止となった。

3 ハットフェルダル・サーメ学校の歴史的展開

(1) 創設期——1951年～

　第2次世界大戦によって頓挫した南サーメ地域のサーメ学校設立運動は、戦後ようやく実を結び、1951年、ハットフェルダルにノルウェーで最初となる国立の寄宿制サーメ学校が設立された。設立にあたり、南サーメ地域のなかで数か所候補地が挙げられたが、サーメの集落が比較的多かった海岸部のモイラナ、モーシェンではなく、沿岸部から100kmも離れた地の利の悪いハットフェルダルに寄宿制のサーメ学校が設立されたわけだが、その理由は、創立当初の対象児童がトナカイ放牧業を営むサーメの子どもであったということに加え、当時、ハットフェルダルにおいてトナカイ放牧業を営む有力者の影響力もあったとされている[31]。

　学校と寄宿舎は、前述したように、一時的な場所として第2次世界大戦中に建てられたナチス・ドイツ軍の宿泊施設を使用したものである。当時、政府はハットフェルダルのサーメ学校を、永続的なものとしては考えていなかったようだ。ハットフェルダルのサーメ学校は、「一時的に機能を果たす場所」であり、「期限付きの計画とガイドライン」という文言が政府の報告書に記述されている。

　当時、学校で使用されはじめた教科書は、ノルウェーの公立学校で普段使用されているものと同じであった。北サーメ語とノルウェー語が併用して書かれた教科書（Margrethe Wiigs Lesebok）も使用されたが[32]、ノルウェー語の教科書が優先された。

---

[30] 1919年は、トレンデラーグ（Trøndelag）地方のサーメ達がステインケール（Steinkjer）に集まった。また、1921年には別のサーメ地方会議がトロンハイムで行われている。Elsvatn（2001）p9.

[31] サーメ学校誘致の問題については、相互の利害関係が絡み、それぞれの地域が合意できるような学校設立予定地が決まらなかった。最終的に、トナカイ飼育業に携わる二つの大きなグループがハットフェルダルとスノーサを推し、2校の学校設立が決定された。

時間割も、サーメの教育に照準をあてた教科の提供はなかった。また、サーメ語を話す教師が不足しているという問題もあった。そのような状況は、理想的なサーメのための教育とは程遠いものであったが、ハットフェルダルの学校や寄宿舎は子ども達にとっては安全で健全なサーメのための学校であった。「伝統的なサーメ≒トナカイサーメ」という固定化されたイメージが象徴するように、学校には、トナカイ飼育業の子ども達が優先的に通うことができるという考えが当たり前のようにあったという。またそれは、政府からの様々な報告書を通しても認識されていた。しかし実際は、トナカイ飼育業以外のサーメの子ども達も多く通っていたほか[33]、当時は、徒歩では学校に通えない村周辺部に住む農家の子ども達もサーメ学校にたくさん寄宿して教育を受けていた[34]。
　この時期は、サーメもノルウェーの農民も同じく貧しく、学校教育環境も整っている状態ではなかったため、サーメ学校が、サーメだけでなく近隣のノルウェー人の子どもにとっても必要な学校になっていたと思われる。

（2）南サーメ学校として──1970年代〜1990年代まで

　1959年に発布された基礎学校法（Lov om grundskolen）はノルウェー全体の子どもの基礎学校教育課程についての学校法であるが、並行して、サーメのための学校教育の権利についても言及され、その後にサーメ教育法が制定されていった。そして、ノルウェー教育法の改正に伴い、サーメ学校も1〜6学年の基礎教育課程と、7〜9学年の前期中等教育課程が設置された。
　1967年に基礎教育課程でのサーメ語の授業導入が可能になり、北サーメ地域のカラショークやカウトケイノの基礎学校で、初心者およびノルウェー人に対する外国語としてのサーメ語プログラムが導入された[35]。
　1972年に施行された教育計画（Mønsterplanen）[36]が、ハットフェルダル・サーメ学校においてはサーメ教育が本格的に導入される契機となった。このガイドラインにより、ハットフェルダル・サーメ学校にも新しいサーメ教育の教授法が徐々に導入されていった。教室内だけの学習ではなく、野外での学習を積極的に取り入れ、伝統的なサーメ文化や就業をテーマにしたフィールドトリッ

プも行われるようになった。
その内容は、数日から1週間、森や山の中に滞在し、熟した木の実やキノコなどを収穫したり、自然の中で生活するために必要な作業を行うといった活動であった。また、毎年秋には、トナカイの放牧業に関する様々な作業に参加する機会が設けられた。これら一連

ハットフェルダル・コムーネ役場

のフィールドトリップでの活動が、1995年以降に実施されるようになった短期セミナーにおける教育活動の原型となっている。

1975年、ハットフェルダル・サーメ学校に、5人のサーメの保護者や教育関係者で構成される学校の運営組織が発足した。その後、寄宿舎で働くサーメのスタッフ雇用が増え、南サーメ語を話すことのできる教師を雇用するための様々な工夫がなされた。

1970年代は、パートタイムで南サーメ語を教える者がハットフェルダル・サーメ学校に教師として雇われていたが、質のよい南サーメ語教師の教員養成が望まれた。よって教師は、有給休暇を使って高等教育機関で南サーメ語やサー

---

(32) 1948年、ノルウェー国会でのサーメ語の教科書の特別予算が承認された。ただ、当時、まだ南サーメ語は文字をもたない言語であった。

(33) 『ハットフェルダル学校史』の生徒名簿を参照。

(34) ハットフェルダル中心部から約20km北部の農家で育ったスールベイ・ヤコブッセン（Sølveig Jacobssen・当時80代）はノルウェー人であったが、彼女も彼女の兄弟も当時創設されたサーメ寄宿学校で教育を受けた。このように、周辺部に住む家族の子ども達にとって、サーメ学校は「公立の民衆学校」としての役割を果たしていた。

(35) オークレ（Aakre）氏からの聞き取りによる。実際、彼の妻がカウトケイノの小学校教師をしており、突然導入されたサーメ語プログラムに戸惑ったのが1968年であった。

(36) 1972年に最初に施行された教育計画・ガイドライン・カリキュラムの名称である。「Mønsterplanen」は、1987年に「Læreplanen」へと名称が変更している。

メ文化を学べるようになった。さらに、ハットフェルダル・サーメ学校に隣接してサーメ文化センターが1984年に設立された。センター内に整備されたサーメ関係の資料室や工房が、ハットフェルダル・サーメ学校のサーメ教育のために使われることになった。

このように、南サーメ語の教員養成の課題はありつつも、教室を離れ、野外教育活動のなかで伝統的なサーメの文化や知恵を教えるハットフェルダル・サーメ学校独特のユニークな教育が育まれていった。

また、ハットフェルダル・サーメ学校では、1980年に1学年から南サーメ語の授業が導入されている[37]。サーメ語は元々文字をもたない言語であるが、1979年、トロムソ大学の講師であったアンナ・ヤコブッセン（Anna Jacobssen）とスノーサのサーメ学校の元校長であったエラ・ホルム・ブル（Ella Holm Bull）らの尽力により、南サーメ語の正書法がつくられたという経緯がある。そして、その翌年から南サーメ語の授業が導入されたわけである。

ハットフェルダル・サーメ学校の教師は約10名ほどであったが、当時はサーメの教師より、むしろノルウェー人の教師のほうが多かったようである[38]。しかし、南サーメ語の授業が導入された1980年代から、ハットフェルダル・サーメ学校はサーメのための学校という機能を強くするようになった。

サーメの子どもの多くは、ハットフェルダルとその近郊の地域から来ていたが、南はエンゲルダルやエルゴから、北はハムネスやモイラナに至る南サーメ地域全域にわたり、さらにはルレサーメ地域にあたるサルトフェレット（Saltfjellet）の北部からも子どもを寄宿させる家族がいた。

一方、設立当時多くいたノルウェー人の子ども達は、スクールバスの普及やノルウェーの公立学校の新設に伴って普通の公立基礎学校に通うようになった。ハットフェルダルコムーネ刊行の『ハットフェルダル125年誌』[39]には、「1968年にハットフェルダルに公立の基礎学校教育（第1～9学年）の準備が整い、創立初年度は69名の子どもが入学した」と記録されている。これらの子どもの多くは、サーメ学校から転校している。また、家族の一部にサーメの血を引く者も、ノルウェーの基礎学校に子どもを通わせるようになった。

(3) 学校閉鎖の危機――1995年～

　ハットフェルダル・サーメ学校は、1995年頃から、①週に２回のインターネットによる南サーメ語の「遠隔教育」と、②１年間のうち数回、各１週間サーメ学校に寄宿し、サーメ教育を受けることのできる「短期セミナー」という、正規教育以外の教育戦略を推し進めることになった。

　その背景には、サーメの子ども自体の少子化という側面がある。かつては子どもを多く出産していたサーメも、子どもの数の平均が２人という家族が増えた。学齢期を迎える子どもが減少したことにより、新たな教育戦略によって、サーメ学校に通っていないサーメの子ども達を掘り起こす必要性が生まれた。しかし、もう一つの要因として、1995年に教育庁（Utdanningsdirektoratet）が提案した「言語教育統括プロジェクト（Opplæring i hjemmeskolen）」があった。

　プロジェクトは、トロムソにサーメ語の遠隔教育機関を設け、そこから北サーメ、ルレサーメ、南サーメすべてのサーメ語の教育を一斉に配信しようとするものであった。政府は、子ども達を寄宿学校から地元の学校へ移行させようとする教育政策を打ち出しており、サーメ語の学習についても、寄宿学校ではなく家庭や地元の学校で行わせようとする狙いがあった。と同時に、寄宿学校であるハットフェルダル・サーメ学校の閉鎖も検討された。

　しかし、サーメ議会や前述のトム（112ページから参照）が会長を務めていた教育役員会、ハットフェルダル・サーメ学校の教職員および保護者らの猛反対を受け、学校は閉鎖の危機を免れた。また、教育当局が構想したトロムソでの統括した遠隔教育プロジェクトも結果的には実現することはなかった。

　以上のような、学校閉鎖の危機を脱したハットフェルダル・サーメ学校は、

---

(37) 2011年９月12日、レーナ・カップフェル（Lena Kappfjell）トロムソ大学勤務（博士課程学生）からの聞き取りによる。ハットフェルダル出身。
(38) 2011年９月、ヤコブセン夫妻（80代）からの聞き取りによる。２人とも教師であったが、1960年代の数年間サーメ学校に勤務していた。妻はノルウェー語の教師、夫は技術家庭の教師であった。ハットフェルダルに住む年配の教師の多くが、サーメ学校でも教鞭を取った経験をもっている。
(39) Hattfjelldal kommune（1987）pp.34-35.

既存の寄宿学校だけではない新たな教育戦略を考え出す必要があった。そして、本来の正規の普通教育を行う寄宿学校の運営と平行して、補習的な意味合いをもつ南サーメ語の「遠隔教育」と「短期セミナー」を段階的に展開・発展させてきたのである。

（4）寄宿学校としての危機に基づく「遠隔教育」と「短期セミナー」の展開——2000年代以降

　ここで改めて、設立から近年に至る寄宿生数の推移を見ておきたい。右ページの図3－4は、設立当時の1951年から2014年までの寄宿生数の推移について、ハットフェルダル・サーメ学校に保存されていた資料をもとに筆者が整理し、グラフ化したものである。

　このグラフを見ると、設立から1966年までは約40名〜60名の寄宿生がいたことが分かる。当時、南サーメ地域にあるサーメ学校はハットフェルダル・サーメ学校1校だけであったため、サーメ教育を受けさせたいと願った親達は、かなり距離が離れた南サーメ地域の南部に住んでいてもハットフェルダル・サーメ学校に寄宿させた。

　しかし、1967年の設立準備期間を経て、1968年に南サーメ地域南部に位置するスノーサコムーネに2番目のサーメ学校が設立されると、ハットフェルダルに通っていたサーメの子どものうち、南部のサーメ家族は子どもをスノーサ・サーメ学校に転校させた。そのため、ハットフェルダル・サーメ学校の寄宿生の数は1967年から前年度の半数以下となった。

　その後、1970年代〜1990年代は、数は多少前後するものの15名から20名ほどの寄宿生が就学している。ハットフェルダル・サーメ学校の子どもは、寄宿しながらノルウェーの普通教育に加え、南サーメ語とトナカイ文化を中心としたサーメ文化教育を受けていた。

　しかし、2000年を過ぎた頃から寄宿して学校に通う子どもの数は減少し、2007年に一時的に上昇したものの、その後は一気に下降している。2011年、寄宿して通年の普通教育を受ける子どもの数は遂に0名となった。

図3-4　1951年から2014年までの寄宿生の数の推移

出所）ハットフェルダル・サーメ学校の資料をもとに筆者作成（2014年）。

　先に述べたように、南サーメ語・文化を維持し発展させるために、ハットフェルダル・サーメ学校は寄宿制の基礎学校という形で普通教育を提供しながら、サーメ言語やサーメの文化を維持し、発展させる重要な役割を果たしてきた。しかし、2010年以降の事態を鑑みて、同学校においては従来の公立基礎学校とは異なる新たな戦略が必要となった。

　教育庁は2011年5月3日の通達で、ハットフェルダル・サーメ学校に、正規教育ではなく補習的な教育、つまり①遠隔教育（fjernundervisning）、②ランゲージネスト（språkreir）[40]、③教材開発（læremiddelutvikling）のための長期的な開発計画を作成するよう要請した。さらに教育庁は、2012年度の国からの割り当て予算案（Tildelingsbrev 2012）の作成に伴い、①遠隔教育、②ランゲージネスト、③教材の開発をもとにしたハットフェルダル・サーメ学校の新たな教育戦略と、この三つの要素に基づいた長期的な目標と計画を掲げた計画文書

---

[40]　ランゲージネスト（language nest）は、ニュージーランドのマオリ語における復活の一部として生まれた言語活性化への浸漬型のアプローチ方法である。マオリ語では「Kōhanga reo」と言う。

（Plandokument）の必要性を再度通達している。

　それを受け、当時の校長であったオッド・ヴィレンフェルト（Odd. Willenfeldt）を中心にハットフェルダル・サーメ学校は、長期的展望を見据えた『計画文書　2012–2022（*Plandokument 2012-2022*）』を作成した。そして、その『計画文書　2012–2022』に、遠隔教育と短期セミナーに関する長期的展望などが改めて具体的に明記されることとなった。

　前述したように、ハットフェルダル・サーメ学校では、1995年頃からすでに、①週に２回のインターネットによる南サーメ語の遠隔教育と、②１年間のうち数回、各１週間サーメ学校に寄宿し、サーメ教育を受けることのできる短期セミナーという、正規教育以外の教育戦略を推し進めている。

　遠隔教育は小学校から高校までの生徒を対象としたインターネット「Skype（スカイプ）」による南サーメ語の授業（週に２時間）であり、この需要はここ10年間で大幅に拡大し、2016年現在、延べ100人の受講者がいる。また短期セミナーでは、通常は地域の公立学校に通う児童に対して、１年間のうち６週間だけサーメ学校に寄宿させ、サーメ教育を提供するというセミナーを開設している。その期間中には、教師やスタッフとともに寄宿するという親密な人間関係のなか、南サーメ語やサーメ文化を中心とした教育活動が行われている。

第4章 ハットフェルダル・サーメ学校の現状と特徴
―サーメ伝統文化継承への教育戦略―

短期セミナーに参加している子ども達

本章では、2011年以降、通年で通う生徒が皆無になった現在のハットフェルダル・サーメ学校が、いかにしてサーメ言語やサーメの文化教育を学校教育として展開させているのかについて描いていく。

現在、ハットフェルダル・サーメ学校は、「遠隔教育」と「短期セミナー」という二つの教育活動を軸として、南サーメの言語や文化を伝承するために様々な教育を行っている。そこでまず、2011年にハットフェルダル・サーメ学校が教育庁に提出した『計画文書　2012-2022』を参考にして学校の現状を明らかにする。

次に、2011年9月〜2016年1月にかけて行った7回の参与観察をもとにして、現在、ハットフェルダル・サーメ学校で実践されている教育活動の内容を具体的に描き出し、その教育的特徴と意義について考察する。もちろん、ハットフェルダル・サーメ学校の直面している問題点も提示する。

ハットフェルダル・サーメ学校の新たな展開

まずは『計画文書　2012-2022』を参考にし、①現在のハットフェルダル・サーメ学校の位置付けと特徴、②学校組織、③建物の所有と運営予算という3項目から学校の運営状況を明らかにしたい。

（1）学校の位置付けとその特徴

ハットフェルダル・サーメ学校の位置付けと特徴については、『計画文書 2012-2022』の冒頭に、以下のように記述されている[1]。

> ノルウェー中央部サーメ学校（Sameskolen i Midt-Norge）は[2]ハットフェルダルに位置し、ノルウェー国内で最大の、かつ最も古い歴史をもつサーメ学校であり、南サーメの教育活動を支えるアリーナ（arena）の役割も担っている。

また、この学校の特質として、教師が必要または望ましいと感じた時、机上の教育ではなく野外活動による直接的な教育がある。例えば、トナカイの屠殺作業（reinslakting）、トナカイの耳のタグ付け（kalvemerking）、トナカイ移動に伴う作業（vårflytting）、釣り（fiske）、狩猟の方法（snarefangst）、移動型テント設営（kåtebygging）といったサーメ文化に関連するあらゆる活動であり、1年を八つの時期に区分するサーメ独自の季節観のなかで、代々にわたり自然に行われてきた活動である[3]。

　以上のように、学校は伝統的なサーメ文化、特にトナカイ飼育に関する教育を学校の特質として強調している。これは、北サーメ地域にあるカウトケイノ・サーメ学校が、言語教育を提供するのみという姿勢とは異なったものとなる。地域や家庭でサーメ文化が自然に継承されている北サーメ地域では、とりたてて学校でサーメ文化を教える必要性がない。

　それに対して南サーメ地域では、サーメの伝統的文化はトナカイ放牧業を営まないサーメの生活のなかにほとんど見られない。さらに言えば、トナカイ放牧業のサーメでさえ生活形態の変化から伝統的な知恵や文化を失いつつある。そのため、ハットフェルダル・サーメ学校は、トナカイ放牧を中心とした伝統的な文化継承を含めた南サーメ語と文化教育を行う教育機関を目指しているのである。そのために、学校は以下の六つの目標を掲げている。

❶南サーメ語と文化を強化し、広める。
❷国内外の様々な関係者と協力することによって、サーメ語と文化の活性化と、さらなる発展に貢献する。

---

(1) 以下は、『計画文書　2012-2022』の原文を筆者が訳したものである。
(2) 行政的には「Sameskolen I Midt-Norge」とされ、日本語では「ノルウェー中央部サーメ学校」となる。南サーメ語では「Gaske-Nøørjen Saemienskovle」である。本書では、各コムーネにあるサーメ学校に対する名称をコムーネ名・サーメ学校と統一している。したがって、ノルウェー中央部サーメ学校は、本書で言うところの「ハットフェルダル・サーメ学校」のこととなる。
(3) サーメの季節観は、春、早い夏、夏、遅い夏、秋、早い冬、冬、遅い冬という八つの時期に区分される。それは、トナカイの移動、サーモンの遡上、産卵、ベリー類の成熟など、自然とともに生きてきたサーメの作業によって生み出された季節観である。

❸サーメ生徒の言語教育活動を支えるアリーナとしての役割を担う。
❹南サーメ語が、社会生活、友人関係のなかで、また学校でも日常的に使われるようになることを目標とする。
❺南サーメ語とサーメ文化に関する知識という側面から、ノルウェーの公立学校に教育リソース（resources）を提供する。
❻サーメの価値を維持し、向上するための役割を担う。

（2）学校組織

　ハットフェルダル・サーメ学校は、国の教育庁によって任命された委員による独自の教育役員会（Styret）によって管理されている。教育役員会は学校とそれに結び付く様々な運営の全体的な責任を負っているが、特にハットフェルダル・サーメ学校が、教育庁から出されている法令および規定に基づいてサーメ教育を効率的に実践しているかどうかを監査するという責任を負っている。その他、学校が今後展開できる新たな教育の可能性についても協議している。

　教育役員会がハットフェルダル・サーメ学校の統括的な責任をもつ一方、校長は割り当てられた予算、あるいは法令・規定のもとでいかに学校を運営していくかなど、その具体的、日常的な責任を任されている。各部門の責任者達による会議の議事録や、政府との文書で交わされた管理的な指針はすべて公開され、教育役員会はそれに応じて学校側に指示を与えることができる。また、学校側からの要望や質問事項などは、教育役員会を通して教育庁へ伝えられることになる。2012年度のものだが、このような学校組織図を図4－1として示した。

校長のオッド・ヴィレンフェルト氏（右）と副校長と教師を兼任するロイ・クヴィットフェル氏

図4－1　ハットフェルダル・サーメ学校組織（2012年度）

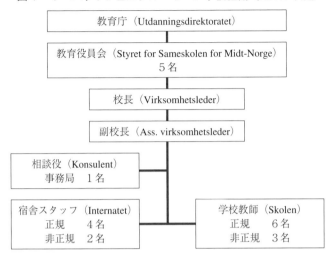

出所）『計画文書2012－2022』をもとに筆者作成。

　2012年度の学校組織は、教育役員会のメンバー5名、学校雇用として校長、副校長、正規教師6名、非正規（パートタイム）の教師3名、宿舎雇用として、正規スタッフ4名、非正規（パートタイム）のスタッフ2名となっている。そして、相談役兼事務局の女性が1名配置されている。組織員のほとんどがサーメか、もしくは配偶者やその家族がサーメである。

　正規教師は、高等教育の教員養成課程を卒業し、加えて何らかの方法で南サーメ語もしくは北サーメ語の教育を受けてきた人材である。遠隔教育による南サーメ語教育活動をベースに、教材プログラムの開発と管理、広報活動など、遠隔教育を拡大するためのあらゆる教育戦略に関する役割を担っている。

　短期セミナーに関しては、年間プログラム、カリキュラム作成、スケジュール内容や教材の確保といった準備段階から、セミナー中のすべての教育内容に責任をもっている。また、各短期セミナーの終了後には、生徒を送り出した側の公立学校とコムーネに対して、セミナー内での教育内容と活動の報告書を提出し、保護者宛の評価表と活動報告書を作成する責任がある。

　一方、宿舎スタッフは、宿舎の準備、管理という短期セミナー中における宿

舎生活全般の責任を負っている。さらに、生徒にサーメの伝統的な生活文化を体験させるといった様々な活動をサポートする役割も担っている。

（3）建物の所有と運営予算

公共施設としての校舎と宿舎

敷地内の校舎、並びに宿舎は、公共施設として国が所有し管理している。国との借地規定およびサービスの契約により、ハットフェルダル・サーメ学校がその施設の使用権を得ている。建物の維持補修に対応する専門家がフルタイムで雇用されており、給料は「国の公共施設・財産管理委員会（Statsbygg）」[4]によって支払われている。

2012年度以降の財政予算

ハットフェルダル・サーメ学校は国立の学校であるため、基本的に学校運営資金は国家予算のなかから支給されている。正規の生徒がいなくなった2011年から2016年現在に至るまで、運営資金は基本的に国家予算に組み込まれている。しかし、国からの支給条件や金額に関しては、長年にわたって様々な議論がなされている（議論に関しては第5章で詳述する）。

ここでは、『計画文書　2012-2022』に計上された財政予算の項[5]から、2012／2013年度の、国からの変則的に割り当てられた予算に対するハットフェルダル・サーメ学校の対応を見ていく。

前述したように、ハットフェルダル・サーメ学校は、2011／2012年度に通年の生徒が皆無となり、遠隔教育と短期セミナーを受講する生徒のみとなった。そのため教育庁は、2011年3月5日、正規の通年授業ではない、つまり遠隔教育や短期セミナーのための教材開発に関する長期的な計画文書を学校に対して提出するよう求めた。

しかし、国の予算案が決定される2012年5月時点で最終的な計画文書の承認が保留中であったため、通常は年間で予算が支給されるところ、2012年度上半期分だけの金額しか支給されなかった。そのためハットフェルダル・サーメ学

校は、2012年度下半期、ならびに翌年度以降の予算を得るため、新しい教育モデルプランを速やかに提示しなくてはならなかった。

教育庁が計上した2012年度上半期（前期）の予算枠は下記の通りである。

- 給与と経費（lønns og driftsutgifter）　　4,250,000NOK（約54,102,500円）
- 収益（inntekter）　　165,000NOK（約2,100,450円）

この収益とは、教育庁が支出するものではなく、国の施設を使って得られる収益であり、学校の独自収入のことを指す。これに対して、ハットフェルダル・サーメ学校の2012年度上半期の予算（budsjettert）は以下の通りとなっている。

- 給与（lønnsutgifter）　　3,450,000NOK（約43,918,500円）
- 経費（driftsutgifter）　　2,170,000NOK（約27,624,100円）
- 収益（inntekter）　　1,365,000NOK（約17,376,450円）

この収益には、国の施設を使って得られる収益に加え、学校の教育プログラムを使って得られる収益も含まれている。一方、学校側の上半期の支出予算（給与＋経費）は562万NOK（約71,542,600円）である。そして、特に「上半期の予算で、短期セミナーなどで利用する宿舎施設の賃貸料、清潔な管理、サーメスタッフのコンピテンスの向上などといった間接的な費用の確保が重要である」[6]としている。

これに対して国からの2012年度の上半期予算枠は、給与と経費を合算して425万NOKであり、学校側の希望と国からの予算枠には大きな開きがあることが分かる。

---

(4) 英語で訳すと「Norwegian Directorate of Public Construction and Property」となる。本稿では、「国の公共施設・財産管理委員会」とする。
(5) 『計画文書　2012-2022』Gaske-Nøørjen Saemienskovle（2012）p.17.
(6) Ibid. p.17.

次節で述べるが、ハットフェルダル・サーメ学校はスウェーデン側のサーメ生徒や北サーメ生徒を対象としたサーメ語教育による収益があり、それが上記の1,365,000NOKに相当する。それを、国からの割り当て金に加算すると5,615,000NOK（約71,478,950円）となる。

遠隔教育（Fjernundervisning）

（1）遠隔教育プログラム

ハットフェルダル・サーメ学校は、現在、ノルウェーとスウェーデンの南サーメの生徒、そして親のどちらかが北サーメ語を話す生徒までを対象として遠隔教育をしている。『計画文書　2012－2022』に2011／2012年度の遠隔教育活動報告が記載されているが、それによると、2011年10月の時点で総数52名の生徒がハットフェルダル・サーメ学校と、その周辺スタジオのネットワークによるサーメ語授業を利用していた[7]。学校は、遠隔教育を行うための九つのスタジオを所有し、ハットフェルダルには三つ、トロンハイム、カウトケイノには一つずつ設置されている。

そして、スウェーデン側には、ターナビー（Tärnaby）・サーメ学校、ヨックモック（Jokkmokk）教育センター、そしてクロコム（Krokom）コミューンとセーデルハムン（Söderhamn）コミューンにスタジオが一つずつ設置されている。ハットフェルダル以外は、それぞれのスタジオから外部雇用の教師による遠隔授業が行われている。

サーメ語の授業を行うスタジオは、音響システムやスタジオ用の照明などの環境が整えられているほか、通

遠隔教育を行う教室と教師トーベ（Tove）
（2011年撮影）

信機材も最新のものが設置されている。教師達は、保存されているデータファイル、例えば音声ソース、ミュージックビデオなどを共有することができる。また、ハットフェルダル・サーメ学校では、専門性の高い2名の教師が南サーメ語をより分かりやすく学習するためのコンピュータソフトのプログラム開発にあたっている。もちろん、プログラム化されたソフトは単元、レベル別に分類されており、教師同士で共有できるようになっている。

　2011／2012年度は、二つの教育支援プロジェクトが開始された。そのうちの一つが、文法演習（後置詞を含んだ）のアニメーションを作成するプロジェクトである。そして、もう一つは、短期セミナーで生徒達が経験した内容を南サーメ語で編集し、6冊の小冊子を制作するプロジェクトであった。

（2）生徒数の推移と教師の状況

　ハットフェルダル・サーメ学校は、サーメ語学習のモデル校として1995年からインターネットによる遠隔教育プログラムを導入した。遠隔教育を受ける生徒は、各々が通う学校の授業時間内に、週2～3回の割合でサーメ語の授業が特別に提供され、教室を移動し、端末のある別の教室でサーメ語の個別授業を受けている。

　実際に、どれくらいの生徒が遠隔教育を受けてきているのだろうか。筆者は、ハットフェルダル・サーメ学校に保存されていた年度別ごとの生徒数の資料を入手し、その資料をもとに、1997年から2014年までの受講者数（第1学年～10学年）の推移を図4-2として表した。

　このグラフから、遠隔教育の学習者数の増加に2回のピークがあったことが分かる。最初のピークは、2001年から2003年にかけての時期である。その背景として、この時期にハットフェルダル・サーメ学校の寄宿生が減少したことが要因として挙げられる。つまり、ハットフェルダル・サーメ学校の生徒が寄宿学校から地元の学校へと移ったために、遠隔教育を利用する学習者が増加したということである。

---

(7)『計画文書　2012-2022』p.7. この数には、後期中等教育課程の生徒達も含まれている。

図4−2　1997年〜2014年までの遠隔教育学習者数（第1学年〜10学年）の推移

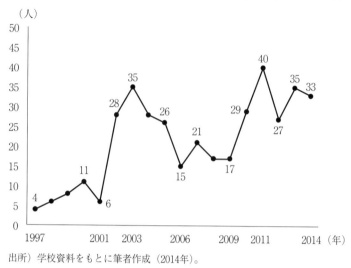

出所）学校資料をもとに筆者作成（2014年）。

　その後、受講者は2006年にかけて減少するが、この時期は逆に、ハットフェルダン・サーメ学校の寄宿生の数が一時的に増加している（141ページの**図3−4**参照）。そして、2009〜2011年にかけて2番目のピークがあり、遠隔教育の需要が増加した。その要因は、スウェーデンに住む南サーメ生徒を対象とした遠隔教育プログラムがこの時期に開始されたからである（このプログラムに関しては次項で詳述）。

　さて、遠隔教育を実際に行っている教師について概説しておこう。2011／2012年度は9名の教師が採用され、そのうちハットフェルダル・サーメ学校に勤務する正規教師は5名であった。全員、基礎学校の教員資格をもっている。しかし、サーメ語のスキルに関しては個人差があり、南サーメ語の検定2（Sørsamisk 2）のレベルに達している2名の教師が、主にハットフェルダル・サーメ学校のスタジオでの遠隔教育の責任を負っていた。

　しかし、2012年に教師2名が退職したことで、実質上、1名の教師がほとんどの遠隔教育プログラムを切り盛りする状態がしばらく続いた。その後、2014年から新しい非常勤教師が加わって、ローテーションを組んで遠隔教育を行っ

ているが、ハットフェルダルのスタジオでは遠隔教育を行うだけの資質をもつ人材が不足しており、教師養成が課題となっている。

一方、ほかの4名は、遠隔教育でサーメ語を教えるためだけに雇用された教師である。いずれも女性であるが、彼女達は母語がサーメ語であったり、サーメ語の検定を受けていたりと、サーメ語を教える能力はあるものの基礎学校の教員資格はもっていない。2名（スウェーデン人）はスウェーデン語で南サーメ語を教え、ほかの2名は北サーメ語を教えている。この4名の教師が、スウェーデンに住む南サーメの生徒や数名の北サーメの生徒を対象として、周辺スタジオから遠隔教育を行っている。

次項では、これらノルウェーの南サーメ以外の生徒を対象とした教育提供の拡大について述べる。

（3）スウェーデンに住む南サーメの生徒を対象とした遠隔教育プログラムの提供

2009年から開発されたスウェーデンに住む南サーメの生徒を対象にした遠隔教育プログラムにより、ハットフェルダル・サーメ学校が提供している遠隔教育の学習者は増加した。遠隔教育を利用して南サーメ語教育を受けている学習者は、ヴェステルボッテン県のストールーマンコミューン、リクセレ（Lycksele）コミューン、イェムトランド県のベリ（Berg）コミューンなどに住んでいる南サーメの子どもである。

南サーメは、前述したようにノルウェーとスウェーデンの国境を挟んで分布しているわけだが、スウェーデンの南サーメ地域にはこのような遠隔教育プログラムが開発されていないため、ハットフェルダル・サーメ学校の遠隔教育プログラムを使っている。

南サーメ語はサーメ語のなかでも話者数が少なく、「絶滅危惧言語」とされているが、それでも南サーメ語を使用している集団が点在している。ハットフェルダル・サーメ学校の遠隔教育プログラムは、国を超えて、スウェーデンの南サーメ地域にも南サーメ語の教育を提供しているのだ[8]。

図4－3　ノルウェーとスウェーデンの遠隔教育学習者数の推移(2005年度～2014年度)

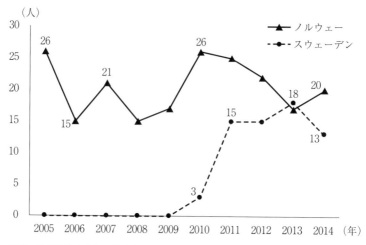

出所）学校資料をもとに筆者作成（2014年）。

　前述したように、ハットフェルダル・サーメ学校で雇用された2名の教師が、スウェーデンに住む南サーメの生徒に対する遠隔教育プログラムの責任を負っている。『計画文書　2012-2022』では、スウェーデン側のコミューンから南サーメの生徒を対象としたサーメ語教育の要望がなされなければ、学校は財政的にこの2名の教師を雇用することはできなかっただろう、となっている[9]。

　スウェーデンに住む南サーメ生徒に対する遠隔教育の財源（finansiering）は、スウェーデンのコミューンからの収益である。各コミューンが、ハットフェルダル・サーメ学校の遠隔教育プログラムを受講した生徒数に応じた収益を学校に支払っている[10]。

　このように、南サーメの生徒を対象とした遠隔教育の経費と人件費はスウェーデンのコミューンからの収益によって運営されているため、ノルウェーの教育庁から支給される割り当て年間予算は、あくまでもノルウェーの南サーメ生徒のみを対象とした教育予算であり、スウェーデンの南サーメ生徒に使用されることはない[11]。

　図4－3は、2005年から2014年までの、スウェーデンとノルウェーの南サー

メ生徒の遠隔教育利用者の推移をグラフにしたものである。図に見るように、2009年から開始されたスウェーデンに住む南サーメ生徒を対象にした遠隔教育プログラムを利用する学習者数は2011年度から15名前後である。また、ここには表されていないが、翌年の2014／2015年における遠隔教育プログラムの学習者数は17名であった。このことから、スウェーデンのサーメ生徒を対象とした遠隔プログラムはある程度定着しており、この学習者数がハットフェルダル・サーメ学校の遠隔教育プログラムの運営を一定程度で支えていると言える。

（4）北サーメ語を話す生徒を対象とした遠隔教育プログラムの提供

現在、ハットフェルダル・サーメ学校は、北サーメのバックグラウンドをもつサーメ生徒を対象とした遠隔教育プログラムも提供している。このようになった背景には、学校の周辺地域（南サーメ地域）に北サーメの家族が住むようになり、その親達が学校に北サーメ語の教育を提供してくれるように望んだからである。彼らは、北部のフィンマルク県より、むしろこの地域のサーメ・コミュニティに帰属意識を強くもっている[12]。

『計画文書 2012-2022』によると、2012年、ハットフェルダル・サーメ学校には、国境沿いのノルウェー側に住んでいる7名の北サーメ生徒が遠隔教育を受講している。そのうち5名の生徒の親は、北サーメと南サーメの出身という家族構成となっている。将来、両親達は、ヘルゲラン県やヌールラン県地域の南サーメ・コミュニティに所属するつもりでいる。

なぜなら、ノルウェーの北サーメといっても、先祖代々から受け継がれたトナカイの移動地域の関係から、ノルウェーのフィンマルク県やトロムス県といった北サーメのコミュニティよりはハットフェルダルに近い、スウェーデンの

---

(8) 『計画文書 2012-2022』pp.9-10.
(9) 前掲書、pp.9-10.
(10) 2011／2012年度では、ベルグスコミューン、ルクセレコミューン、そしてターナビーのサーメ学校から118,675NOK（約151万円）が支払われた。149ページ参照。
(11) 『計画文書 2012-2022』pp.9-10.
(12) 前掲書、pp.10-11.

ヴェステルボッテン県に居住している北サーメのコミュニティと強いつながりをもっていたからである。

また、近年、このような環境の子ども達が南サーメ生徒のためにアレンジされた短期セミナーにも参加するようになった。学校はこの状況をフィンマルク県の郡知事（Fylkesmannen i Finnmark）に報告し、正式に認めてもらえるよう求めている。一方、学校は、ヘルゲラン地方に住み、この地域に家族関係はあっても帰属意識のない北サーメの生徒達に対しては、例えば北サーメ地域にあるモールセル（Målselv）のサーメ学校と協力して、北サーメ語教育を受講させるような働きもしている。

以上のように、ノルウェーの南サーメだけでなく、学校周辺に居住する北サーメの生徒、さらにはスウェーデンのサーメ生徒にまで教育提供の範囲を拡大するようになったハットフェルダル・サーメ学校の遠隔プログラムは、徐々にそのネットワークを広げていると言える。

右に示した**図4－4**から**図4－6**は、2007年、2010年、2013年に遠隔教育を受けている生徒（第1～10学年）の現住所に基づき、学習者数を地域別に分けて地図に表したものである。見ると分かるように、遠隔教育を提供する対象地域が拡大してきた経過が見て取れる。

図4－4が示すように、2007年はヌールラン県16名、ヌールトレンデラーグ県4名、スールトレンデラーグ県1名である。遠隔教育の範囲は、開始当時から2007年頃まではヌールラン県に住む南サーメ生徒がほとんどであった。

しかし、2010年、スウェーデンの南サーメ生徒を対象とした遠隔教育が開始され、ヌールラン県17名、ヌールトレンデラーグ県3名、スールトレンデラーグ県6名に、スウェーデンのヴェスタボッテン県に住む学習者3名が加えられた。それを示したのが**図4－5**である。そして、**図4－6**からも分かるように、遠隔教育を提供する範囲が一気に拡大した。

生徒数は、ノルウェーのヌールラン県11名、ヌールトレンデラーグ県2名、スールトレンデラーグ県4名に加え、スウェーデンのヴェスタボッテン県10名、ノールボッテン県2名、イェムトランド3名、ダーラナ3名と、特にスウェーデン側への広がりが顕著となっている（他年度については**付録資料3**を参照）。

図4－4　2007年度　地域別遠隔教育学習者分布　　図4－5　2010年度　地域別遠隔教育学習者分布

図4－6　2013年度　地域別遠隔教育学習者分布

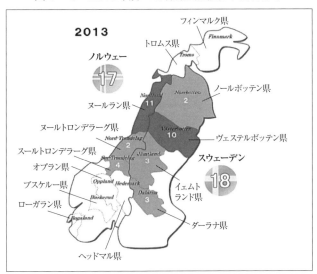

3 短期セミナー

(1) 短期セミナーでのサーメ教育の項目

　短期セミナーは、遠隔教育と並んでハットフェルダル・サーメ学校における南サーメ語とサーメ文化教育プログラムの大きな柱となっている。ここでは、筆者が2011年9月～2016年1月にかけて行った7回の参与観察をもとに、短期セミナーの実態と教育的意義について考察する。**表4－1**は、参与観察を行った時期と短期セミナーのテーマ、参加人数を示したものである[13]。

　短期セミナーは基本的に1週間単位の滞在型プログラムで、年間6回開催されている。セミナーごとにテーマが決められ、そのテーマに基づき、生徒達は教師・スタッフとともに生活をし、体験しながら南サーメ語とサーメ文化を学習していくように構成されている。

　短期セミナーのプログラムは、まず大きく六つのテーマに分けられる。しかし、年度初めでは、後半（第5週、第6週）のテーマは未定というように、かなり弾力的なカリキュラムになっている。例えば、2011／2012年度の第1～6学年の生徒を対象とした年間プログラムのテーマは**表4－2**の通りである。

　そして、その週のテーマに応じて各セミナーの教育内容は、教育法に基づいたサーメ・カリキュラム（læreplanene i Kunnskapsløftet- samisk（LKO6-S））の項目から、特に伝統的なサーメの知識に関連したものが選択されて取り入れられている[14]。その項目の主なものは**表4－3**の通りである。筆者が参与観察した7回の短期セミナー期間中、**表4－3**に掲載されている教育内容のうち何が導入されていたのかについて、筆者のフィールド記録をもとに整理したものを**表4－4**として示した。

　筆者が参与観察を行ったのは第1週目にあたる9月が4回、第5週目の3月が1回、第4週目の1月が2回である。スケジュール上、トナカイが移動する秋の9月（第1週目）の短期セミナーに調査時期が重なったため、**表4－4**ではトナカイ放牧フィールドトリップや、夏の放牧地から移動するトナカイの秋

表4-1　フィールドワーク記録

		1～6年生	7～10年生
①	2011／9／1　第1週　秋	フィールドキャンプ トナカイ移動生活体験 男子2名　女子3名	
②	2013／9／1　第1週　秋	フィールドキャンプ 森での生活体験 男子3名　女子3名	
③	2013／9／1　第1週　秋		トナカイスローダリング （屠殺）実習 男子3名　女子4名
④	2014／3／1　第5週早春	デイキャンプ 氷上での釣り体験 男子4名　女子3名	
⑤	2014／9／1　第2週　秋	フィールドキャンプ トナカイ移動生活体験 男子4名　女子6名	
⑥	2016／1／1　第4週　冬	ドゥオッジ。サーメ工芸 角で道具を作る 男子3名　女子5名	
⑦	2016／2／1　第4週　冬		ドゥオッジ。サーメ工芸 ベルトづくりなど 男子6名　女子3名

出所）筆者作成。

表4-2　短期セミナー年間プログラム（1-6学年）

	期間	テーマ
第1週	2011年8／29～9／2	南サーメ語・秋
第2週	10／9～10／14	南サーメ語・ドゥオッジ
第3週	12／5～12／9	南サーメ語・ヨイク演劇
第4週	2012年1／9～1／13	南サーメ語・ドゥオッジ
第5週	3／5～3／9	南サーメ語・未定
第6週	5／7～5／11	南サーメ語・未定

出所）ハットフェルダル・サーメ学校の年間プログラムをもとに筆者作成（2012年）。

---

(13) 短期セミナーは、基礎学校に通う生徒を第1～6学年、第7～10学年の二つのグループに分けて行われている。
(14) 『計画文書　2012-2022』pp.8-9.

表4－3　短期セミナーで取り上げる教育内容

1	トナカイに関する知識と自然の中での営み（reindrift og utmarksnæring）	1．トナカイの屠殺作業 2．トナカイ肉・毛皮の処理作業 3．トラッピング 4．凍った湖での穴釣り 5．植生知識（ベリー類、茸類、ハーブ類採集）
2	伝統文化（tradisjonsstoff）	1．神話や伝説 2．サーメの古い信仰 3．ヨイク 4．歴史 5．伝統料理
3	ドゥオッジ／サーメ伝統工芸（duedtie）	1．トナカイの腱、毛皮、角・骨を使った工芸 2．サーメ移動テント（kåter）の骨組みとなる木材の処理 （コブ、樹皮、虫などの除去作業） 3．藁をすき、乾燥させて作る防寒、防水のための靴の中敷き作り
4	ダンスと演劇（dans og drama）	
5	仕事場／作業所体験（læremiddelverksted）	
6	ICT の利用	

出所）『計画文書　2012－2022』をもとに筆者作成（2016年）。

の作業に関する教育内容が中心となっている。つまり、表4－3に示されている「1・トナカイに関する知識と自然の中での営み」に該当する教育活動である。

トナカイに関する作業の少ない2014年3月（第5週目）は、降雪期、森の中で生きてきたサーメの伝統的な生活体験や氷上釣りなどの活動が行われた。これも表4－3の「1」の教育活動に該当する。そして、2016年1月の週（第4週目）は、トナカイの角を利用したサーメの伝統手工芸の製作活動が提供された。これは、表4－3に示されている「3・ドゥオッジ／サーメ伝統工芸」の教育活動にあたる。

ヨイク・演劇をテーマにした12月（第3週目）の時期には調査を行っていないが、この時期、生徒はヨイクを練習したり、昔話を題材とした演劇を創作し

表4－4　各短期セミナーの主な教育内容

	学年 テーマ	野外／サーメセンター	教室	宿舎
①	1－6 秋	トナカイに関する知識 植生知識　野外生活での知識 トナカイ放牧地　仕事場／作業場 体験	南サーメ語 歴史 神話／伝説	伝統料理 トナカイ肉の処理 薬草知識と実践
②	1－6 秋	植生知識　釣り サーメ移動式テント設営 トナカイ放牧地　仕事場／作業場 体験	南サーメ語 歴史 神話／伝説	伝統料理 藁を使った靴の中敷き作り 薬草知識と実践 輪投げ（トラッキング）練習
③	7－10 秋	トナカイ解体作業　トナカイ毛皮 処理 仕事場／作業場体験	南サーメ語 歴史	伝統料理 トナカイ肉／毛皮処理
④	1－6 早春	凍った湖での穴釣り 雪上での生活の知恵 クロスカントリー	南サーメ語 （北サーメ語） 歴史 神話／伝説	伝統料理 トナカイ肉の処理 輪投げ（トラッキング）練習 そり遊び
⑤	1－6 秋	トナカイに関する知識 植生植物　サーメ移動式テント設営 トナカイ放牧地　仕事場／作業場 体験	南サーメ語 （北サーメ語） 歴史 神話／伝説	伝統料理 トナカイ肉の処理 薬草知識と実践 輪投げ（トラッキング）練習
⑥	1－6 ドゥオッジ	トナカイ角を扱った伝統工芸	南サーメ語 （北サーメ語） 歴史	伝統料理 ドゥオッジ作業続き そり遊び
⑦	7－10 ドゥオッジ	トナカイ角を扱った伝統工芸 サーメベルト 木工	南サーメ語 （北サーメ語） 歴史	伝統料理 ドゥオッジ作業続き

出所）2011年～2016年の7回の参与観察により筆者作成（2016年）。

たほか、最終的には保護者や近隣の人達を招いて本格的なコンサートや演劇会を行っている。この活動は、**表4－3**の「2・伝統文化」や「4・ダンスと演劇」といった教育活動に該当する。

　ちなみに、「2」や「1」の教育は、セミナーの期間中、教室での学習や宿舎生活において随時組み込まれていた。さらに、「5・仕事場／作業所体験」としては、2013年9月の第7～10学年のセミナーで行われた、現地でのトナカイ解体作業の訓練などが挙げられる。

このように整理すると、ハットフェルダル・サーメ学校が展開している短期セミナーは、学校が目標としている教育の内容を1年間のプログラムを通してほぼ網羅している。そして、どの短期セミナーにおいても、トナカイがサーメの伝統的職業、食肉・毛皮加工、ドゥオッジの材料、伝説やヨイクの表現対象というように、教育の題材として用いられていることが分かる。

表4-2に示した年間のテーマ設定だけを見ると大雑把な印象を受けるが、実はトナカイ文化を中心とした1年間にわたる自然のサイクルと、独自の季節観に沿った教育スケジュールが設定されていると言える。

短期セミナーでは、教師のみではなく宿舎スタッフの役割も大きく、活動の幅が想像以上に広くなっている。また、野外活動においては、地域に住むサーメ家族も参加して協力する場合もある。様々な立場のサーメが連携し、協同作業をすることで短期セミナーのプログラムが行われていることが分かる。

少し脱線するが、表4-3に記されているヨイクについて詳しく説明をしておこう。

サーメの民族歌謡とも言えるヨイクは、サーメ文化を教育するうえで活用しやすく、サーメ学校や教育機関で積極的に取り入れられている。もちろん、ハットフェルダル・サーメ学校の短期セミナーにもヨイクがカリキュラムとして導入されている。しかし、ヨイクがサーメの文化として肯定的に認知されるようになったのは1990年代頃からであり、それ以前は野蛮的で非文化的なものとしてタブー視されていた。まずは、そんな歴史的な経緯を簡単に述べておく。

元々、サーメの信仰は自然の中に多くの神々が宿っているという土着的な精霊信仰であった。そして、シャーマン的役割のノアイテ（nåejtie）による宗教儀式と、サーメドラム（106ページの写真参照）、ヨイクという独特の節をもつ歌がサーメにお

投げ輪の練習用として宿舎裏に置いてあるトナカイの角

ける精神性の基盤となっていた。ヨイクは霊的なものであるとされており、個人、動物、および何らかの人格的なものを想定した自然環境に対して捧げられるものであった。

しかし、18世紀初頭、デンマークのルーテル派宣教団によるノルウェー中央以北のキリスト教布教活動とともに、ノアイテに対する弾圧とサーメドラムの没収、ヨイクの禁止など、サーメに対するキリスト教改宗という圧力が増していった。サーメドラムはことごとく宣教師達に取り上げられ、コペンハーゲンにある聖堂の地下に、山積みにして捨てられたという。

サーメの多くがキリスト教に改宗し、サーメドラムやヨイクによる土着信仰は、野蛮なもの、恥ずべきものとしてサーメ自身が封印するようになる。その後、19世紀後半から20世紀前半までの約100年間の同化・分離政策によってサーメは、サーメドラムやヨイクどころかサーメの文化・言語まで損失していったことは前述した通りである。

1980年代からのサーメの復権とともにサーメ文化が徐々に社会的に認知されるようになっていったわけだが、そのきっかけとなったのがヨイクであると言っても過言ではない。その先駆的な出来事は、1994年のノルウェー・リレハンメル冬季オリンピックの開会式であった。そのオープニングは、サーメのニルス・アスラク・ヴァルケアパー（Nils Aslak Valkeapää, 1943～2001）によるヨイクのパフォーマンスによって飾られた。

ニルスはフィンランドで生まれ、成人してからはスウェーデンとノルウェーの国境沿いでトナカイ放牧業を営んでいた北サーメである。ニルスの迫力あるヨイクと十数頭のトナカイと橇（そり）に乗ったサーメ達の映像は実に印象的で、世界中に先住民族サーメの存在を知らせることになったと評価されている。

ニルスらによるパフォーマンスを放映したテレビ番組での解説では、少数民族に対するノルウェーの同化政策の歴史的経緯について語られたほか、サーメはノルウェーを構成する先住民族であると紹介されていた。

実は、サーメには他の先住民族のように踊ったり歌ったりする習慣がなく、現在のような華やかなヨイクは存在していなかった。それは、サーメの生きてきた厳しい環境に裏付けられる。かつて、ほとんどのサーメは、数家族単位で

季節ごとに移動しながら生活をしていた。その住まいは、簡易の移動式テントや小さな小屋であった。

　自然の中に身を晒すような生活をしていたサーメには、クマやオオカミなどの獣より恐ろしい大敵がいた。それは山賊である（その山賊はロシアから来たという説がなぜか多い）。彼らの小さな集落は山賊に襲撃され、トナカイや家財を略奪されるということが頻繁にあったそうだ。そして、殺されたサーメは暑い氷が張った池の中に頭から放り込まれるということもあったらしい。サーメの昔話にも、山賊に家族を殺された少年が最後にその山賊達をやっつけるというものがあり、そのプロットをもとに映画化された作品『ホワイトウィザード（VEIVISEREN）』（ノルウェー、1987年）もある。

　そのような山賊から身を守るためサーメは、できるだけひっそりと森の中に溶け込むように生きなければならなかった。それゆえ、サーメの伝統文化に踊りや楽器を使って歌ったりするものが、実はほとんど見受けられない。

　しかし、ニルスによるリレハンメルオリンピックでのパフォーマンスは、サーメの文化を発信する原動力となり、現在は、ヨイクが新しいサーメの芸術として発信されるようになっている。その一例として、2018年に来日した若いヨイク歌手のミッケルとカテリーナの2人をここで紹介したい。

　2018年秋、日本の伝統文化とサーメの文化をつなぐ二つのイベントが日本で開催された。一つは、長野県諏訪地方の伝承文化である木遣（きやり）とヨイクをコラボしたコンサートで、もう一つは、宮古島で行われた危機的な状態にある方言・言語サミットにおける、宮古島方言、アイヌ語、サーメ語を継承する立場の人が集った協議会である。この二つのイベントに招待され、サーメのことを語ったのは、10代から20代の若いサーメである（宮古島サミットについては「はじめに」でも記した）。

　11月11日、茅野市民館ホールで行われた「木遣とヨイクの夕べ」は、茅野市木遣保存会とノルウェーとスウェーデンからやって来た2人の若いヨイク歌手によるコラボレーションである。ヨイク歌手として招待されたのは、ノルウェー・北サーメ地域出身の20代前半の男性、ミッケル・ラスムス・ロイエ

（Mikkel Rasmus Logje）氏とスウェーデン・ウメサーメ地域出身の同じく20代前半の女性、カタリーナ・バルック（Katarina Baruk）氏である。

　ミッケルは、ノルウェーのカウトケイノ近郊でトナカイ放牧業を営む家に生まれ、現在はサーメ・ユニバーシティ・カレッジに通う学生である。一方、カタリーナの両親は、トナカイ関係の仕事には従事していないという。彼女は、現在サーメ・コミュニティでヨイクを教えており、父親はウメサーメ語の教師である。

　ミッケルは北サーメ語とノルウェー語を母語とし、カタリーナはウメサーメ語とスウェーデン語を母語とする。北サーメ語とウメサーメ語は発音も語彙もかなり違うので、2人が話す時は英語かノルウェー語とスウェーデン語のチャンポンとなる言葉で、サーメ語ではない。しかし、サーメ民族としてのつながりがある。

　そのような若いヨイク歌手の2人は、一つの舞台でそれぞれのパフォーマンスを行ったあと、自分達の親世代以上となる木遣保存会の人達とともに歌のコラボレーションを披露した。木遣の楽曲に重ね合わせるように、ヨイクを歌いつなげて一つの楽曲をつくり出していったのだ。音楽的性質、文化、そして宗教もまったく違う木遣とヨイクのはずなのに、そのコラボは微妙なバランスを保ち、独特な世界観を生み出した。言うまでもなく、その美しい音色は聴衆に感動を与えた。

　ヨイクの披露とともにカタリーナとミッケルは、サーメの現状と彼らの抱負を次のように語ってくれた。

「自分達のサーメの文化を次の世代につなげていこうとする確固たる自覚と責任をもっている」

「伝統的なサーミの文化の核となる部分、つまりコアな部分は大切にして、そこに新しい感性や発想をディスカッションしながら取り入れていきたい」

「木遣とヨイクの夕べ」でのカタリーナ（左）とミッケル（右端）

自分達の文化を維持して発展させていくためには変容・変革も必要なんだ、という彼らの姿勢を見ることができた。

（2）短期セミナーの週間プログラムの内容と教師・スタッフの役割

短期セミナーの年間活動計画

　ここでは、短期セミナー中の1週間の活動スケジュールの例を通して、教師とスタッフの役割分担と連携を見ていくことにするが、その前に、ハットフェルダル・サーメ学校の短期セミナーに関する年間活動を整理しておく。

　現在、ハットフェルダル・サーメ学校は、義務教育課程の南サーメ生徒以外にも、就学前生徒、北サーメの生徒、さらに後期中等教育課程の生徒を対象とした短期セミナーも試みている。同学校は、毎年8月の末から9月初めに第1回目の短期セミナーを行っているが、その週から新学期となる。

　そして、それらのプログラムすべてが記載された年間の活動計画表（Aktivitetsplan）が8月の半ばまでに作成される。学校は、1年間の課程を二つの学期に分ける2期制をとっている。ここでは、2011／2012年度の前期にあたる8月後半（33週目）から12月前半（50週目）までの年間活動計画表から、短期セミナーがどのような頻度で行われているのか、また短期セミナーが行われない週はどのような業務があるのかを見ていくことにする[15]（年間スケジュールは**付録資料4**を参照のこと）。

　この活動計画表によると、ハットフェルダル・サーメ学校の新学期は、他の公立基礎学校と同様、8月後半の33週目からはじまる[16]。しかし、実際に短期セミナーがはじまるのは35週目からであり、それまでの2週間は、教師・スタッフだけで新学期のための準備を行っている。

　主にスタッフは、施設の整備や清掃、食事の献立といった生活環境を整える準備を行い、教師は年間カリキュラム、授業計画などを構想し、そのために必要とされる教材の調達や授業準備を行う。最終的に、教師・スタッフ全員が集まって職員会議が開かれ、それぞれの報告から、新年度を迎えるために必要な互いの情報を共有し、確認しあうことになる。

8月から9月にかけての35週目に第1〜6学年を対象とした第1回短期セミナー、36週目に第7〜10学年を対象とした第1回短期セミナーが計画されている。テーマは「秋（Leekedimmie）」、秋におけるトナカイの作業を体験する内容である。

　二つのセミナーが終了した翌37週目は、授業の反省と事務処理、事前準備、スタッフとの打ち合わせなどに充てられ、生徒はいない。38週目は高校生を対象とした短期セミナー、39週目は北サーメ語を話す子ども達（学年は分けていない）を対象とした短期セミナーが組まれている。テーマは「サプミ（Saepmie）」と「演劇（drama）」であり、多少トナカイ文化から離れたテーマとなっている。これは、トナカイ放牧業以外のサーメも参加することを意識したテーマ設定であると推測できる。

　10月は41週目に第2回目の第1〜6学年を対象にした短期セミナー、翌週の42週目に就学前の児童（幼稚園児）を対象にした短期セミナーが計画されている。この時のテーマは「ドゥオッジ」であった。また、同じテーマで第7〜9学年を対象にした第2回目の短期セミナーが10月と11月を挟んだ44週目に、そして11月の46週目に北サーメ語の子どもを対象にした第2回目の短期セミナーが予定されていた。

　11月はそれに加えて、48週目に第7〜8学年を対象にした第3回目の短期セミナーが「伝統の食事」というテーマで計画されている。そして、12月の49週目に、第3回目となる第1〜6学年対象とした短期セミナーが計画されている。テーマは「ヨイクと演劇」であり、生徒達は短いサーメ語での劇とヨイクを練習して、地域に住む人々を対象にしたコンサートを開催するという計画が組み込まれている。さらに50週目は、前期の評価報告書などの作成、授業の反省と事務処理、教師・宿舎スタッフとの打ち合わせとなっている。

　年間スケジュールを見ると、6回の第1〜6学年対象、6回の第7〜10学年

---

(15) 2015／2016年度現在まで、この計画書の大枠は、年ごとに日にちが前後する以外大きな変更はされていない。

(16) ノルウェーでは学校の年間スケジュールの日程を表すとき、何月の何週目というより、新年の週を第1週とし順に数えられることが多い。

対象の合計12週の短期セミナーに加えて、後期中等教育の生徒と就学前の生徒を対象とした短期セミナーが各2回、さらに北サーメ語を話す子どもを対象とした短期セミナーが4回あり、合計8回（8週）の短期セミナーが設定されていることが分かる。

　ハットフェルダル・サーメ学校は、国立の基礎学校でありながら対象を広げた短期セミナーを開設することによって、南サーメ語とサーメの文化教育を、学校の枠を超えて提供しようとしている。その背景には、自分達が南サーメ文化の発信地であるという自負と責任に加え、生徒のいない週について、学習対象者の枠を広げることで少しでも埋めたいという学校側の目論見があるのかもしれない。

　このような義務教育課程の生徒以外を対象とした短期セミナーが行われていることを知ってもらうため、学校はホームページで紹介したり、また遠隔地の幼稚園に出張セミナーを行ったりと様々な戦略を練っている[17]。

　短期セミナーが開催されていない週は、準備と報告書・成績表の作成などの業務にあてられているが、その週末には必ず、教師と宿舎スタッフとの合同の会議と反省会が設けられている。このような年間スケジュールから、ハットフェルダル・サーメ学校では、通年で通う生徒はいないものの、ほかの公立学校と同じように、教師がほとんど学校に勤務していることが分かる。

週間活動計画書（Våhkoe）

　次に、短期セミナーが開催されている時の1週間の流れと、それに伴う教師、スタッフの役割分担について、短期セミナーの週間活動計画表の一例から考察する。170ページに掲載した**表4－5**は、2014年9月（第1週）における第1～6学年の短期セミナーの週間活動計画表を筆者が訳したものである。

　付録資料4（296～297ページ）の年間活動計画で示したように、各短期セミナーが開講される前週は準備期間にあたり、教師およびスタッフは翌週に迎える生徒の教育と生活すべてに関する準備を整えなくてはならない。教師らは、教材準備やカリキュラム作成などの作業、さらにフィールドトリップなどが次週に計画されておれば、その下見や要項作成などといった作業を行う。一方ス

タッフは、宿舎の設備確認、部屋割り決め、食事のメニュー表を作成するなど、1週間にわたって宿泊する生徒に必備とされることを整えていく。

そして最後に、校長から宿舎管理人まですべての職員が集まり、週間活動計画表に基づいて、翌週に行われるセミナーの全行程にわたる細かい時間割と役割責任分担を確認しあうための職員会議が設けられる。

表4－5の週間活動計画表を見ると、起床から就寝までのスケジュールが綿密に立てられ、それぞれの責任者が記載されている。朝8時半～午後2時の教育活動は、教室や野外で基本的に4人の教師が行い、午後2時以降、子ども達は敷地内に隣接する宿舎に戻り、就寝までの生活全般を宿舎スタッフとともに過ごす。また、生活における世話や教育、躾(しつけ)などの責任分担も詳細に決められている。食事は朝8時、午前11時、午後2時、そして夜7時と4回あるのだが、専門の調理人がいてすべての食事を管理している。

このセミナーでは、9月10日～11日の1泊2日で、トナカイ放牧地へのフィールドトリップが予定されている。

このフィールドトリップに同行するのは、教師2名（アシスタントとして参加した新任教師を含む）、子どもの世話係として宿舎スタッフが2名、緊急連絡先として学校で待機するスタッフが2名、そしてトレーラー管理や食事に関する準備から調理までを担当するカッレ（写真参照）となっていた。

学校シェフのカッレ

---

(17) 現在のところ、基礎教育課程の生徒以外を対象としたオプションの短期セミナーに参加する人数は僅かであるようだ。

表4-5　第1回35週目　第1～6学年の週間活動計画表（月曜～金曜）テーマ：秋

時間	9月8日 月曜日	9月9日 火曜日	9月10日 水曜日
1. 08：30-09：15	補習 個人学習：各学校から出された課題を行う 担当：教師（4名） 場所：教室 サーメ語授業 南サーメ語 北サーメ語 担当：教師（3名） 場所：教室	野外活動（1泊） 場所：Harrvassdalen 出発：9：00am～ 総責任者：教師A ケアリングスタッフ（2名） 教育担当：教師A 教育アシスタント：教師E 目的 サーメ・アイデンティティ ・サーメが食用していた森の植生 収穫、ベリー類、キノコや植物についての学習 ・ドゥオッジ（手工芸） サーメの自然資源の利用の仕方を学ぶ ・釣り 焚火 ・森のなかで火をおこす方法を学ぶ ・焚火の周りでサーメの言い伝えや物語を聞く ナイフ ・いろいろな場面でナイフを使う 居住 ・テントで生活する時の様々なルールに関する伝統的な知識を学ぶ サーメ語の地名 ・地域の、例えば、海や湖に付けられたサーメ語の地名を知る 宿舎到着：9日（水曜日）16：00 緊急連絡先：スタッフ2名 トレーラー管理、清掃スタッフL 食事に関する準備担当スタッフK 交通手段：学校からミニバスで移動する	
昼食1 11：00-11：30	担当：宿舎スタッフ（2名） 場所：宿舎		
4. 11：30-12：15 5. 12：25-13：10 6. 13：25-14：00	テーマ：秋のトナカイ ・ナイフの使い方 ・焚火の起こし方などのキャンプ準備知識 ・衣類準備、荷物のつめ方他、必要なものについて 担当：A（1名） 場所：野外（裏の森）		
昼食2	担当：宿舎スタッフ（2名） 場所：宿舎		
宿題の時間	担当：宿舎スタッフ（2名） 場所：宿舎		
7. 17：00-18：30	自由時間　シャワーなど		
夕食 19：00-20：00	担当：宿舎スタッフ（2名） 場所：宿舎		
就寝 20：00	就寝準備 ストーリーテリング 担当：：宿舎スタッフ（3名）		

第4章　ハットフェルダル・サーメ学校の現状と特徴　171

時間	9月11日 木曜日	9月12日 金曜日	備考
1. 08：30－09：15	補習 個人学習：各学校から出された課題を行う 担当：教師（4名） 場所：教室	補習 個人学習 担当：教師（3名） 場所：教室	個人別仕事分担表 宿舎での仕事
2. 09：25－10：10			宿舎での母親係 M　12：30－22－30
3. 10：20－11：00	サーメ語授業 南サーメ語 北サーメ語 担当：教師（3名） 場所：教室		宿舎での活動アシスタント Lo　15：00－21：00 キッチン
昼食1 11：00－11：30	担当：宿舎スタッフ（2名） 場所：宿舎	担当：宿舎スタッフ（2名） 場所：宿舎	K　07：00－16：00 U　07：00－16：00（月，金）
4. 11：30－12：15	テーマ　秋のトナカイ トナカイの肉の部位や角についての知識 薬草作り 担当教師A（1名）	セミナーのまとめ 担当：教師A 場所：教室 ビデオ鑑賞（ファミリー） -------------------------- 教師スタッフ全員 セミナーの総括 週のテーマとサーメ語学習 到達の反省と課題について	宿泊（備考） U　21：00－07：00 B　08：00－15：00（月，水） H　宿舎に滞在（1週間） セミナー全般とキャンプにも同行：筆者のこと）
5. 12：25－13：10			
6. 13：25－14：00			
昼食2 14：00－15：30	担当：宿舎スタッフ（2名） 場所：宿舎	成績書作成 ・担当教師が、セミナー1週間の概要と生徒の到達度をレポートにして、各現地校に提出する 評価 　評価対象 　　・資源利用 　　・生徒 　　・宿舎／学校 　　・活動プラン／宿題 　　　　　　　など	
宿題の時間 16：00－16：45	担当：宿舎スタッフ（2名） 場所：宿舎		参加生徒（11名） ・El　（F）1（南） ・Ed　（F）1（南） ・Le　（M）2（南） ・R　（F）3（北） ・Ai　（F）4（南） ・Ni　（M）4（北） ・Nii　（M）5（北） ・Laj　（F）5（南） ・An　（M）6（南） ・S　（F）6（南） ・P　（M）6（北）
7. 17：00－19：30	テーマ　秋のトナカイ 担当：宿舎スタッフ（2名） 場所：宿舎		
夕食 19：00－20：00	担当：宿舎スタッフ（2名） 場所：宿舎		
就寝 20：00	就寝準備 ストーリーテリング 担当：：宿舎スタッフ（3名）		

男性教師ペーテルがフィールドトリップの総責任者であり、かつ教育活動全般を担当する。そして、スタッフのラーラが生活面での作業指導とペーテルの補佐をし、同じくスタッフのマーリットが母親役（Aahka）を務める。また、教師、スタッフではないが、現地に参加するヘルパーとして筆者の名前も記されている（表4－5の備考欄のH）。

　さらに、活動計画表には記されていないが、新任教師Pの母親であるBと保護者Iの参加が事前の職員会議で承認されている（BとIは、ともにトナカイ放牧業の家族である）。ちなみに、フィールドトリップの教育目的と内容は計画書に簡潔に書かれており、フィールドトリップに参加しない教師やスタッフにも流れが把握できるようにされていた。

　表4－5で示されているように、教室内での教育は教師が担当するが、それ以外の時間、つまり午後2時以降の宿舎での活動は宿舎スタッフが責任を負っている。しかし実際は、午後の活動に教師とスタッフが協同してサーメの伝統的な作業を教える時間があったり、教室内での授業の手助けを宿舎スタッフが行うこともあったりと、教師と宿舎スタッフ間の役割分担は明確ではない。特に、フィールドトリップの場では、参加する教師と宿舎スタッフのなかで、より知恵がある者や作業できる者がその状況に応じてイニシアティブを取り、活動を進めていくという感じであった。

　このように短期セミナーは、寄宿環境を通して、生徒と教師とスタッフ、さらに地域に住むサーメまでを加え、学校の枠を越えて一つの家族に近い生活環境をつくり出そうとする試みであると言える。

宿舎のマーリットと事務管理のエルサ

column 4 人ではなく自然が決める学校のスケジュール

　フィールドトリップの日程は天候とトナカイ次第、それを認識していなかった筆者の経験である。2010年、秋の短期セミナーを調査するために筆者はハットフェルダル・サーメ学校を訪れた。学校訪問は2回目で、教師や保護者達とは実質的には初対面であり、親密な関係などは築かれていない時である。

　筆者は、短期セミナーの初日、当時の校長であるウィレンフェルド・オッド（Willenfeldt Odd）氏と面会し、サーメ学校の概要や教育理念などについた話を聞いた。校長は、サーメの価値観や精神性、自然の中で生きてきた知恵などを、学校教育において伝承していく大切さを熱く語った。しかし、実際の短期セミナーの出発日を尋ねると、何とも心許ない返事しか返ってこなかった。

　「うーん。水曜日かなあ、それとも天気によっては明日（火曜日）になるかも」といった調子である。「果たして、連れていってもらえるのかしら」と訝しげに思っていたら、案の定、次の日（火曜日）の朝早くに一行は山へ向かって出発してしまっており、私は置いてきぼりにされてしまった。

　「残念だったねー！　今、出発しっちゃったよ。ちょっとだけ待っていたんだけどね」と言うのは校長のオッド。

　「えー!!　じゃあ、子ども達はいつ帰ってくるんですか？」

　「さあ、水曜日かな、それとも木曜日になるかも。まあ、天気とトナカイ次第だよね」

　学校スケジュールは、きっちりと予定通りに進んで当たり前という日本の学校で育った筆者にとっては、オッドの曖昧な返答は「悪意がある」ものとしか思えなかった。結局、その日一日、子ども達のいない学校でブラブラと過ごすことになった。これが、フィールドワーク初回の経験である。

　しかし、決して校長が意地悪だったわけでも、無能であったわけでもなく、それがサーメの大切な自然とのかかわり方であるということをのちに理解した。自然とともに生きるサーメの生活は、人間が決めた時間で小刻みに区切られるものではなく、自然環境とトナカイの状態によって1日の行動が決められるのだ。学校も自然の一部として営まれているということだ。

（3）短期セミナーの実態――フィールドノートから

　ここでは、2014年9月に参与観察した第1～6学年と、2013年9月の第7～10学年を対象とした短期セミナーでの秋のトナカイ作業に関する二つのフィールドキャンプ、そして2016年1月に参与観察した第1～6学年と第7～10学年を対象としたドゥオッジをテーマにした二つの短期セミナーを取り上げ、その内容を分析する。

2014年9月8日～12日（第1学年～6学年）テーマ「秋のトナカイ作業」
　参加生徒は11名（女子6名、男子5名）、そのうち4名は両親のどちらかが北サーメ出身で、本人達も北サーメ語を話す。参加生徒のほとんどは、親でなくても家族親戚のいずれかがトナカイ放牧業にかかわる職業に就いている。
　短期セミナー全体の流れを把握するために、この回のセミナーの記述においては全日程（5日間）における1日の流れを記していくことにする。

1日目：9月8日（月）

朝食　7：30～
　前夜にそれぞれ到着した生徒11名は、ダイニングでの朝食で初顔合わせとなる。ここでの食事はブッフェスタイルとなっており、生徒、教師、スタッフがダイニングに集まり、好きなものを自分の皿に取り分けて食事をする。
　20人掛けくらいの大きなダイニングテーブルが二つ設置されており、好きな所に座ることができるが、おおむね教師が集まるテーブルと生徒が集まるテーブルに分かれる。食事がすむと、各自、使い終わった食器などをキッチンの洗い場まで持っていく。

自習時間　8：30～
　敷地内の小高い丘の上にある宿舎から校舎まで移動し、教室で各自自習をする。朝の1時間は、普段通っている学校から課せられた宿題を各自がする。

短期セミナーへの参加期間中、生徒は地元の学校を休むため、宿題は学校で行われている授業に遅れないためのものである。

自分一人では学習できない低学年の生徒もいるため、教師全員が教室内を回り、個別指導をする。しかし、それぞれが別々の科目内容をするため、教師の手が回らない時もある。

サーメ語授業の時間　10：00〜

約10分の休憩後、サーメ語の授業がはじまる。南サーメ語の高学年と低学年、そして北サーメ語のクラスに分かれ、それぞれのクラス（3〜4名）に教師が1名ついて授業を行う。各グループの授業内容、生徒のサーメ語習得状況は以下の通りである。

〈南サーメ語の高学年クラス4名〉

教師ペーテルとともに、フラッシュカードを使って語彙を増やす練習をする。炎、薪、マッチ、ナイフ、白樺など自然の中で生活する時に必要となる用語を確認して発音する。次に、教師がつくったプリントとワークブックを使って綴りの学習をする。

生徒の言語能力には個人差があり、トナカイ放牧業の家族で育った2名の女子生徒は、家庭のなかでもサーメ語を話す機会があるため、南サーメ語である程度の会話ができる。しかし、ほかの2人はトナカイの生活とは関係のない町（トロンハイム、モイラナ）に住んでおり、普段の生活で南サーメ語に触れる機会がほとんどない。そのため、遠隔教育で習った単語と簡単な会話しかできない。

〈南サーメ語の低学年クラス3名〉

女子2名、男子1名の1〜2学年の生徒はほとんど南サーメ語を知らない

南サーメ語を学ぶ1学年の生徒達

ため、まずは発音の練習から行っている。この授業では、身に付けるもの（セーター、ズボン、スカート、帽子、手袋など）の単語を教師とともに反復して発音し、その後、ゲームで南サーメ語の単語を習得していた。

〈北サーメ語のクラス4名〉
　生徒達は、ここ数年に、それぞれの事情で北サーメ地域からこの地域に引っ越してきた家族の子ども達である。トナカイ放牧業を営む家族出身であるということ、またサーメ人口の多い北サーメ地域に住んでいたという背景から北サーメ語の言語能力が高い。
　この生徒達のために、2014年度から北サーメ語の教師資格をもった新人教師が雇用され[18]、北サーメ語のクラスが導入されるようになった。ここでは、コンピュータソフトを使用した授業が展開されていた。テーマは、動物、テント（周りの部品も）、キャンプサイトである。

昼食1．休憩　11：00〜

サーメ文化に関する授業　11：30〜
　教師ペーテルによる伝統的な昔話の読み聞かせが行われた。使用している本は、サーメの歴史が書かれているサーメ語の本である。その後、ナイフの扱い方、焚火の起こし方など、野外でサーメが生活するのに必要となる知識を学ぶ。この活動を通して、マッチ、ナイフ、薪、炎、テントなどキャンプに必要な基本的な生活に関する南サーメ語の語彙を増やしていく。
　その後、教師とともに学校の裏にある森に行き、自生している植物の植生や足跡、糞などから動物の種類などを見分けるという知識を学んだ。
　宿舎に戻り、次の日からはじまるキャンプのために必要となる荷物のまとめ方、防寒、防水などの知識を学んだあと、各自で荷づくりを行う。低学年の生徒への目配りはするが、基本的には子ども達自身が、2泊から3泊に必要な衣類や生活用品などを大きなリュックに詰めていく。この間の時間配分はかなり流動的で、明確な授業科目としての区切りはない。

昼食２．休憩　14：00〜

セミナーでは、11：00からと14：00からの２回、昼食が提供される。14：00からの２回目の昼食時に温かい料理が出る。ここでも、教師、スタッフ、生徒達がそれぞれダイニングに集まって食事をする。その後、生徒は自由行動となるが、計画されていた学習活動が

ランチタイムもビュッフェスタイル

まだ終了していない時は、この時間帯を使って続きの学習を行う。

この日はすべてのプログラムが終わったので、生徒達は思い思いに校庭で遊んだり、投げ縄の練習をしたり、携帯型のゲーム機でゲームを楽しんだりしていた。

宿題の時間　16：00〜

教師は16：00頃帰宅。その後、生徒は宿舎に戻り宿題を行う。宿題を行う場所はダイニングテーブル。高学年の生徒達は自覚があるせいか、普通学校の授業に遅れないよう自主的に学習するが、低学年の生徒達はなかなかテーブルに着かない。それを監督するのが、宿舎スタッフのマーリット（女性）と新任教師のリンダ（女性）である。母親の役割（Aahka）を担っているマーリットが、宿舎での生活面の責任を負っている。

自由時間（シャワーなど）　17：00〜

宿舎にて伝統的な薬づくり　18：00〜

昼間に森から採ってきた薬草の根から胃腸に効く薬をつくるという作業を

---

(18) この教師は、外部雇用の教師で、普段はスウェーデン、ヨックモックのスタジオで遠隔教育を行っている。

行う。生徒達は、ナイフを使って短いゴボウのような根を一生懸命刻んでいった。その後、刻んだ根を大きなバケツの中で一晩水に晒し、翌日乾燥させる。このように、古くからサーメが伝承し続けてきた様々な自然の知恵が宿舎で教えられる。

この日は、スタッフのラーラ（男性）とマーリットに加え、かつて学校でスタッフとして勤務していたベテランの母親役であるベッティが臨時に参加して作業が進められた。

夕食　19：00～

この時は、生徒とともに宿泊予定のマーリットと生徒のみが軽い夕食を取る。ここでの食事は基本的に、朝7：00の朝食、11：00の昼食1、14：00の昼食2、そして19：00の夕食と4回提供される。1日に4回の食事を取るという習慣は、サーメに限らず北欧農村部の古い習慣であるという。そのうち、14：00の昼食2が大きな食事であり、前述したように温かいメニューが提供される。

食事は、来客者を含めて学校に関係する者すべてに提供され、その時間帯に学校にいる者は自由に参加することができる。その背景には、かつて厳しい自然の中で移動してきたサーメの生活環境がある。

かつては、特に長い冬場はいつ食べ物が口にできるか分からない環境のなか、絶えず飢えが隣り合わせとなっていた。外から自分のテントにやって来た訪問者（サーメ）も、長い距離を歩いてここまで来たのだからきっと空腹であるはずだ。だから、まずは食事を振る舞うことが礼儀であるというサーメの伝統に基づいたものであるらしい。

就寝準備　20：00～

母親役のマーリットがサーメ語で書かれた本の読み聞かせをしたり、話をしたりする。

就寝　21：00〜

　子ども達は楽しくて興奮したままで、深夜11：00を過ぎても廊下で遊んでいた。そして、マーリットに叱られ、しぶしぶ各部屋に戻っていった。

2日目：9月9日（火）トナカイ放牧地でのフィールドトリップ1日目

　朝食後、生徒は教師ペーテルとリンダ、スタッフのマーリットとラーラ、調理責任者であるカッレ、そしてトナカイ放牧業を営むボランティアの人達とともにトナカイ放牧地でのフィールドトリップに出掛けた。9月初旬は、山に移牧していたトナカイを集め、冬の放牧地域へと移動させる時期である。その時に必要となる作業の一部を体験する。

　スケジュール自体に綿密な計画は立てられていない。キャンプの行程は「その時の天候やトナカイの状況次第」（**コラム4参照**）で決められ、自然を中心に活動するサーメの生活感がキャンプに反映されていた。以下がキャンプ2日間の流れである。

出発　9：00〜

オリエンテーション　10：00〜

　マイクロバスで片道約30分の距離にあるキャンプ地に到着すると、すぐに車から自分達の荷物を降ろす。今回、宿営するサイト地は車で乗り入れることが可能な場所であったため、サイト地までテントなどの生活必需品を担いで移動するような作業はなかった[19]。

　教師からのスケジュール確認、注意事項の伝達終了後、昼食と小休止の時間をとる。

---

[19] 年によっては車が入ることができない場所にキャンプし、約500m離れたサイト地までキャンプに必要なすべてを子ども達が運搬しなければいけない時もある。

移動型のサーメテント（Gåetie）設営の学習　11：00〜

　テント設営が行われる。基本的に生徒達だけで設営するため、説明する教師ペーテル以外の大人は手を出さない。生徒達は水はけのよい平坦な場所を見つけ、約15人用のテントを設営する。この時、高学年の男子がイニシアティブをとっていた。

　テント設営後はグランドシートを敷き、その上にトナカイの毛皮を20枚ほど敷き詰める。そして、中央にストーブを設置すると、サーメが移動時に使用するテントが完成した。完成まで約１時間。外気温は10℃前後。テント内は暖かくて快適で、設営後しばらく、生徒達はその中に入り込んで楽しそうに遊んでいた。

みんなでテントを設営する

ナイフで薬草になる木の根を切り刻む

自然観察、植生知識　12：30〜

　森を散策し、白樺の皮や薬草などの伝統的な森の植物利用方法を学ぶ。その後、この季節に取れるカンタレリ（アンズタケ・南サーメ語 goebpere）が自生する場所に行き、キノコの採集方法や利用方法、そして毒キノコとの見分け方などを学ぶ[20]。

　この日は教師とスタッフ、生徒達15名で、約30リットルのカンタレリが採集された。その後、サイト地に戻り、採集したカンタレリの泥をナイフで取り除く作業をする。

昼食2　焚火での時間　14：00〜

　トナカイのミートボール、マッシュポテト、リンゴンベリー（Lingonberry）ジャムとグレイビーソース（Saus）、調理担当のカッレが同行して食事の支度を整える。

　焚火のそばで全員が食事を取り、食事のあとは一緒に参加しているボランティアの大人達が、自然の中での伝統的な生活の方法や昔話などを生徒達に語っていた[21]。

トナカイが移動するルート散策と釣りの体験学習　16：00〜

　9月の中旬になると、この地域の山で放牧されているトナカイが移動してくるルートを散策する。散策の間、様々な自然観察の学習が行われる。特に、生徒達にとって興味深かったものは、塩の塊が取り付けられたポールであった。これは、トナカイのために建てられたものである。

　この地域は岩塩が取れず、塩の流通のなかった昔、トナカイやサーメは白樺の若い葉などから塩分を摂取していた。しかし現在は、人工的にトナカイにも塩分補給を行っている。

　森の中に設置されている約15cm×10cm の直方体の「塩の塊」は近代的なサーメの知恵であるが、生徒達はその塊を実際に舐め、塩辛さに顔をしかめながら生き物にとっての塩の大切さ、山間部という自然の中でいかに塩を得ることが大変だったのかということに気付かされたようであった。

　その後、教師と生徒は、地面を掘って大量のミミズを捕獲し、釣りの準備をはじめる。学校の備品である釣り竿にミミズをつけて行うのだが、11名の生徒の釣り竿はすぐに絡まったり、針がなくなったりと、教師ペーテルとスタッフのラーラはその世話に大忙しであった。約1時間、熱心に釣り糸を垂らしていたが、残念ながら収穫はなかった。

---

[20]　スカンジナビア半島北部は豊富な種類の茸が自生しており、それらの茸類は、トナカイにもサーメにも貴重な食糧源であった。

[21]　このキャンプには、スウェーデン、ヨクモックのトナカイ放牧業のサーメ家族や参加児童の保護者なども同行した。

凍った湖の上で穴釣りをする

トナカイが塩分補給できるように立てられた塩の塊を観察する生徒達

夕食　18：00〜

　焚火の上に大きな鉄板の平鍋を置き、昼に採集したカンタレリのバター炒めとソーセージを焼く。食後は、焚火の周りで話をしたり遊んだりする。

　就寝までの3時間はゆっくりとした時間が流れる。スウェーデンでトナカイ放牧業を営む家族出身の新任教師であるリンダの母親もキャンプに参加し

焚き火の周りに座って学ぶ

ていたため、生徒達はその母親から様々な手遊びやサーメの伝統的な紐の編み方などを学ぶことができた。

就寝準備　21：00〜
　テントの中で各自が寝る場所は、母親役のスタッフであるマーリットが決める。マーリットはこの地域の使用権をもつトナカイ放牧業の一員であるとともに大家族の母親であり、祖母であるという60代の女性である。キャンプ中における生活の取り決めは、このマーリットが全権限をもっている。
　テント内部は床にトナカイの毛皮が敷かれ、中央に火をくべる薪の場、その奥に簡易の台所が設置されている。天井は、通気のため開放されている。丸太で仕切られた入り口の通路は、身体や衣服を洗ったりする、日本で言うところの土間の役目をする場所である。
　台所の脇は母親役の席と決まっており、その他、家族、親戚、客人、使用人と立場によって座る配置が決められている。テントの一番奥（台所後部）には小さな窓があり、太陽神（Madraka）がそこから出入りする神聖な場所とされている。だから、火をくべる薪の場から入り口につながる通路を決して跨いではいけない。
　実は、筆者がそのルールを知らずに跨ごうとしたのを見て、2学年の男子生徒が慌ててたしなめてくれた。トナカイ放牧の家族のなかで育った7歳の男子には、テント内で生活するうえでのルールが身体にしみ込んでいる。また、火の女神（Saraka）、狩りの女神（Juksaka）、家を守る女神（Uksaka）もテントの中に宿っている。サーメテントに宿るこのような神に関する物語や、テント内で行ってはいけない行為などについても母親役から学んでいく。
　かつては日常生活のなかで語り継がれてきたこのようなルールや知恵を、可能な限り伝統的な家族に近い形で次世代に伝承させたいとするハットフェルダル・サーメ学校の教師とスタッフの方針（思い）が、この時のテント生活から伝わってきた。

column 5 スターロが出た！

　スターロ（Stallo）とは、サーメのなかで言い伝えられてきた巨大トロルである。スターロにまつわる民話は数多くあるので紹介しよう。

　2011年9月に参加調査した1学年から5学年のサーメキャンプは、トナカイ放牧業サーメの秋の生活を体験するキャンプであった。その時、母親役として参加したベッティ（Betty）は、幼い頃、家族とともにこの地域の山々でキャンプ生活していたという経験者だ。

　ベッティは、祖父母から聞かされた多くの昔話を知っている。そして、この時のキャンプでも、ベッティによって「おどろおどろしい」スターロの昔話が語られた。身振り手振りで語るベッティの迫力に、子ども達は縮み上がって聞いていた。

　その後、午後の休憩時間、子ども達は思い思いに川べりで遊んでいたのだが、突然1学年の女子と5学年の男子が血相を変えて川べりの藪の中から飛び出し、「スターロが出た！」と叫びながら先生のもとへ駆けていった。

　何事かと、あたりは騒然とした。女子がスターロを見たというのだ。その後は、先生と生徒全員でスターロが出たという川べりの藪が茂った現場に行き、現場検証となった。すっかり信じ切って怯えている子ども達に、ベッティは悠然と、「ほらね。だから、川に1人で行ったりすると、スターロが来て食べられてしまうんだよ！」とトドメを刺していた。

スターロの話をする母親役のベッティ

3日目：9月10日（水）トナカイ放牧地でのフィールドトリップ2日目

起床　教師ペーテルの話から　7：00〜

　起床するとまず、ペーテルとスタッフのラーラ達はテントの中でコーヒーを沸かし、トナカイの燻製を頬張る。時にサーメは、コーヒーの中にトナカイの脂肪部分を落として飲む。トナカイの脂肪は厳寒期に移動するサーメにとっては重要なエネルギー源であったため、コーヒーにトナカイの脂肪部分を落として飲むという嗜好が現在でも残されている。

キノコの説明をするペーテル

　ペーテルが語るには、100年前まではこの地域のサーメは湖の魚を素手で取っていたらしい。岸辺の浅い所でしか魚は獲れず、美味しいものではなかったため、サーメはあまり魚を好まなかったそうだ。そのためサーメは、トナカイの肉を「食べ物（beapmoeh）」と言い、魚は「魚（guelie）」と呼ぶ、とペーテルが断定した[22]。ちなみに、網による漁は50年位前から普及している。

　ペーテルは、スウェーデン国境近くのトナカイ放牧業を営む家族に生まれた。幼い頃からトナカイとともに生活してきたため、自分が生まれ育った環境が真のサーメの生き方であるという確信をもっているように思われる。基礎学校は、スウェーデンのターナビー（Tärnaby）にあるサーメ学校[23]に通っていたそうだ。

　2017年現在、ペーテルは50代前半であるが、サーメ学校に通っていた1970年代は、まだ南サーメ語は教えられていなかった。両親も南サーメ語を話さ

---

[22]　日本でお米のことを「ご飯」と言う感覚に近い。
[23]　ハットフェルダルから車で40分くらいの所にある、スウェーデンの公立サーメ学校である。現在、スウェーデンにはこのサーメ学校をはじめ六つのサーメ学校（第1〜6学年）があり、スウェーデンの学校法で公立基礎学校と同レベルの学校とされている。

なかったので、独学で南サーメ語を習得したそうだ。地元の公立中学校を卒業したのち、後期中等教育課程では、ハットフェルダルの公立基礎学校（当時は第1〜9学年）に併設されていた「トナカイ職業コース」でトナカイ飼育に関する知識を学んだ。

多くを語らないが、学校の経歴から推測すると、ペーテルは幼い頃にスウェーデン側からノルウェー側に引っ越してきたサーメ家族の一員であると思われる。

トナカイ放牧地への移動　9：00〜

朝食後、移動準備を整え、トナカイが山から下りて集められる場所まで見学に行く。それぞれが昼食に必要な食糧、飲料水の入ったポリ容器、器財などを分担して運びながら約3kmの道のりを歩く。トナカイが集められる作業場付近の草原で、トナカイが山から下りてくるまで自由時間を過ごす。

生徒達は、自分のナイフで木々を切ったりして遊ぶ。サーメの子ども達は祖父や父親などからナイフが贈られ、幼い頃からナイフを使いこなしている。キャンプ中も、それぞれ腰ベルトに刃渡り15cmくらいのナイフを携帯しており、必要に応じてナイフを使いこなしている。7歳の男子らも巧みにナイフを使いこなしていた。

その後、昼食の準備のために、白樺などの枝を拾って焚火を起こす。焚き木を拾う作業は全員で行う。白樺の枯れ枝や表皮は火がつきやすく、着火剤

トナカイ放牧地を散策

白樺の枝を拾って焚き火の準備

の代わりになる。そのため、多少枝が濡れていても火は容易につく。このような知識も、作業を通して周りにいる大人から自然に学んでいく。

トナカイ移動作業の体験学習　12：00〜

やがてトナカイが山から下りてきて、集められた作業場の見学をする。囲い場の中に入り、トナカイを投げ縄で捕獲する実践を体験したり、春に生まれた子どものトナカイの耳にナイフで刻印する様子を見たりと、この時期に行われる一連の作業を経験する。

山から下りてきたトナカイ

ここでは、男性スタッフのラーラ（50代前半）が生徒の作業や見学に細やかな手助けをしていた。ラーラもまたこの地域のトナカイ放牧家族の親戚であり、自身も幼い頃から放牧の手伝いをして育ったため、トナカイに対する多くの知識と経験をもっている。

9月中旬は成熟した雄のトナカイが選別され、屠殺される時期であり、第7〜10学年の生徒達の短期セミナーでは、トナカイの屠殺と解体作業の体験学習プログラムが予定されている（のちに詳述）。しかし、第1〜6学年のセミナーではこの作業は行われない。低学年の何名かはトナカイが集められた作業場を訪れたことがなく、初めてのトナカイの群れに緊張している様子であった。

約2時間、作業場での見学と体験作業を終え、再びキャンプサイトまで3kmの道のりを戻る。

学校への移動　15：00〜

キャンプサイトへ戻り、テントを撤収し、各自の荷づくりを行う。荷物をマイクロバスに詰め込んで学校へ戻る。到着後、まずトナカイの毛皮を干し、その後、各自の荷物を整理する。

4日目：9月11日（木）セミナー4日目

　学校にいる間の基本的なスケジュールは1日目とほぼ同じであるため、以下ではこの日に行った特別な行事を記述する。

イネ科の藁草から靴の中敷きをつくる作業

　宿舎玄関前のアプローチにて、防寒のための、干し藁でつくる靴の中敷きづくりという作業をした。その作業担当はスタッフのラーラである。生徒達は椅子に座り、膝の上に毛布をあて、その上にイネ科の植物の細い葉の束を置き、約20cmの木の柄に細かい目鉄が埋め込まれた鍬でその葉の束をすいていく。各自黙々と藁に似た葉を

イネ科の草を手づくりのスキですく作業。干して靴の中敷として使う

すき、2時間後には柔らかくて細長くなった束が15束ほど完成した。束は約1か月天日で干され、乾いたら学校にある納屋で保存される。
　一部の藁の束は教室の壁にも掛けられ、教材としても使用されている。この作業を通して、靴の中敷きという伝統的な防寒方法を学ぶ。

トナカイの肉の部位を知る

　午後、昨日見学した作業場にて解体されたばかりのトナカイの肉塊が学校に届く。生徒達は、宿舎の調理場でペーテルとラーラとともにトナカイの肉の部位を知り、南サーメ語にはその部位ごとに特別な名称があることを学ぶ。その後、トナカイの肉はその部位ごとに切り分けられ、冷凍保存された。
　この一連の作業も、ペーテルとラーラに助けられながら生徒達が行う。さらに、残った骨や角の使い道なども学習する。各部位ごとに保存されたトナカイの肉は、セミナー時の食事に使用されることになる。

この作業には、調理責任者であるカッレ（169ページの写真参照）も加わった。カッレはスウェーデン人であり、サーメではない。ハットフェルダル出身のノルウェー人女性と結婚し、現在2人の息子とともにハットフェルダルに住んでいる。奥さんは公立ハットフェルダル基礎学校の教師である。

5日目：9月12日（金）セミナー5日目

昼食1　11：00～

前日にペーテルとラーラとともに生徒達が処理をしたトナカイの肉を使った料理が昼食に出された。

セミナーを振り返る時間　11：30～

教室に戻るとペーテルと教師トーベが、フィールドトリップや薬草づくり、トナカイの肉の処理などといった1週間の活動の様子を写した写真や映像をプロジェクターで見せながら、生徒達にセミナーの内容を振り返る時間がもたれた。

ペーテルは、活動における生徒の様子をカメラで撮って記録している。映像を見ながら生徒達は、それぞれの活動を思い出していた。そして、トーベが、各生徒から1週間の感想や学んだこと、困ったことなどを聞き取ってメモにしていく。

DVD鑑賞（ファミリー映画）　12：30～

その後、生徒達は視聴覚教室に移ってDVDを鑑賞する。DVDは、子ども向けのファミリー映画（ディズニー）であった。

DVDを観ている間の約1時間、教師とスタッフ全員が集まり、短い報告と反省会を行う。その後、教師2人が保護者および学校へ提出するための成績書と報告書を作成し、封筒に入れて各生徒に持ち帰らせる。送り出した地元の基礎学校が求める所定の報告書がある場合は、その書類にも記入して生徒に持たせることになる。

各自帰宅準備　14：00〜

　簡単な昼食2を済ませると、各自が荷物をまとめて帰宅の準備をする。親や祖父母などの迎えを待つ間、親しくなった生徒達はメールアドレスの交換をしたり、写真などを撮り合いながら別れを惜しんでいた。

　この時のサーメキャンプを指導していた教師ペーテルの口癖は、「食べられるうちに食べておけ」というものだった。ハットフェルダル・サーメ学校でのフィールドワークをはじめたばかりの頃、筆者はサーメ学校関係者でない「よそ者」という日本人的な遠慮から、なかなか学校が提供するビュッフェスタイルの給食に手がつけられなかった。そんな時、ペーテルは必ずこの言葉を口にし、みんなと一緒に食事をとるように促してくれた。前述したように、かつての厳しいトナカイ放牧業という生活環境から生まれた、サーメの生きるための鉄則であり、客人への配慮でもあった。
「サーメは、トナカイとともに厳しい自然の中、長い道のりを歩かなければならなかった。次のサイトが見つかって設営するまで、まともな食事はとれない。ましてや雪に覆われた長い冬の期間などは、数日間も食べられないという時もあった。サーメには、今、目の前にある食事を食べておかなければ今度はいつ食べられるか分からないという恐怖心が体に染み付いている。だから、お腹がそんなに空いていなくても、食べられる時にはできるだけしっかり食べておくのだ。それがサーメの生き方なのだ」と、ペーテルは力説した。
　さらにペーテルは、「サーメは、自分のグアイティエ（Gaetie：南サーメ語で、移動式のテント）に訪ねて来た客人には、必ず何らかの温かい飲み物や食べ物を振る舞う。それは、長い間歩いてきた客人は腹を空かせているにちがいないからだ。だから、この学校で客人と認められた君も、遠慮せずに食べ物をもらわなければならない」と筆者を諭した。
　確かに、子ども達や教師が食事をしている時間にたまたま訪れた保護者や知人らが教師やスタッフに食事をするようにすすめられ、ごく当たり前のごとく一緒に食事をとっているシーンを目にした。
　かくいう筆者も、（国の税金も払っていない私が給食を食べていいのだろう

か、誰かに何か言われないかしら）といった戸惑いは、学校滞在が３日も過ぎる頃にはすっかりなくなり、朝、昼、晩と３食しっかり学校のダイニングで胃袋を満たしていた。

　実は、ペーテルのこの格言は、のちにこの学校でのフィールドワークをする時の私の鉄則となった。宿泊するホテルが一軒もないハットフェルダルでは、誰かの家に居候するか、サーメ学校に宿泊するしかない。もちろん、コンビニというような便利かつ怠慢な現代人のオアシス的な代物があるわけもなく、村の中心部には食料品・日用品を扱う無骨なスーパーが２軒、そのスーパーに併設された高齢者の「憩いの場」と化した古いカフェが１軒、あとは入るのにかなりの勇気がいる若者の溜まり場的なピザ屋があるのみである（しかも、これらの店は夕方の早い時期に閉まってしまう）。

　要するに、お腹が空いたら「ちょっと外で」というような環境がまったくないのだ。それに、みんなが知り合いという状態なので、筆者がいつどこで何を買ったかなどもすぐにバレてしまう。

　必然的に、調査の間は、学校の給食だけが食料源となる。大げさではなく、「ここで食べておかなければいつ食べられるのだ」という環境だ。いつの頃からか、いや相当早い時期に筆者は、学校のビュッフェでしっかりとバランスよく栄養を取り、生きる術を覚えた。それに、ここの食事は実に美味しい！　特にトナカイの肉料理や、バターをふんだんに使ったソースなどは絶品である。

　しかし、ペーテルの鉄則と食生活は、近年においてはサーメの健康問題ともなっている。高脂質、高カロリーを摂取しなくてはならなかった北方の先住民族の暮らしは、現在のサーメの暮らしではない。「食べられるうちに食べておく」習慣や「高脂質を摂取する」という食の傾向は、サーメに成人病や癌などといった新たな課題を生み出している。

2013年９月９日〜13日（第７〜10学年）テーマ「秋のトナカイ作業」

　次に、2013年９月、第７〜10学年を対象とした短期セミナーについて記述する。このセミナーには男子３名と女子４名が参加した。学年別では、７学年の男子１名、女子２名、８学年の男子２名、９学年の女子２名であった。

テーマは「秋のトナカイ作業」であり、トナカイの屠殺と解体作業の実習である。学校・宿舎での流れは前述したものとほぼ同じであるため、ここでは作業場での実習に焦点を絞って記述する。

実習は、その土地の使用権をもつトナカイ放牧業を営む家族グループ[24]の指導のもと、初秋に山から移動するトナカイに対して行う作業を体験することが目的となっている。その一連の作業は、トナカイを作業場へ追い込む作業、投げ輪での捕獲、屠殺作業と肉の解体、そして毛皮処理までである。約1週間かけての作業実習となる。

セミナー初日の午後から生徒達は、ペーテルとラーラとともに、トナカイが山の放牧地から移動してくる丘陵地帯へと向かった。学校からは、南西へ車で約30分くらいの距離である。そこにベースキャンプとなる大型テントを設営し、翌日に行う作業の準備をする。その間、トナカイの肉の部位が南サーメ語で書かれたチャートを生徒達に渡し、その単語を覚えるという課題も与えられる。

トナカイの肉や角の名称は、サーメ語でしか表せない細かな分類がなされている。翌日の作業であるトナカイの捕獲や解体作業を学ぶためには、そのサーメ語（南サーメ地域の場合は南サーメ語）の用語を覚えておかなければならない。

翌日の10日（火）午前10時、ハットフェルダル・サーメ学校の校長と副校長もキャンプ地に到着した。周辺では、ハットフェルダル・サーメ学校の関係者以外にも、トナカイ放牧業に従事する家族の人達が大型のテントやトレーラーでベースキャンプを張っている。

昼食後、山から移動をはじめたトナカイのルート情報が入り、それぞれがトナカイを集める作業場に移動していく。トナカイが集められる第一の作業場まではベースキャンプから2kmほどである。この作業場を使用することができるのは、ハットフェルダル近郊に住むトナカイ放牧業の6家族である。60〜80人のサーメが集まり、作業場の外で、トナカイが追い立てられて囲いの中に入るのを談笑しながら待っている。

それぞれの家族は、トラクターやトラック、車などで作業するこの場所にやって来た。そして、トナカイの見張りや解体作業、次の移動準備のために1週

間ほどここに滞在する。かつては家族全員で寝泊まりしての作業であったが、現在は自宅まで車で往復できるため、夜は数人の大人だけが残った。

前週の短期セミナーにも参加していたトナカイ放牧業の子ども3人も、地元の学校が終了してから母親とともにやって来た。ほとんどが顔見知りか親戚同士であるうえに、毎年繰り返し行われる共同作業をする仲間であるため、ここに集まるサーメ達は一つの大きな家族のようなつながり、つまりLAAHKOEH(ラッハコエー)の関係をもっているようである。

最初に集約される第一の作業場は大きな野球場ほどの広さがある。そこにまず、すべての家族が所有しているトナカイが集められる。集められたトナカイは、最初、興奮しているために作業場の中を全速力で一定方向に回り続ける。1時間ほどすると落ち着いて、徐々に動きが緩やかになる。

その後、各家族から数名（男性が多い）が捕獲するための縄を持って作業場の中に入っていく。そして、自分の所有する雄トナカイ数頭を捕獲し、次の作

サーメ学校用のトナカイの捕獲の光景

---

(24) カップフェル（Kappfjelldal）の山の使用権利をもつトナカイ放牧業を営むサーメ家族のグループ。6家族から構成され、トナカイ放牧においての共同作業を行っている。

業場に連れていく。生徒達はまずこの捕獲作業に参加し、その後、多くのトナカイをそれぞれの作業場に誘導するため、タープで道をふさぐという作業を手伝った。

このように、山から移動する数百頭のトナカイを一旦作業場に集め、そのなかから食肉として市場に出すために雄のトナカイを捕獲し、屠殺、解体するという作業を生徒達は経験する。

ハットフェルダル・サーメ学校にも捕獲されたトナカイ1頭が与えられ、生徒達は食肉処理をするための作業に移っていく。教師ペーテルに解体作業を教える全責任が与えられており、粘り強く、生徒達にその手順を教えていく。

まずは頚椎(けいつい)から血を抜き、バケツに保管する。そして、血を抜いたトナカイをトラクターの荷台に乗せたあと、自分達も荷台に乗ってベースキャンプまで戻っていった。

トナカイの解体作業は伝統的に野外で行われる。テントの脇に設置された簡易の台の上にトナカイを仰向けにして固定させる。トナカイ放牧業の家族の出身であるペーテルは、後期中等教育課程のトナカイ就業コースの教師免許ももっている。解体に関しても、専門的で科学的な説明を加えながら、生徒達に必要な知識と技術を教えていた。

部位によってナイフを使い分けるということも教え、ナイフだけで毛皮をはぎ、四肢を切断、内臓を取り出す方法を教えていった。生徒達にとってはかなり衝撃的な作業であったが、このような体験を通してある自信をもったように感じられた。

第8学年の男子生徒は、最初は手が震えてナイフをまともに握れなか

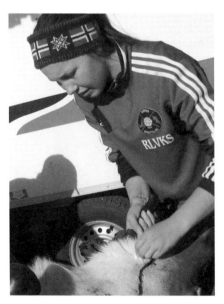

トナカイの解体実習

った。しかし、皮を剥ぎ、四肢を切断したあたりから徐々に自信をつけ、積極的に取り組むようになっていった。一方、第9学年の女子生徒は、眉をしかめながらも最初から果敢に取り組み、最後まで作業の中心的な役割を果たしていた。

　この作業は、数人のサーメ男性なら10分程度でこなしてしまうものだが、この時は作業終了までに約3時間かかった。ペーテルの解体に関する説明と、周りのスタッフ達によるナイフの当て方、皮の剥ぎ方などといった丁寧な指導のもと、生徒達が一つ一つの作業工程を理解しながら進めたからである。

　最後まで取り組んだ上級生がいた一方、第7学年の男子生徒や女子生徒の2人などは、その作業の長さに集中力がもたず、ついフラフラと火の周りで遊んでしまったり、話し込んでしまうという様子であった。しかし、教師もスタッフもそのような生徒達を叱責しない。ごく自然に、子どもの興味にあわせて作業を進めていった。

　また、作業中に、知り合いのトナカイ放牧業の家族や親戚などが立ち寄り、生徒達に声をかけたり、励ましたりしている場面も多く見られた。その場は、学校の授業というよりは、大きな家族関係のなかで解体技術の伝承がなされているという学習環境であった。

　生徒達の行動や心理状態は様々であったが、作業終了時点では、作業にあたった生徒8名が一様に、安堵とともにある種の達成感による誇らしげな表情を見せていた。もちろん、このなかの生徒全員が将来トナカイ放牧業に携わるわけではない。この作業は、あくまでもサーメ学校でのサーメ文化教育であり、職業訓練に位置付けられているものではない。

2016年1月18日〜22日（第1学年〜6学年）と2月1日〜5日（第7学年〜10学年）テーマはともに「ドゥオッジ」

　次に、2016年1月と2月に参与観察を行った第4週目の短期セミナーについて記述する。この二つの短期セミナーの日程と参加人数は、前者が男子3名、女子5名（合計8名）、後者が男子6名、女子3名（合計9名）である。そして、この短期セミナーに従事した教師は4名、スタッフは6名であった。

セミナーでは、野外キャンプの代わりに、学校の裏山に隣接する「サーメセンター（南サーメ語：Sijti Jarnge）」（102ページ参照）の地下にある工房で、サーメの伝統手工芸であるドゥオッジの制作となった。起床から就寝までの基本的な生活のスケジュールは先に示した９月のセミナーとほぼ同じであったが、同セミナーに新任の女性教師と男子学生がスタッフとして加わったことで、今までに参与観察したセミナーとは少し雰囲気が異なっていた。
　ここでは、二つのセミナーにおけるドゥオッジ制作活動の内容と、新しく加わった若い教師とスタッフの役割について記述していく。

ドゥオッジ制作の時間（１日目〜５日目）

　午前中の補習とサーメ語の授業のあとはサーメセンター地下の工房に移動し、そこで毎日、ドゥオッジの制作活動を行った。教師から数点の工程説明を受けると、それぞれがつくりたいものを選び、昼食２を挟んで約３〜４時間、工房室で制作に打ち込んだ。
　指導は、子どもの時から家庭内で基本的な手工芸を行っていたスタッフのラーラと男性教師のロイである。両者とも、熟練したドゥオッジの制作技術をもっている。北サーメ語の教師として新任した若い女性教師も、遠隔教育の授業以外の時間は、可能な限りアシスタントとして制作活動に参加した。

第１学年〜６学年を対象にしたドゥオッジ制作の内容

——投げ輪のコマ（soehpenje-reagka）——
①トナカイの角の中央部を扇形に切断する。卓上式電動糸ノコギリを使用する。教師が行う。
②角を万力で固定し、表面を金ヤスリで削り、形をつくっていく。
③ある程度の大きさに削り、デザインした紙を乗せ、角にトレースする。
④角に描いた線に沿って、さらに金ヤスリで削っていく。
⑤表面を磨く。
（工程約６時間）

ラーラからトナカイの加工を学ぶ生徒達

―― ニードルケース（Naalo Gåetie）――

　ニードルケースは、女性が移動する時にベルトに着けて携帯するものである。
①直径約3cmというトナカイの角を約5cmの長さに切断する。その角の中央に穴を開ける。
②角を万力に固定し、金ヤスリで表面を滑らかになるように削っていく。
③ベルトディスクサンダ（電動式のベルト式ヤスリ）や紙ヤスリでさらに磨く。
④トナカイの皮でつくった3本組の糸が通るように、中央の穴をナイフで拡げ、さらに穴の表面を滑らかにする。
⑤組糸を穴に通し、丸環を付け、両端を結ぶ。　　　　（工程約8時間）

―― 鍋敷き ――

①底になる板を自分の好きな形に裁断する。トナカイの角を3cm幅に裁断する。
②板の上にトナカイの角を接着剤でつけていく。

―― 小さなボタン ――

　トナカイの角を薄く切断する。中央に小さな穴を二つ開け、紙ヤスリで磨いていく。

生徒の意識

このセミナーは、トナカイの角を使って小物の制作を行うものであった。最初は、何の作業をしていいのか分からず、作業を中断して遊んでしまう生徒達もいた。しかし、指導者は決して強制をしない。そのうち、次第に生徒達は与えられたトナカイの角を削ったり、磨いたりする作業に夢中になり、何時間も集中して研磨をするといった姿が見られた。

トナカイの角は、研磨すると手に柔らかく心地よい。研磨する角度などの技術を普段家庭で見ている第6学年の生徒は、その角度などについて、ほかの生徒に教えるようになっていた。

最終日には、生徒が制作したドゥオッジの作品展を行った。教室の机を台にして作品を飾って展示する。生徒達は、順番に自分の作品を南サーメ語（4名は北サーメ語）で紹介した。低学年の生徒達は、初めてつくったドゥオッジとサーメ語での自己表現体験（プレゼンテーション）を経験した。そして、大事そうにその作品を持ち帰っていった。

生徒のなかには、母親にプレゼントするためにつくった者もいる。数日にわたって行われたドゥオッジ制作の授業は、生徒自身のなかにサーメのアイデンティティを育むための重要な機会であったと言える。

生徒達が作成したドゥオッジ

第7学年〜10学年を対象にしたドゥオッジ制作の内容

――サーメベルト――

①なめし皮を6cm幅に、自分の胴回りの長さにあわせて裁断する。
②ベルトの後ろ中心を決め、そこから均等になるように菱形と、中央に花形の文様を使って印を付けていく。
③印の付けたところに、金、銀、白、赤、緑などの丸輪金具を打ち付けていく。
④留め具を取り付けて完成。　　　　　　　　　　　　（工程約15時間）

――木工のバター入れ――

　この制作活動は、最上級生となる第10学年の生徒のみを対象にしたものであった。生徒は教師からの指示を受けることなく、慣れた工房のなかで1人、制作途中であった木製のバター入れ[25]の制作に取り掛かった。
　彼はこの3年間、毎年第4週のテーマであるドゥオッジ制作の時間を使ってバター入れをつくってきた。7割ほどできあがっており、今回で完成する予定である。

ドゥオッジ制作の時間で、毎年少しずつバター入れを作成していきた最上級生

---

[25]　日本の伝統的な木工技術である「わっぱ」によく似ている。北欧の北部では、楕円形の木の箱にバターを入れて保存している。

―――サーメナイフ―――

　第9学年の生徒2人が取り掛かったのは、昨年から制作をはじめたサーメナイフである。昨年の短期セミナーで制作したナイフに、今回はナイフカバーを縫製するために参加していた。トナカイの皮を裁断、縫製し、トナカイの骨でつくった装飾品をつけるという作業である。

トナカイの角でつくられたサーメナイフ

生徒の意識

　このセミナーでのドゥオッジ制作は、なめした皮を裁断して、サーメの文様をベルト全体に打ち付けるというベルトづくりであった。すでにこのベルトを作成した経験のある上級生3名を除いた第7、8学年の6名にとっては、ベルトづくりが主な制作活動であった。指導は、主に教師ロイが行った。

　サーメは、トナカイとの移動中、ナイフやコップ、ニードルケースなどがすぐに使えるようにベルトにそれらを取り付けている。全体に色鮮やかな金具の文様が打ち込まれたサーメのベルトは専門店で販売されているが、かなり高価なものである。生徒達が制作したベルトは、それらに劣らないほど完成度の高いものであった。制作したベルトを腰に着け、彼らは満足げに写真を撮り合っていた。

　第10学年の生徒は、毎回、定位置の作業台の前に座り、バター入れの最終段階という細かい作業を行っていた。指導は木工経験者のスタッフであるラーラが行っていたが、学校の授業というよりは、年長者が年下の者に技の伝承を行っているように見えた。

　ナイフカバーを制作していた第9学年の生徒は、手慣れた手つきで工房に設置されている機械を扱っていた。両親がハットフェルダルで唯一となるトナカイの精肉業を営業しており、基礎学校の時からずっと短期セミナーと遠

隔教育で彼は教育を受けてきた。本来、工房にある工具機械を取り扱うことのできるのは、取扱資格をもったロイとラーラだけであるが、毎年この工房で制作をしてきた生徒の経験を信頼して、ある程度黙認していた。

　以上のように、この学年になると自らがセミナーに参加する意義を認識し、目的意識をもって参加しているように思えた。教師とスタッフも、環境設備を整えたあとは、生徒の自主性に任せて制作活動をさせていた。

若い教師と学生スタッフ

　この短期セミナーでは、北サーメ語の遠隔教育の教師として若い女性教師が、そして生活スタッフとして男子学生がパートタイムで起用された。女性教師は3人の男子をもつ母親である。数年前に北サーメ地域からこの地に移り、ハットフェルダルの隣にあるファースケ（Fauske）コムーネでトナカイ放牧業を営む親戚のもとで暮らしている。北サーメ語を第一言語としており、2015年から遠隔教育プログラムの北サーメ語の教師としてハットフェルダル・サーメ学校で働いている。

　一方、男子学生は、ハットフェルダル・サーメ学校の卒業生である。2001～2009年までハットフェルダル・サーメ学校に寄宿して、通年の学校教育を受けていた。彼によると、当時は短期セミナーも含めて約50名前後の生徒がこの学校にいたらしい。彼は、国の全国テスト[26]でトップクラスの成績を収めたという経歴をもっている。

　女性教師は、8：30からの補習授業でのサポートと、10：00からの北サーメ語の授業を担当した。第1学年～6学年のセミナーでの補習授業では、まだ一人では学習ができない生徒もいる。そのような生徒に対しては、別室で個人指導が行われた。

　管見の限りではあるが、今回のセミナーでは各自への個人指導が行き届い

---

[26]　ノルウェーでは、2004年に全国テストが導入された。初回は第4学年と第10学年でノルウェー語と数学、第10学年で英語のテストが実施されている。中田（2009）127頁。

宿舎のダイニングで男子学生（左）と一緒に自習を行う　　夕食後の自由時間に橇で遊ぶ子ども達

ていた。その一つとして、女性教師が動員された影響もあると考えられる。事実、彼女は、午後、受け持ちの遠隔教育の授業以外は、サーメセンターでドゥオッジ制作活動のアシスタントも務めていた。

　ロイとラーラは、彼女にも生徒と一緒に小物やサーメベルトなどを制作する機会を与えた。彼女も生徒と同じように制作に打ち込み、ベルトを完成させている。その時、自分で制作したベルトを見せてくれたが、本当に嬉しそうだった。ここでは、教師と生徒の関係や、カリキュラムを超えたサーメ伝承の輪が見られた。もちろん、その背景には、サーメの若い教師を育成するという目的もあるだろう。

　スタッフとして起用された男子学生は、夕方、宿舎において生活面のサポートをする役であり、大家族で暮らす伝統的なサーメの従兄的存在であった。彼のおかげで、第１学年〜第６学年のセミナーでは、夕食前の雪遊びの時間が飛躍的に楽しいものになっていた。さらに、第７学年〜第10学年のセミナーでは、夜の自習時間には家庭教師となり、様々な悩み事の相談役ともなった。ハットフェルダル・サーメ学校で過ごした９年間の経験から、彼が生徒達に一番近い存在であったと言える。

短期セミナーの存在意義と課題

（１）何故、トナカイ文化なのか

　短期セミナーでは、年６回にわたって、集中した南サーメ語教育とサーメの伝統文化に関する教育実践が取り入れられている。その伝統文化に関する教育の大きな鍵となっているのがトナカイ文化である。秋の学習活動は、主にトナカイ移動のフィールドキャンプ実習であり、ドゥオッジで扱う材料もトナカイの角が多く使われている。冬に行う自然の中でのキャンプも、元はトナカイとともに移動したサーメの過ごし方という知恵である。

　では何故、ハットフェルダル・サーメ学校は短期セミナーでの学習にトナカイ文化を取り入れているのだろうか。ここでは、①地域環境と生徒の背景、②トナカイ放牧業の近代化、③サーメ語の語彙の特異性という三つの側面から、ハットフェルダル・サーメ学校が短期セミナーの教育活動においてトナカイ文化に重きを置く理由を考察していく。

地域環境と生徒の背景

　前述したように、ハットフェルダルの近郊地域は、かつてトナカイ放牧業を営むサーメがたくさんいた。それらのサーメは、秋（９月中旬）になると、夏の放牧地であるスウェーデンとの国境沿いに位置する山間部からハットフェルダルの丘陵地帯に移動し、ここでトナカイ放牧業における大切な繁忙期を迎えて、ノルウェー沿岸部へと移動していった。現在でもその場所は変わらず、トナカイ放牧業を営むサーメ家族の多くがハットフェルダル周辺に定住している。

　ハットフェルダル・サーメ学校は南サーメの生徒を対象とする基礎学校であるが、元々はトナカイ放牧業の子ども達を対象とした寄宿学校であった。2016年現在、短期セミナーに参加するサーメ生徒はどのような背景をもっているのだろうか。筆者が参与観察した７回の短期セミナーで出会った生徒24名の性別、参加した時期の学年、言語背景、各セミナーの参加・不参加、トナカイ関係の

表4－6　短期セミナーに参加した生徒の背景

参加者	性別	言語	①	②	③	④	⑤	⑥	⑦	親	親戚
A	f	南サーメ						●1		☑	
B	f	南サーメ					●2	●3		☑	
C	f	南サーメ		●1			●2	●3			☑
D	f	北サーメ				●1	●2	●3		☑	
E	f	北サーメ				●1		●3		☑	
F	m	南サーメ	○1			○1	○2				☑
G	m	南サーメ						○3		☑	
H	m	北サーメ					○4	○5			
I	f	南サーメ	●1	●3		●3	●4			☑	
J	m	南サーメ						○5			☑
K	f	南サーメ						●6	●7	☑	
L	f	南サーメ		●5				●6	●7		☑
M	m	南サーメ		○5			○5	○6	○7		
N	m	北サーメ		○5			○5	○6	○7	☑	
O	m	南サーメ	○3								
P	f	南サーメ	●6		●8			●9			☑
Q	m	南サーメ	○6					○9		☑	
R	m	北サーメ			○8			○9		☑	
S	f	南サーメ	●6							☑	
T	m	南サーメ			○9				○10	☑	
U	m	南サーメ			○9				○10	☑	
V	f	南サーメ			●9					☑	
W	f	南サーメ			●10					☑	
X	f	南サーメ			●10					☑	

出所）7回の参与観察に基づき筆者作成。（2016年5月）

家族か、または親戚にトナカイ関係の家族がいるのかという項目に分けて整理したものが**表4－6**である。

　この表からも分かるように、HとO以外の22名がトナカイ関係の生徒か、トナカイ関係の親戚をもつ生徒である。つまり、現在もなお短期セミナーに参加する生徒のほとんどがトナカイ関係のサーメ家族という背景をもっている。このような生徒の構成、さらに教師・スタッフの背景から、ハットフェルダル・

サーメ学校においてトナカイ文化がより強調されている傾向が明らかとなる。

　2人の生徒とともに短期セミナーに参加した母親（40代前半）は、モイラナに住むトナカイ放牧業の家族である。彼女は、「子どもが通うモイラナの公立学校にはサーメの子どもが3名しかいない」と言う。実際にはもっと多くのサーメ生徒がいるのだが、彼女にとっては、トナカイ関係の就業をしている者だけがサーメであるようだ。

　このような閉鎖性がハットフェルダル・サーメ学校の独特なトナカイ文化教育に結び付き、トナカイ関係以外のサーメ生徒を遠ざける一因ともなっている。その要因から生ずる課題については第5章で詳述する。

トナカイ放牧業の近代化

　理由の二つ目として、トナカイ放牧業における生活の変化が考えられる。トナカイ放牧業は、長い歴史をもつサーメの伝統的な職業である。現在、トナカイ放牧業に従事するサーメは、ノルウェーでは全体の10％未満であるが、今なおトナカイ放牧文化はサーメのアイデンティティを形成している[27]。

　しかし、トナカイ放牧業を生業にしているサーメの生活は1970年代頃から大きく変化した。家内産業とされていた小規模なトナカイ放牧業は、GPSやヘリコプター、スノーモービルなどを駆使した近代的なものへと変化した。ハットフェルダルを含むヘルゲランド地域でトナカイ放牧業を営む家族も、1900年頃は1家族につき100〜数百頭のトナカイを保有する程度であったが、21世紀に入る頃には、1家族当たり2,000〜3,000頭のトナカイを管理するくらい大規模な経営を行うようになっている[28]。

　大規模化するにつれて小規模経営のトナカイ放牧業の家族が淘汰されたほか、現存するトナカイ放牧業の家族のなかでも、近代化によって多くの人手を必要

---

[27]　第1章で述べたことだが、その背景には、同化や分離政策といった歴史的背景や社会的偏見などによって、サーメ＝トナカイ放牧文化に特化したイメージが植え付けられたことが挙げられる。
[28]　2011年9月1日、ハットフェルダルにある、ヘルゲランド資料館の館長であるアンヌガール・クレベン（Ansgar Kleven）氏からの聞き取りによる。

表4-7 トナカイ放牧の近代化

トナカイ遊牧の近代化	〜1970年	現　在
住居	移動式テント	定住型住居
誘導　移動手段	徒歩、橇、スキー	ヘリ、GPS、スノーモービル
トナカイ肉搬送	徒歩、橇、スキー	ヘリコプター、トラック
移動日数	2週間〜1か月	数日
経営規模	小規模　家内生活	大規模化　産業化
子ども・生活スケジュール	遊牧中心	学校スケジュール中心

出所）2013年9月　トナカイ放牧地域調査に基づき筆者作成。

としなくなったことで、多くのサーメがほかの職業を求めざるをえなくなった。成人男性を中心とした少数グループでトナカイの山への放牧や移動が可能になり、子どもを含む家族全員を連れていく必要がなくなったのだ。

　表4-7は、1970年代から現在に至るトナカイ放牧業の近代化に伴う変化をまとめたものである。

　トナカイ放牧業の近代化は、放牧民の人口減少を生み出したと同時に、子ども達との間においてトナカイ文化を分断することとなった。長い移動時期に、両親や祖父母から教えられてきた自然の中で生きる知恵やトナカイに関する知識が、子ども達に伝承される機会が失われていったわけである。Bergman（2009）では、こうした生活変化が、先祖から受け継いできた土地勘の希薄さをサーメの子ども達に拡大させたと論じられている。

　伝統的なトナカイ放牧業のサーメにとっては、100年続いた同化政策や社会的差別よりも、1970年以降の近代化のほうがサーメの伝統的な生活を変えてしまったと言っても過言ではない。その危機感からハットフェルダル・サーメ学校は、家庭内で失われてしまった伝統的な教育を学校で行い、トナカイ文化の伝承という役割を担おうとしている[29]。

サーメ語の語彙の特異性

　理由の三つ目として、サーメ語における語彙の特異性が考えられる。それらの語彙は、トナカイに関する詳細な表現、トナカイの餌となる苔の名前や植生、

自然や季節、気候など、ノルウェー語では表現できない言葉である。これらの語彙は、6000年前から北極圏の厳しい自然の中で狩猟をしながらトナカイとともに生きてきたサーメの生活環境から生み出されたものであり、サーメ語でしか表すことができない。

　例えば、トナカイの性別と年齢に関する語彙は40語以上、トナカイの成長にあわせた特徴を表す語彙は45語以上、年齢に応じたトナカイの角やその部位の名称などは50語彙以上ある。さらに、30種類以上のトナカイの毛皮の特徴を表した語彙、所有者を区別する耳のマーキングにも50種類以上の語彙がある[30]。これらは、サーメ語とトナカイが密接につながっていると考えられるものであり、トナカイ放牧文化のなかで細分化されたものである。

　遠隔教育で学ぶ南サーメ語の授業でも、これらの語彙の一部が学ばれている。そこで学んだ南サーメ語をより定着させることを目的として、実際に自然の中で伝統的なサーメの生活をしながら体験するトナカイ実践教育は、より有効な教育方法であると教師達は考えている。

（2）教育の意義——サーメ文化伝承としての役割

　ここでは、短期セミナーにおける教育の意義について考察する。ここで言うところの「教育の意義」とはサーメ言語とサーメ文化に対する教育のことであるが、広義に解釈すれば、先住民族の教育という視点に立ったものと言える。

　筆者は、短期セミナーでの学習活動は、以下に挙げる三つの教育的意義を生み出していると考える。

❶習得したサーメ語を実体験に結び付けて定着させること。

❷サーメとしてのアイデンティティを肯定的に構築させること。

❸近代化によって失いつつあるトナカイ放牧文化を軸とした、サーメの伝統文化を学校教育で実践させて伝承させること。

---

[29] 2011年9月ハットフェルダル・サーメ学校校長ヴィレンフェルト（Willenfeldt）氏と副校長クヴィットフェル（Kvitfjell）氏からの聞き取り調査による。

[30] Gun Margret Utsi, Bovetsen guelmieh, CalliidLagadus, 2010.

南サーメ語の定着

　現在、ハットフェルダル・サーメ学校では遠隔教育によって南サーメ語（時には北サーメ語も）教育を行っていることは前述した。短期セミナーは、その遠隔教育と連動したハットフェルダル・サーメ学校の教育プログラムであり、参加する生徒も遠隔教育を受講している。

　生徒達が遠隔教育で習得した言語を、短期セミナーを通して対面形式で深めていくことになる。教師とスタッフはできる限り南サーメ語を話し、学校では絵を描かせたり、実際に手で触らせたりして、テーマに沿った新しい言葉に繰り返し触れるという機会を与えている。そして、自然の中でのキャンプやトナカイに関する作業、またドゥオッジ制作といった体験のなかでサーメ語の語彙を増やしていく。体とともに五感をフルに使った経験型の学習方法である。

　実践の一例を紹介しよう。2012年9月第1学年～第6学年のセミナーは「秋」がテーマで、秋に収穫するキノコなどの植生の恵みを学び、その植生植物に関する南サーメ語を習得することが目的であった。

　まず、教室で教師がその植物の写真を見せて、その効用を説明する。そして、南サーメ語での呼称を繰り返し言わせる。その写真をカードにして簡単なゲームをしたあと、各自にそれらの絵を描かせたうえで、南サーメ語での呼称も書かせていた。全部が揃うと、サーメ語で書かれた植物図鑑のようになる。

　次の日から行うフィールドトリップでは、実際に森の中で植物採集を体験する。この時は、カンタレリ（南サーメ語・goebpere〈グアッパラ〉）というキノコが採集され、キノコについている土をナイフでそぎ落とし、調理して食べた。生徒達は五感で「goebpere」という言葉を体得した。

サーメ・アイデンティティの構築

　短期セミナーで生徒達は久しぶりにサーメの友人に会い、兄弟のように1週間をともに過ごす。また、教師とスタッフは、彼らにとっては祖父母、両親、親戚の叔父・叔母のような存在となる。そこでは、学校という枠を超えた大きな家族に近い信頼関係が生まれ、生徒達は自由に、伸び伸びとサーメ語やサーメの伝統文化を体験していく。

普段、南サーメの子ども達は周りの社会（学校とか近所）でそれほど多くのサーメと接する機会はなく、マジョリティーがノルウェー人である社会のなかで生活をしている。しかし、短期セミナーでは、ほとんど全員がサーメやサーメ家族という環境になる。そこで生徒達は、自分だけがサーメではなく、多くのサーメがいることを認識して安心する。

2016年1月の短期セミナー参加した第7学年の女子生徒は、ハットフェルダルから遠い南部の都心部であるトロンハイムに住んでおり、普段はトナカイ放牧業とは無縁の生活をしている。地元の学校での成績もよく、活発で学校生活も充実したものであるらしい。洗練された容姿はモデルのようで、見るからに都会的な女の子である。しかし、父がハットフェルダルのトナカイ放牧業を営む家族の出身であるため、毎年、数回このセミナーに参加している。

「サーメのことをよく知らない人達に、くだらないステレオタイプの質問をされる。例えば、『おじいちゃん、おばあちゃんはまだコータに住んでいるの』とか『トナカイしか食べないの』といった質問に飽き飽きしている。でも、サーメ学校に来たら当たり前のようにサーメでいられるから、とても楽だ」と、彼女は語ってくれた。

この言葉から、都会で過ごすこの女の子にも、サーメ・アイデンティティが人格を形成する一つの要素となっていることが見いだせる。

当時、第5学年であった女子生徒に初めて会ったのは、2011年9月の短期セミナーの時であった。内気な性格で、何事にも控えめでオドオドしているという印象があった。何故短期セミナーに来ているのかも分からないような表情であったが、5年後の2016年2月に短期セミナーで再会した時は見違えるほど積極的な女子になっていた。9学年となった彼女は、生き生きとセミナーでの生活を楽しみ、年下の女子生徒の面倒もよく見ていた。

彼女はハットフェルダルコムーネ内に住み、母親はサーメセンターに勤務している。普段は公立のハットフェルダル基礎学校に通っているが、週に2回、遠隔教育で南サーメ語を学習している。時には、直接ハットフェルダル・サーメ学校に来て、南サーメ語の教師からマンツーマンで学ぶこともある。そのた

め、彼女にとっては、ハットフェルダル・サーメ学校は身近で日常的な感じのする所となっている。

「もし、ハットフェルダル・サーメ学校がなかったら、私はどこでサーメの言葉や文化を学ぶことができるの。だから、私にとってこの学校はとても大切」と、彼女は語ってくれた。

　様々な体験を共有することによる達成感や連帯感から、生徒達はサーメのアイデンティティを肯定して受け止めるという効果が見られる。自然の中で、力をあわせて移動型テント（Gåetie）を設営し、寝食をともにする。薪を拾い、火を囲みながら何時間もともに過ごす。そして、雪の中に簡易につくられた風よけの場所で温かいココアを飲むといった特別な時間は、子ども達の仲間意識や連帯感を育むことになる。

　2013年9月に行われた第1学年～第6学年の秋のキャンプで大型のサーメテントを設営した時、積極的にイニシアティブを取った第5学年の男子生徒2人が、「短期セミナーは本当に楽しい。いろいろなことが学べるし、ここで出会った友達にも再会することができる」と語っていた。

　ドゥオッジの制作においても、生徒が達成感を共有した場面が見られた。生徒達が時間をかけてつくり上げた作品の完成度は、普通教育で行われる工作作品のレベルではない。2016年1月に行われた二つのセミナーで作成されたトナカイの角でつくられた小物、サーメベルト、ナイフ、木のバター入れ、どれをとっても長く日常的に使える品質の高いものである（家に持ち帰ったらすぐに捨てられるような工作ではない）。自らの作品を誇らしげにスマートフォンで撮り合ったりする生徒達の間に、達成感や誇りといった感情の共有が見られた。

　短期セミナーは、このような経験の共有が生み出される場であるとも言える。このような経験の繰り返しが仲間意識を芽生えさせ、さらにサーメであることの肯定感を構築させていくという効果を生み出している。

トナカイ文化を軸としたサーメの伝統文化を学校教育で伝承させる
　三つ目は、近代化生活に伴って家庭内ではもはや伝承機会が失われていったサーメ独特の知恵や精神、そして伝統文化を次世代に伝承させるという効果で

第4章　ハットフェルダル・サーメ学校の現状と特徴　211

ある。2014年9月、当時の校長オッド・ヴィレンフェルト氏へインタビューした時、彼自身が考える短期セミナーの目的として以下の二つを挙げてくれた。
❶言語学習やトナカイ飼育に関する学習を通して、自然と共存して生きてきたサーメ古来の知恵を伝承すること。
❷サーメ文化を、過去の遺物としてではなく、現在自分達がサーメとして生きていくうえで必要となる文化情報として伝えていくこと。

　ここでは、筆者が参与観察を行ってきたなかから二つの事例を取り上げて、短期セミナーを通して、サーメの伝統的文化や知恵、精神性がどのようにして生徒に伝承されているのかを考察する。

1）サーメの家族観——精神性の伝承

　生徒達は、学校の授業だけではなく、教師やほかのサーメスタッフと寄宿生活をするという経験から、広い意味でのサーメとしてのつながりを学ぶことが求められる。その一つが、今もトナカイ放牧業のサーメに根強く残されている独特の家族観「LAAHKOEH(ラッハコエー)」である。生徒は、家族のつながりと互助性を大切にするといった独特の精神性を学び、複雑な家族構成図から個々の名称（南サーメ語）を覚える。

　ハットフェルダル・サーメ学校は、短期セミナーにおいて、学校というよりはむしろサーメの家族的な環境を目指している。そして、そのつながりのなかで、より自然に近い形で文化の伝承を試みようとしている。

　2011年、筆者がハットフェルダル・サーメ学校のオッド校長と40代の教師に名刺を渡した時、彼らは、「自分達は名刺を持たない。しかし、それ以上に自分を表す大切な方法がある」と言った。そして、教師が次のように語った（114ページの**コラム3**参照）。

「自分達には、親、祖父母、曽祖父母、兄弟姉妹、叔父叔母、従兄、ハトコといった家族のつながりを大切にする文化がある。子ども達は、今の自分につながっている家族を辿ることによって自らのアイデンティティを認識する。例えば、自分がある年配のサーメと初めて会った時、自分の両親や祖父母のことを

学校の廊下に飾られている手作りの家族関係図

話していくと、その年配の人は自分の家族とのつながりを見いだしていく。その後、自分を受け入れてくれる。サーメであるためには、自身の家系図が大切なのだ。だから、自分はサーメであるといくら主張しても、ルーツ（母方、父方）を語ることができなければサーメ社会のなかでは認められない。ルーツを知らないサーメがサーメとして認めてもらうために親戚を探す時、周りのサーメがその手伝いをすることもある」

それゆえ、校舎の廊下には「私」を取り巻く多くの親戚、祖先の関係図を説明するチャートが掲げてある。

一方、オッド校長が次のように語った。

「子ども達は、初めは遠い存在である年配者の話を聞いたり、一緒に話したりすることを面倒くさいと思っている。しかし、それが自分達のアイデンティティを形成するためには大切なことである。サーメとして認められるためには、自分のバックグラウンドである家族のことを語れるということが大切なのだ。それを伝承することがサーメの文化教育である」

このような独特の家族観は、トナカイ放牧業において欠かせなかった伝統的サーメにおける互助関係であり、このつながりゆえに、少数先住民族としてサーメが生き残ってきたとも言える。

実は、ハットフェルダル・サーメ学校の短期セミナーに参加する生徒達と教師・スタッフの間には、祖母と孫、叔父と甥というように「親戚つながり」といった間柄がよく見られる。例えば、トロンハイムから参加していた２人の生徒の祖母は南サーメ語の教師であり、祖父はライフストーリーで描いたトムで

ある（110ページ参照）。さらに、生徒間の関係も広大なLAAHKOEH（ラッハコエー）のつながりからするとハトコ同士という関係になる者もいる。

したがって、ハットフェルダル・サーメ学校にかかわる教師やスタッフ、生徒の関係性は、一般の学校における教師と生徒という関係とは異なった、親密で複雑に交錯したものとなっている。

2）伝統的サーメ文化の伝承

短期セミナーでは開催ごとにテーマが決められており、そのテーマに沿って1週間の学習活動が行われる。参加した生徒達は、日常生活から離れた特別な環境のもと、テーマに掲げられたサーメ文化を体験することになる。そこには、限られた時間で行われる短期セミナーだからこそ集中してできるという環境がある。

例えば、秋をテーマにした週では、トナカイの移動とともに生活を送ってきたサーメの伝統的な知恵や自然の仕組みを学ぶ。高学年になれば、トナカイの解体作業も経験する。この解体作業は、前述したように、生徒達にとっては大変な作業であった。

これらの経験は、将来、トナカイ放牧業に就かない生徒にとっては必要のないものかもしれない。しかし、長い間にわたってサーメはトナカイとともに生き、トナカイの肉を主食とし、毛皮を暖とし、角によって様々な生活道具をつくってきた。それらは、彼らにとっては過去の産物ではないのだ。

ここ数十年の間に急速に近代化されたサーメにとっても、いまだにトナカイは厳しい自然環境の中で生きていくうえにおいて大切な生活資源である。そのため、短期セミナーでの体験は、サーメとして生きるために必要な文化情報を伝承させるという効果がある。

また、冬のテーマであるドゥオッジの制作では、生徒達は1週間集中して伝統的なサーメ工芸の技を学んだ。1日のスケジュールには、補習時間やサーメ語のプログラムも組み込まれているが、それ以外はほとんどドゥオッジ制作に没頭する時間であった。そして、そこには、教師やスタッフが常に寄り添って技を教えるという姿が見られた。言うまでもなく、普通学校で行われる工作や

技術科の教育とは異なった「伝承」に近い方法であった。

　毎年、冬に行われるドゥオッジ制作の1週間は、生徒に学年という区切りを超えた連続性を生み出している。それは、バター入れの制作を行っていた男子生徒から見いだされた。2016年2月、ドゥオッジ制作の初日、彼はつくりかけの木製のバター入れを取り出して作業台に座り、慣れた手つきで作業をはじめた。彼は数年にわたり、この時期に行われる短期セミナーのドゥオッジ制作プログラムに参加し、自分のペースでバター入れの制作を続けたのだ。言うまでもなく、学校、学年という区切りを超越した時間軸である。

　木工の熟達者であるスタッフが、この時期のセミナーで毎年コツコツと丁寧に独特な手法を彼に教えていった。そして彼は、2016年2月、3回目の短期セミナーでようやくそのバター入れを完成させた。彼が体得した技術は、冬期の長い夜、移動式テントの中で祖父母や両親が手仕事の合間に子ども達に教え、次世代に伝えていくという伝承的な方法によるものである。

　学年ごと、学期ごとに区切られる普通教育のカリキュラムではこのような経験はできない。このような事例から、子どもの成長や自然の流れに任せた教育、言い換えれば、家庭で自然に行われてきた伝承を、家庭に代わって学校教育で実践しようとしているのがハットフェルダル・サーメ学校の試みと言える。

　以上の事例から、近代化による生活の変化によって失われつつある伝統的なサーメ文化を、ハットフェルダル・サーメ学校が家庭に代わって伝承させようとしていることが分かる。短期セミナーは、学校の時間割といったような区切られた時間ではなく、学校生活と家庭生活を融合させた緩やかなプログラムのなかで、時には数年をかけて、教師やスタッフから生徒へ、あるいは生徒同士で自然に伝承されていくという効果を生み出している。

第5章
ハットフェルダル・サーメ学校の課題と「学校」としての意義

夏の間は単独で行動するトナカイ

本章では、まずハットフェルダル・サーメ学校における教育の2本柱である「遠隔教育」と「短期セミナー」が抱える課題を明らかにする。さらに、通年制の普通教育[1]を行う学校としては機能していないハットフェルダル・サーメ学校の諸問題から、南サーメ地域におけるサーメ教育の現状と今日的課題を考察する。

　これらの課題を明らかにしたうえで、ハットフェルダル・サーメ学校がそれでもなお「学校」としてサーメ教育を継続している点に着目し、ノルウェー南サーメ地域における言語や文化の伝承、サーメとしてのアイデンティティの形成にハットフェルダル・サーメ学校がどのような意義をもち、どのような役割を果たしているのか見ていきたい。

　本章では、2016年2月に実施したハットフェルダル・サーメ学校の生徒・教師・保護者へのアンケート結果の分析も考察材料として用いる。アンケートは、短期セミナーに参加した生徒（第7学年〜第8学年）、教職員[2]、セミナー時に接触することのできた保護者に直接手渡して、後日回収したものである。回収率（小数第1位以下は四捨五入）は、生徒が11名中7名（64%）、教師が11名中8名（73%）、保護者が4名中4名（100%）であった。

　質問の大枠は以下の4項目である。
　①ハットフェルダル・サーメ学校に関して。
　②教育内容に関して。
　③生徒達のサーメ語能力に関して。
　④生徒達のサーメ語以外の学力について。

　アンケートは、選択式と、その回答に自由にコメントを書いてもらう記述式とした（**付録資料5－7**参照）。対象者の数は限られるが、回収したアンケートから、生徒の本音、教師・スタッフの問題意識・課題、保護者の不安・期待などが浮き彫りになった。

　また、多岐にわたるコメントが得られた。これらのアンケート結果をもとに、より具体的な事実に基づいた考察を加えていく。

遠隔教育の課題

　遠隔教育に関する課題は大きく分けて二つある。一つ目は学習方法の問題であり、二つ目は制度的な枠組みによる評価の問題である。ここでは、この２点に焦点を絞って考察していく。そして、最後に遠隔教育の可能性と展望を加える。

（１）学習方法の問題――アンケート結果より

　遠隔教育は、スカイプ（Skype）による通信方法を利用して南サーメ語（時に北サーメ語）を個別に学ぶ学習方法であり、ここ十数年で利用者が増え、利用地域が拡大しつつあることは前章でも述べた。しかし、その一方でこの学習方法には多くの問題もある。

　まずは、生徒を対象としたアンケートにおいて、「②教育内容」について「遠隔教育のプログラムについて楽しいか、楽しくないか」という選択式の質問をしたところ、遠隔教育を受けている生徒６名全員が「③楽しくない」という回答であった。その理由として、以下のようなコメントが挙げられた。

「みんなが一緒じゃないし（１人で受けなくてはならないから）、先生が部屋にいないから」（生徒B）

「コンピュータを使ったり、スカイプをしたりすることは面倒」（生徒C）

「音が聴き取りにくくてイライラするし、先生と直接対話をしていないから」（生徒D）

「自分がサーメ語を話せないから」（生徒E）

---

(1) ここで言う普通教育は、ナショナル・カリキュラムで定められた教科を教えている教育を指す。

(2) 本書では「教師用アンケート」と表記したが、実際には、セミナーで子ども達の生活面で責任を担っているスタッフ、管理事務者も対象としており、学校で働く教師・スタッフ全員に手渡した。

column 6　大切なことは雪の上に書く

　一番親しかった教師とスタッフから、「アンケートに協力することはできない」と断られた。約7年間にわたる学校訪問の期間中、この2人はずっと筆者と行動をともにし、サーメ学校について一番協力的に語り、何でも教えてくれた人達である。それだけに、筆者はかなりショックを受けた。しかし、アンケート拒否の理由を尋ねると、サーメが今までに体験してきた差別や偏見の過去が垣間見られ、記入して欲しいとは言えなくなった。

　特に、スタッフが語ったサーメの諺が心に刺さった。それは、大切な事柄や秘密は、あとに残ってしまう紙の上には書かず、春になったら溶けて川に流れていく「雪の上だけに書く」というものだった。

　かつて、サーメの人々は虚偽の契約書でよく騙されたそうだ。例えば、ウイスキー1本で多くのトナカイを売ってしまったというような苦い思いをたくさん経験していた。それゆえ、「決して、大切なことは紙に残してはいけない」と言う戒めがサーメ社会に浸透していったと考えられる。

　実は、これは過去の話だけではなく、サーメ学校自体も2005年あたりに大学研究機関や報道機関者からインタビューを受け、重要書類などを提供した結果、学校に対する酷い批判が発表されてしまったという苦い経験がある。「それが大きなトラウマになった」と副校長が語っていた。彼の話は、「ちゃんと真実だけを伝えてくれ」という筆者に対する警告や嘆願にも聞こえ、心が引き締まる思いがしたことを今でも鮮明に覚えている。

　繰り返すが、サーメは元々文字をもたなかった民族である。大切なことは記憶し、口述で子孫へと伝えてきた。それゆえ、紙に何かを残すことに違和感を覚えるのかもしれない。彼らの言い分は次のようなものであった。「僕達は、君に伝えられることは何でも伝えた。アンケートなんか書かなくても、僕達の考え方や思いは十分に理解しているはずだ。僕達の答えは、君が見てきたこと、聞いてきたことをそのまま書けばいい。任せる！」

　それではアンケートにならないのにな……と思いながらも、了承せざるを得なかった。ちなみに、彼らは雄弁で賢く、親切でジェントルマンだけど、実はものすごく面倒くさがりやだということも付け加えておく。

「雑音がしたり、接続が悪かったりでイライラする」(生徒F)
「とても大変」(生徒G)

　遠隔教育に対する生徒の評価は芳しくない。一番の問題としては、スカイプで行う通信教育機材の性能の低さと不便さであろう。

　一方、保護者から見た遠隔教育は、南サーメ語教育には必要であるという肯定的な意見が多い。保護者を対象としたアンケート「② 教育内容」について、「サーメ学校の提供する遠隔教育に満足しているか」という選択式の質問をしたところ、「①満足している」と回答した人は4名中3名、「③満足していない」という回答をした人は1名であった。

「満足している」と答えた保護者の一人は、「自分達の自治体が提供している普通学校でのサーメ語教育は非常にレベルが低い。それに比べて、遠隔教育の教育内容は充実している」というコメントをしている。一方、「③満足していない」と答えた保護者は、「直接、子ども達に南サーメ語を教育できる環境が望ましい。遠隔教育は、あくまでも2次的な教育手段であると思う」と、遠隔教育の限界を指摘していた。

　しかし、「子ども達のサーメ語は遠隔教育によって上達しているか」という選択式の質問に対しては、保護者全員が「①はい(上達している)」と回答している。

　教師・スタッフは、上記の保護者に対して行った同じ質問に対し、「①はい(上達している)」と回答した人は8名中7名であり、「③いいえ」を選択したのは1名であった。

「いいえ」と答えた教師は、「遠隔教育はサーメ語教育では有効だが、サーメ文化は教えられない」と、対面式ではない遠隔教育による限界を指摘している。また、「はい」と答えた教師の一人も、「遠隔教育で、生徒達に言語教育を提供することができている。しかし、技術面や通信機器、生徒へのアクセスなどで多くの課題を抱えている。本当は、学校内で直接授業を行ったほうが効果的である」と、遠隔教育の不便さや問題を指摘していた。つまり、環境さえ許せば、直接学校で行ったほうがよいという意見が多数を占めたことになる。

　逆に、「重要なトレーニングを提供していると思う」(スタッフ)という、遠

隔教育に対する肯定的な意見もある。このスタッフは、年齢的（20代前半）な意味においてスカイプなどの通信手段に慣れていることから比較的受け入れやすいのかもしれない。

教師・スタッフにも保護者同様、「生徒達のサーメ語は遠隔教育によって上達しているか」という選択式の質問を行ったが、全員が「①上達している」と回答していた。

以上の回答から、南サーメ地域において遠隔教育は、様々な問題はあるものの、言語維持のための教育手段としては必要なプログラムであることが学校当事者の一致した認識であった。

（2）利用対象者の拡大と国立の基礎学校としての葛藤

遠隔教育のもう一つの問題は、学習者の実数と、ハットフェルダル・サーメ学校が教育庁に報告している年間の学習者数に差異があることだ。ハットフェルダル・サーメ学校は、南サーメの子どもを対象とした国立のサーメ学校である。そのため、毎年度末、受講者数を教育庁に対して報告書を提出しているのだが、国は南サーメの生徒以外の受講者を例外として扱い、リストから削除している。政府の評価は、報告書に挙げられた生徒数のみで判定されるため、ハットフェルダル・サーメ学校の遠隔教育活動に対する評価は低いものとなっている。

表5-1は、2005年～2014年にわたる、通常（寄宿をして通年で教育を受ける）の生徒と、短期セミナーに参加した生徒、そして遠隔教育を受けた生徒を地区別に分類してまとめたものである。これを見ると、2010年から2014年の5年間の遠隔教育の学習者数は、遠隔教育を開始した2005～2009年までの5年間よりも増加している。その理由は、スウェーデンに住む南サーメの生徒が学習者として加わったからである。

しかし、報告書には、スウェーデンに住む南サーメの生徒とノルウェーの北サーメ地域に住む生徒2名（表5-1のフィンマルクとトロムス）、そして南サーメ地域に住む北サーメの生徒数名は加えられていない。そのため、学校が

第5章 ハットフェルダル・サーメ学校の課題と「学校」としての意義

表5-1 2005年から2014年の各年度の生徒数（地区別、各コース別に分類）

地域（県）	年 形態	2005	2006	2007	2008	2009	2010	2011	2012	2013	2014
ノルウェー	通常 短期 遠隔	8 24 26	7 24 15	6 25 21	14 16 15	8 18 17	3 7 26	0 23 25	0 25 27	0 22 17	0 12 20
フィンマルク （Finnmark）	通常 短期 遠隔					1		1	1	1 1	
トロムス （Troms）	通常 短期 遠隔	2	2	2			1		1	2	
ヌールラン （Nordland）	通常 短期 遠隔	4 22 22	3 21 14	4 21 16	12 13 12	7 16 13	2 3 17	16 14	16 15	13 11	6 14
ヌール・ トロンデラーグ （Nord-Trøndelag）	通常 短期 遠隔	2 2	2 1	 4		 3	 3	1 5	1 1	2	1
スール・ トロンデラーグ （Sør-Trøndelag）	通常 短期 遠隔			1 1	2 2	1	6	2 6	4 6	7 4	5 6
ローガラン （Rogaland）	通常 短期 遠隔	1 1	1	1			3	3	3 3		
ブスケルー （Buskerud）	通常 短期 遠隔		1	1							
オプラン （Oppland）	通常 短期 遠隔	1 1	1		3 1	1 1					
ヘッデマルク （Hedemark）	通常 短期 遠隔				1						
スウェーデン	通常 短期 遠隔	0 0 0	0 0 0	0 0 0	0 0 0	0 0 0	0 0 3	0 8 15	0 2 0	0 2 18	0 3 13
ノールボッテン （Norrbotten）	通常 短期 遠隔									2	3
イエムトランド （Jämtland）	通常 短期 遠隔							1		2 3	3 3
ダーラナ （Dalarna）	通常 短期 遠隔									3	3
ヴェステルボッテン （Vasterbotten）	通常 短期 遠隔						3	8 14	2	10	4
地区不明	通常 短期 遠隔				1 2	3					
合計	通常 短期 遠隔	8 24 26	7 24 15	6 25 21	15 16 17	11 18 17	3 7 29	0 31 40	0 27 27	0 24 35	0 15 33
（遠距離受講者）	リスト	26	15	21	15	17	25	24	25	20	20

出所）ハットフェルダル・サーメ学校管理事務からの資料に基づき筆者作成。

年度末に報告する遠隔教育学習者は、ここ10年間にさほどの増加を見せていないという結果になる。

実際、前半5年間（2005年〜2009年）の遠隔教育学習者は、2005年度26名、2006年度15名、2007年度21名、2008年度15名[3]、2009年度17名であったものが、スウェーデンや北サーメ地域に遠隔教育を拡げた2010年以降の5年間は全体の学習者数が増加しているにもかかわらず、政府に報告できる学習者数は、2010年度29名中25名、2011年度40名中24名、2012年度27名中25名、2013年度35名中20名、2014年度33名中20名となっている。

拡大した遠隔教育の学習者数が増えているにもかかわらず、ハットフェルダル・サーメ学校が政府に報告できる数は10年間さほど変わらず、この学校での実績が正当に評価されていないという葛藤がある。さらに、ここ数年伸び悩んでいる南サーメの学習者を確保するという課題もある[4]。

（3）展望——南サーメ語教育会議（Sørsamisk Konferanse）[5]の議論から

遠隔教育によるサーメ語教育に関しては、2014年3月4日、5日の2日間、トロンハイムで開催された南サーメ語教育会議でも議論された。この会議は南サーメ語の促進を目的としたもので、2014年度に行われた会議は8回目であった。会議の主催は、ヌールラン県知事（Fylkesmannen i Nordland）となっており[6]、運営理事会は、ノルウェー県議員、サーメ議会議員、教育関係者などである。そのうち、サーメは約半数である。当日の参加者は約90名、講演者2名、発表プログラムは5グループであった[7]。

ここで議論された内容は、遠隔教育の充実、サーメ語の教科書・教材の質的向上、サーメ語を学習する環境づくり、サーメ語を話す教員の養成、ネットワークと地域の特色づくり（リージョン化）などであったが、遠隔教育に関するテーマは大きな議論の一つであり、その賛否に関しての議論も展開された。そのなかで、「教師と生徒との直接的なやり取りが欠如する教育では、デジタルなサーメ語の世界を創造してしまうのではないか」という不安要素を指摘する意見が出された。

この意見は、北サーメ地域の公立学校のサーメ教師から出されたものである。公立の基礎学校ではすでにサーメ語を教授言語としている環境があり、常に生徒達と直接北サーメ語で対話をしている教師にとっては、デジタルな世界では真のサーメ語教育はできないという主張は無理もないところである。

　しかし、教育のeラーニングへの移行は、これまでの教育スタイルからこぼれ落ちたものに可能性を与えるものでもあり、また、地理的な問題で少人数ゆえに対応できなかった教育に解決策を与えるものでもある。

　広域な範囲に分散して居住している南サーメ地域の子どもにとっては、今や南サーメ語を学習するために遠隔教育は必須ツールとなりつつある。さらに言えば、遠隔教育なくしては南サーメ語教育を維持することができないというのが現状である。

　こうした新たな可能性は、新たな形の先住民族教育、少数民族教育として注目に値する。eラーニングを利用した南サーメ語教育に対する共通理解は、関係者の間で深まりつつある。トロムソ大学やサーメ語・能力開発センターから、様々なコンピュータソフトの開発とOER（Open Educational Resources）[8]による教育開発の提案がなされ、今後の遠隔教育への可能性が示唆されている。

---

(3)　学校資料によると、2008年度、遠隔教育を受けた子どものうち2名の地域が不明であり、リストに挙げられたかどうかは定かではないため、この2名を除外して15名とした。
(4)　遠隔教育を利用する学習者数は、2011年をピークに2012年、2013年、2014年と少しずつ減少していった。しかし、表には表されていないが、2015年（2014／2015）の統計では38名の子どもが遠隔教育を受講しており、何とかもち直している。この数年の生徒数の増減が何を示すのかについては、現段階では明確には表せない。長期的で持続した調査分析が必要となる。
(5)　直訳すると「南サーメ会議」となるが、議論の中心が南サーメ語教育に関するものであるため、本論では「南サーメ語教育会議」とする。
(6)　ヌールラン県は南サーメ地域の一部を包括している。
(7)　講演者は、サーメ議会議員（Thomas Åhren）、教育研究大臣（Torbjørn Røe Isaksen）、トロムソ大学教授（Øystein A. Vangsnes）をはじめ、サーメ語・能力開発センター研究員、ロイビックやエステルスンド（スウェーデン）コミューネ議員、学校教師と多彩である。
(8)　OERとは、教育に関する共有財をつくることを目的としたコミュニティネットワークである。教育に関する資料を自由に誰でも使用し、またいくつかのライセンスのもとで再構成・改良・再配布などを行うこともできる。北欧では、教育のなかでOERが活用されている。

また、この議論中に若い世代のサーメから、「インターネットは自分達の生活の一部であり、遠隔教育はまったく抵抗のない教育ツールである」という意見が出されている[9]。次世代にとっては、デジタルツールは教育提供者側が考えるよりも身近に存在しており、それらを使いこなすだけの能力をもっていることを大人達に再認識させた彼らの発言は、遠隔教育に対して否定的な見解に傾斜していた議論の流れを大きく変えることになった。

　eラーニングを使った言語教育は、サーメ教育のなかだけでなく、北欧諸国における第二言語、第三言語教育の授業においても導入されている。スカイプによる遠隔教育もまた、ノルウェーの先住民族に特有となる教育ツールではなく、グローバル化した社会に浸透した情報伝達の一部である。ツールとして若い世代に親和性がある点、また通信技術面においては十分な改良・改善の余地があることから、ハットフェルダル・サーメ学校が提供している遠隔教育のプログラムは、次世代につなげるための新しい教育ツールとしての可能性をもっている。

　以上のことをふまえると、ハットフェルダル・サーメ学校で行われている遠隔教育の課題は、スカイプの実質的な不便さよりも、友達とともに学べないという子ども達が感じる空虚感や、画面を通した会話に対するコミュニケーションの難しさであると思われる。

短期セミナーの課題

　短期セミナーにも課題がある。まずは、短期セミナーに参加する生徒を維持するための方法である。そして、もう一つは、短期セミナーに必要とされている教師・スタッフにおける南サーメ語の能力向上という課題である。

　図5-1は、短期セミナーに参加した年間生徒数の推移を表したものである。この図を見ると、短期セミナーの参加生徒数は1997年に開設してから約15年間増加し続けたが、33名であった2003年をピークに徐々に下降しはじめ、2007年～2010年にかけて大幅に減少し、2010年は参加生徒数7名と大きく落ち込んで

図5-1　短期セミナーに参加した生徒数(第1学年〜第10学年)の推移

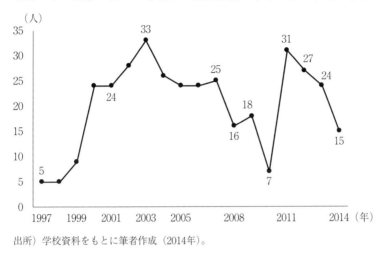

出所) 学校資料をもとに筆者作成 (2014年)。

いることが分かる。翌年の2011年は、学校側が新たに『計画文書　2012-2022』を教育庁に提出して改革を打ち出した結果、参加生徒数は31名と一旦回復したものの、2012年からはまた徐々に下降している。

　ここでは、2007年〜2010年にかけて参加生徒数が減少した要因と、2011年以降さらに減少を続ける要因という二つを挙げ、短期セミナー参加中における普通教科の学習課題、さらに南サーメ語を話す教師・スタッフの養成という課題と短期セミナーが抱える今日的な課題を明らかにする。

(1) 参加生徒数が減少した要因

2007年から2009年にかけての教師と保護者の摩擦

　ハットフェルダル・サーメ学校では、トナカイ放牧文化に偏る教育方針に対して、教師間や保護者間で長年にわたる意見の相違があった。それは、学校設立から関係してきた有力なトナカイ放牧業のサーメ家族と、それ以外の教師や

---

(9) スノーサ・サーメ学校を卒業した高校生2名で、本会議ではゲストとして参加していた。

保護者達が述べる意見の相違による対立としてくすぶっていたものであるが、それが2007年〜2009年にかけて表面化した。

　結局、学校側と意見のあわなかった一部の保護者の子ども達は、スノーサ・サーメ学校や地元の公立学校に転校した。また、この対立によって退職に追い込まれた教師もいた。この騒動が、2010年の短期セミナーにおいて急激な減少を引き起こしたものと考えられる。

　第3章のライフヒストリーで描いたレイフは（123ページ参照）、前述したようにトナカイ放牧業のサーメではないが、彼もまた、有力なトナカイ放牧業の家族の力がハットフェルダル・サーメ学校に大きな影響を与えていると考えている。前述したように、レイフは1980年から1992年までハットフェルダル・サーメ学校で教職に就き、校長まで務めたという経歴をもっている。

　2011年9月のインタビューによると、レイフがハットフェルダル・サーメ学校の教師になった動機は、1965年以降、政府から多くの補助金がハットフェルダル・サーメ学校に下りるようになったからである。

　しかし、実際は南サーメ社会のなかに排他的な差別が強く、純粋な血筋をもつサーメやトナカイ放牧業のサーメ、またはサーメ語を話すことができる者でなければ本当のサーメでないというような風潮が存在していた。そのため、ノルウェー人と結婚したサーメにとって、自分はサーメであると名乗ることが難しいという現状があった。

　彼は、このように閉鎖性の強い南サーメ地域では、サーメの人口は増えていかないであろうと考えた。そして、ハットフェルダル・サーメ学校を辞めたのである。レイフは次のようにも語っている。

「排他的で支配的なサーメ家族がいることもハットフェルダル・サーメ学校の問題である。結局は、その家族と考え方が異なる多くの校長が辞任に追い込まれた」

　筆者がレイフに会った時、2011年当時ハットフェルダル・サーメ学校の教師を務めていた人も同席していたが、その人も、「その家族達との考え方の相違によって、校長を辞任せざるをえなかった」と語っている。

　一方、ハットフェルダル・サーメ学校に残った教師やスタッフからは、その

ような対立の経過や離れていった教師に対する言及は一切ない。それどころか、彼ら自身も、ハットフェルダル・サーメ学校を閉鎖的ではない、すべてのサーメに開かれた学校にしようと努力していた。ある教師が次のように語っている。「サーメ学校を、あらゆる背景をもつサーメの子ども達に開放することが大切だ。トナカイ放牧の文化だけでなく、映画会やサーメドラム、ドゥオッジ、歴史などといった要素を取り入れて、総合的にサーメ教育を行うことを目指している」

この教師によると、ハットフェルダル・サーメ学校の課題は、「一般のサーメの親達を目覚めさせるにはどうしたらよいか」ということだった。根本的には、自分が南サーメであると認識することのできる優秀なサーメを育てることが目標であり、この考え方は、レイフがサーメ学校の教師になった動機と共通している。

つまり、この教師が意識している「一般のサーメの親達」とは、レイフの言う「ハットフェルダル・サーメ学校でのサーメ教育によって、いつか自分はサーメであると名乗る者が増え、多くのサーメが戻ってくる」ことを期待した「潜在的なサーメ」と合致する。本質的には、サーメ・アイデンティティをもつ子ども達を育成し、南サーメの要素を肯定する人材を育て上げるという点において、両者の目的は同じと言える。

しかし、その目的達成のためには、伝統的なトナカイ放牧業のサーメと、それ以外のサーメとの見えない線引きが存在するという問題を乗り越える必要がある。それは、「何をもってサーメとするか」という根源的な問いにも結び付く問題である。そのため、短期セミナーの役割と課題は、単に語学指導に終始するものではない。つまり、こうした南サーメ内部の複雑なアイデンティティ・ポリティクスに対して、「学校」がどのような役割を担えるのかという存在自体の意義を問い直す必要があるということだ。

短期セミナーに対するコムーネの意識変化

また、2013年以降に短期セミナーへの参加者が減少した要因の一つとして、各コムーネや公立学校が、生徒に対して短期セミナーへの参加許可を渋るよう

になってきたということがある。

　ハットフェルダル・サーメ学校の短期セミナーに参加するためには、まず保護者が公立学校およびコムーネに申請し、参加許可を得なければならない。また、コムーネは、生徒達が短期セミナーに参加するにあたって一定額の助成をする必要がある[10]。

　最終的にコムーネから許可が下りれば、生徒は短期セミナーに参加することができるわけだが、逆に言えば、サーメの生徒や保護者がいくら参加を希望しても、地元の公立学校やコムーネが許可をしなければ短期セミナーに参加することができないということだ。ちなみに、かつては、サーメの生徒や保護者が参加を希望すればコムーネは簡単に許可を出していた。

　しかし、2013年以降、公立学校やコムーネがセミナーへの参加許可を出さなかったり、年間の参加回数を制限するようになった。何故、このような「出し渋り」が行われるようになったのだろうか。コムーネごとで参加許可の基準は異なるものの、基本的には理由は同じである。つまり、生徒の学力低下に対する危惧と、各コムーネが抱えている教育予算という問題である。

　例えば、北部にある小さなグラーネ（Grane）コムーネでは、2014年度までは４名のサーメ生徒に対して短期セミナー（全期間）への参加許可を出してきたが、2015年度にはまったく許可を出さなかった。これは、コムーネの教育予算が理由であった[11]。

　また、トロンハイムコムーネでは、６回のセミナーのうち２回分しか参加許可を出さなかった。その理由についてコムーネは、「数週間、地元の学校を休むと普通教育に遅れが出るため」と説明した。さらに、短期セミナーに参加を希望している保護者に対して、その間の学力保障ができないことを承認させる誓約書を発効しているというコムーネもある。

　このようなことから、コムーネが近年になってからは教育の遅れに対して敏感に対応するようになってきたことが分かる。その背景には、2000年代前半以降におけるノルウェーの教育政策の転換がある。

　ノルウェーでは、2003年の国際数学・理科動向調査（TIMSS）、2003年・2006年の経済協力開発機構（OECD）における生徒の学習到達度調査（PISA）

においてよい結果が出ず、国際ランクの平均かそれ以下であった。この結果がノルウェーに、いわゆる「PISAショック」という現象を促した[12]。このことが、従来のノルウェーの教育制度に対する批判、そして学力格差と移民教育への課題を提起することになった。

その結果、2006年の教育改革の柱として打ち出された、学力を重視する「知識向上（Kunnskapsløftet）改革」に結び付いた。1990年代以降、「知識」という新しい側面を強化しようとした教育改革が行われ[13]、さらにPISAの結果を受けて、教育の質や成果に焦点が当てられた政策が導入され、知識向上の教育改革が行われた。

第4学年と第10学年でノルウェー語と数学、そして第10学年で英語の全国テストが実施されるようになり、その結果が政府の公開ポータルに集積され、閲覧することができるようになった。

このように、今日のノルウェーでは、地方分権化によって県やコムーネ、そして学校に教育運営・内容の指針が委ねられる一方で、国による教育評価制度が整備され、知識向上の管理が強化されるという二重構造になっている。このため、地元以外の公立学校を選択することは法律上できないとしても、コムーネと学校においては、成績や順位をつけないと言いつつも成績を意識しないわけにはいかないという競争原理が生み出されることになった。

ここでは、以上のようなノルウェーの学力観の変化が各コムーネの短期セミナーに対する意識変化に関連しているのか否かという議論は控えたい。しかし、2006年以降のノルウェーにおける学力観の変化が、今後、ハットフェルダル・サーメ学校の短期セミナーにどのような影響を及ぼしていくのかについて探っていくことは、ノルウェーのサーメ教育研究における一つの重要な視点になると考えている。

---

[10] その額面の詳しい状況についてはまだ調査途中であり、現段階（2019年3月）では分かっていない。
[11] 2014年9月、ハットフェルダル・サーメ学校の教師からの聞き取りによる。以下の段落もそれに基づく。
[12] 佐藤（2015）733頁。
[13] 中田（2009）129頁。

（2）短期セミナーの質的向上のための課題

普通教科の学習担保という課題

　以上で述べたように、短期セミナーは、コムーネや学校が抱く学力低下の懸念を課題としている。この点をより明確にするため、短期セミナーの午前中に設けられている補習時間の実情と今後の課題について考察していく。

　生徒は、各短期セミナーに参加する1週間、地元の学校を休むことになる。さらに、1年6回の短期セミナーに参加した場合は、6週間30日、1日5時間としても約150時間分の授業を休むことになる。休んだ授業内容を補うために、短期セミナーに送り出す学校側はノルウェー語、英語、算数（数学）といった必須科目の課題を用意し、生徒に持参させている[14]。

　それらの課題は、毎朝、自習時間に行われている。また、夕方、宿舎での自由時間にも行われる。参加者が10人前後とはいえ、学年も異なり、自習する科目も課題も様々なうえ、個々の学習習熟度も異なるという集団を指導するのはかなり困難である。特に、低学年の生徒は、基礎的な知識を必要とする段階、例えば時間の計算とか繰り下げの引き算、読み書きなどにおいて、教師の指導のもと十分な時間をかけて理解する必要がある。

　一方、学力があり理解力の早い生徒にとっては、学校から課せられた課題はそれほど負担ではなく、時間内に終了させることができる。とはいえ、新しい単元科目に入ったばかりの課題を前に、解き方が分からずに茫然としている生徒もいる。そのような時は教師のサポートが必要とされるわけだが、手が回らず、教師が来るまでただ座って待っているような場面も見受けられた。

　参与観察からの知見に限るが、地元の公立学校で学ぶ1週間分の学習を、短期セミナーにおける朝の自習時間と夕方に行われる宿舎での補習時間だけで補うことはかなり困難であると思われる。

　しかし、第7学年～第10学年の短期セミナーにおける補習時間では、その様相がかなり違ってくる。生徒達は自主的に課題に取り組み、必要があれば教師やスタッフに質問をしていた。見たところ課題の分量はかなり多く、生徒達は、夕方の自由時間にも課題に取り組んでいた。

第5章　ハットフェルダル・サーメ学校の課題と「学校」としての意義　231

　このような学習面での不安要素に関する意識は、生徒や教師と保護者の間では微妙に違う形でアンケートに反映されていた。

アンケートからの考察

　生徒を対象としたアンケートの「④サーメ語以外の学力」について、「遠隔教育や短期セミナーに参加している時、普段通っている学校の授業についていけなくなるのでは、と不安に思ったことはあるか」という選択式の質問をしたところ、「①ある」と答えた生徒は1名、「③ない」と答えた生徒は6名であった。「③ない」と答えた生徒のコメントは以下のようなものであった。
「私は、ニーノシュクやスペイン語の代わりにサーメ語を選択科目として取っているので、ほかの教科に支障はない」(生徒D)
「ノルウェー語の勉強はそんなに重要ではない。ノルウェー語は普段話しているので簡単である」(生徒E)
「ノルウェー語はそんなに重要ではない」(生徒F)

　次に、教師・スタッフを対象としたアンケートの「④生徒達のサーメ語以外の能力」に関して、「普通教育のカリキュラムのなかにサーメ語学習(遠隔教育・短期セミナー)を組み入れることによって、ほかの教科の学習時間が削られ、生徒の学力に支障があると感じたことがあるか」という選択式の質問をしたところ、「①支障がある」と答えた者が1名、「③支障はない」と答えた者が7名と、生徒達と類似する回答比率となった。
　この場合、学力に支障があると認めることは学校の正当性を否定することになるため、ある程度結果は予測できた。しかし、ただ一人「①支障がある」と回答した教師は、「サーメ語に割り当てられた時間は、休み時間でも授業中でもそこに行かなくてはいけないから」と、特別な時間を設けて行わなければならない現在のハットフェルダル・サーメ学校の問題を指摘していた。
　保護者を対象に教師・スタッフと同じ質問をしたところ、生徒の学力に「支

⑭　第7学年〜第10学年の生徒には、自然科学、社会科学系の課題も出されることがある。

障があると感じる時がある」と答えた保護者が1名、「どちらとも言えない」が2名、「ない」が1名であった。そのコメントは以下のようなものであった。
「そうならないことを期待している」（保護者A）
「子ども達に学力があれば、それほど遅れを取らないであろう。どの教科の時に遠隔教育が代替として行われているか、注意をしなくてはならない。特に、主教科が外されては困る」（保護者B）
「子ども達はサーメ語・文化教育を学ぶために、正規の時間に加えて特別な時間を確保しなくてはならないから」（保護者D）
　このように、普通教科の時間を割いてサーメ語・文化教育を受けることに不安を抱いている保護者の本音もうかがわれた。
　上記のアンケート回答から、生徒7名、教師8名のうち、サーメ教育プログラムが「普通教科の学力に支障を与える」と答えたのが各1名であるのに対して、保護者4名のうち「ある」、「どちらとも言えない」と回答した者が3名であった。
　生徒や教師・スタッフは、普通教科の学力低下に対してそれほど杞憂していない。特に生徒は、質問設定のあいまいさから、サーメ語を学ぶことによってほかの教科（特に言語教科）に何らかの支障をきたすか、と問われているように捉えてしまったようだ。しかし、自分達が学習する科目にサーメ語が加わることに対して、何の支障もないと思っている生徒がほとんどであった。
　教師・スタッフに対するアンケートの回答では、1名だけが「ほかの教科に支障がある」と答えたが、ほかの7名は「支障ない」と回答している。その背景には、1週間サーメ学校に行くことで普通教育が受けられず、学力が下がってしまうのではないかという社会的な評価に対し、「そうではない」という学校側の反論が込められているのかもしれない。
　2014年9月にインタビューした教師から以下のような意見があった。
「学力のある生徒は、短期セミナーに参加してもしなくても地元の学校における成績はよい。一方、学力の低い生徒の場合、短期セミナーに来たから学校の成績が悪くなったと言われるのは心外である。そのような生徒達は、その時間に地元の学校にいたとしても同じである」

また、保護者のアンケートからは、「主要科目にサーメ語教育（遠隔教育）の時間があてられていないかを注視しなければならない」といった、学力面に対する不安要素を反映したコメントも見られた。
　以上のように、ハットフェルダル・サーメ学校を肯定し、南サーメ言語やサーメ文化に対する教育の必要性を確信している保護者であっても、子どもの普通教科の学力維持に不安を抱いていることが分かる。
　ハットフェルダル・サーメ学校の短期セミナーは、たとえ1週間であっても義務教育課程の教育機関である。したがって、ノルウェーのナショナル・カリキュラムに規定された教科教育の責任もある。そのため、普通教科の補填・補習程度ではなく、短期セミナー後においても子ども達の学力が遅れないような保障が、短期セミナーを存続させるために必要となるかもしれない。
　しかし、通年制を行うことができないハットフェルダル・サーメ学校にとっては、遠隔教育と短期セミナーだけが唯一のサーメ言語とサーメ文化教育を提供できる場であって、その期間に普通科の学力保障まで考慮する余裕がないというのが現状である。

（3）南サーメ語を話す教師・スタッフ養成という課題

　参加生徒数が減少している直接的な要因ではないが、南サーメ語を話せる教師・スタッフの養成も課題の一つとなっている。
　ランゲージシャワーを目標とするサーメ学校の短期セミナーは、可能な限り南サーメ語で教育し、南サーメ語での生活空間を確保しようと試みている。しかし、現実には、ノルウェー語を第一言語とした生徒がほとんどであり、教師・スタッフにおいても通常はノルウェー語で生活をしている。また、教師・スタッフのなかには、サーメであってもサーメ語をほとんど話せない者もいる。そのため、南サーメ語だけの環境をつくり出すことが困難となっている。このことは、保護者、教師・スタッフに対して行ったアンケートの回答にも反映されていた。

アンケートからの考察

　保護者へのアンケートで、「②教育内容」に関してという項目のなかで、短期セミナーに関して、「サーメ学校の提供するサーメ言語・文化教育に満足しているか」という選択式の質問をしたところ、全員（4名）が「①満足している」と回答した。しかし、コメントには、「短期セミナーの内容は非常に進歩しているが、私の考えでは、もっとサーメ語で会話することに集中すべきだと思う。教師・スタッフ同士がノルウェー語で話していることが多い」という指摘があった。
　このコメントを書いた保護者は、時折サーメ学校を訪ね、秋期のフィールドトリップやドゥオッジの制作授業の時などで手助けをしている人物である。そのため、短期セミナー中において教師・スタッフの日常会話がノルウェー語であることに気づき、不満をもっているのだろう。さらにこの保護者は、「教師・スタッフから生徒に指示を与えたり説明をしたりする時も、南サーメ語ではなくてノルウェー語になってしまっている」と指摘していた。
　別の保護者からは、「短期セミナー自体には満足しているが、コムーネが6週間のコースのうち2週間しか参加許可を与えてくれないことに不満がある」といったコメントがあった。この問題も、短期セミナーの抱えるもう一つの課題である。
　一方、教師・スタッフへのアンケートの「②教育内容」に関しての項目で、「サーメ言語・文化教育を十分に提供する環境が整っているか」という選択式の質問を行ったところ、全員（8名）が「①はい」と回答しているものの、コメントには先の保護者と同様の指摘が見られた。それは、「短期セミナーの環境として、我々は南サーメ文化の知識の面では秀でているが、南サーメ語を話す教師・スタッフが少なすぎる」という内容で、南サーメ語を担当している教師からのものであった。
　以上のように、短期セミナーの教育内容に関しては、保護者、教師・スタッフ全員がサーメ語およびサーメの文化教育を十分に提供する環境が整っていることに満足している一方で、サーメ語でのコミュニケーションを徹底するために、サーメ語を話す教師・スタッフを増員しなければならないと考えている者

が一部に存在していることが分かる。

　実際、筆者が短期セミナーに参加した時でも、南サーメ語のランゲージシャワーと謳われているにもかかわらず、教師・スタッフ間での会話はほとんどノルウェー語で行われ、教師・スタッフから生徒への言葉かけも、いつの間にかノルウェー語でされている場面が多く見られた。ここから、短期セミナーの掲げる理想と現実には大きな隔たりがある、と指摘できる。

教師・スタッフの言語的コンピテンス（kompetanse）[15]
　現在、ハットフェルダル・サーメ学校の教師・スタッフは40代～60代であり、そのうち南サーメ語を話せる人は８割程度である。彼らがサーメ語を習得した過程には二つのパターンがある。一つは、トナカイ放牧業の家族のなかで幼少の頃から自然に身に付けていたパターン、もう一つは、高等教育などでサーメ語を習得し、サーメ認定資格やサーメ語教師の資格を得たパターンである。

　Høgmo（1994）は、トナカイ放牧など従来の伝統的なサーメの生活を守り続けてきた者を「伝統サーメ」、それに対して戦後生み出された高学歴の中間層を「近代サーメ」とカテゴリー付けしている[16]。

　上記の言語習得過程においても、同じカテゴリー付けが適用できる。これを踏まえて、ハットフェルダル・サーメ学校が教育庁に提出した『計画文書2012-2022』で公開されている教師・スタッフ全員のサーメ語に関するコンピテンス・資格・キャリアを確認してみた。その結果、各自のサーメ語能力は**表5－2**の通りとなった。

　この表を見ると、教師とスタッフで、サーメ語資格所有者、資格習得過程の者と、資格はもっていないがサーメ語を家庭のなかで自然に習得した者に二分される。教師は、高等教育などでサーメ語を修学し、資格を取得した者がほとんどで、「近代サーメ」と呼ばれるグループに入る。一方、宿舎スタッフは、家庭環境で自然にサーメ語を習得した者や、サーメ語は習得しなかったがサー

---

[15]　スウェーデン、北サーメ地域で雇用されたパートタイムの教師も含む。
[16]　Høgmo（1994）p25.

表5-2　教師とスタッフのサーメ語能力

教師（9名）の言語的コンピテンス	宿舎スタッフ（7名）および事務管理者（2名）の言語的コンピテンス
・南サーメ語上級資格（Sørsamisk2）取得（ノルウェー）2名 ・南サーメ語中級資格（Sørsamisk1）取得（ノルウェー）1名（上級資格取得中） ・南サーメ語中級資格習得中（ノルウェー）1名 ・南サーメ語資格（Sørsamisk C/D）取得（スウェーデン）2名 ・北サーメ語母語話者（Morsmål nordsamisk）1名 ・北サーメ語上級資格（Nordsamisk2）取得（ノルウェー）1名 ・南サーメ語資格なし1名	・家庭環境で自然に習得した南サーメ語話者（Realkompetanse samisk og kultur）4名 ・サーメ語は習得しなかったが家庭環境がサーメ（Realkompetanse）2名（サーメ語準備コースにて修学中） ・南サーメ語習得中（中級・初級）2名 ・南サーメ語資格なし1名

メの家庭環境で育った者で、「伝統サーメ」の出身者であることが分かる。

　このように、ハットフェルダル・サーメ学校は職場のもち場で二分されているわけだが、教師とスタッフとの間に対立はない。その理由は、この学校の教師とスタッフは、お互いが遠い親戚や従兄、あるいはハトコ同士と、サーメの家族観である「LAAHKOEH（ラッハコエー）」という関係性のなかで親密かつ複雑につながっているからである。

　また、この2グループとも、学校ではサーメ語を学ぶことが禁じられ、ノルウェー語で教育を受けてきた世代であったことも影響していると想像できる。実際、彼らの第一言語は、サーメ語ではなくノルウェー語（3名はスウェーデン語）であった[17]。

南サーメ語の特徴に関する考察

　地形的な特徴で各サーメ地域が縦に長く広がっているノルウェーは、北サーメ地域と南サーメ地域間の距離が遠く、各地域の言語や文化の独自性がスウェーデンに比べてより濃く残されている。そして、サーメに対する教育や行政の

中心がサーメ人口の多い北サーメ地域であることに対して、少数グループの南サーメは、北サーメの文化に吸収されてしまうのではないかという脅威をこれまで常に感じてきた[18]。

　Kuoljok（2014）は、日常生活で使用されている約80単語のスウェーデン語を、北サーメ語、ルレサーメ語、南サーメ語に翻訳して語彙表を作成したが、それによると、三つのサーメ語の多くは独立した発音（綴り）で表されている。とはいえ、北サーメ語とルレサーメ語の間には、発音がまったく同じか類似しているものが20単語ほどあり、それらの単語を見ると、南サーメ語ではまったく異なる発音となっている。

　近代以降、サーメ社会のなかに入ってきたものに対する単語について見てみると、北サーメ語やルレサーメ語が元の発音に近いサーメ語で置き換えられているのに対して、南サーメ語はまったく違う発音となっているものもある。例えばコーヒーは、ノルウェー語で Kafé、北サーメ語とルレサーメ語では Kafea である。それに対して、南サーメ語は Prihtjhggåetie となる。またエレベーターは、ノルウェー語で Heis、北サーメ語やルレサーメ語では Hissa であるのに対し、南サーメ語は Lutnjije となる。

　2016年1月、ハットフェルダル・サーメ学校の短期セミナーで学生スタッフとしてアルバイトをした男子学生（第4章参照）は、2001年から2009年までハットフェルダル・サーメ学校の通年制の課程を就学し、普通教育のなかで南サーメ語を学習した経験をもっている。その経験から、いかに南サーメ語を習得するのが難しいかを語り、次のように揶揄していた。

「北サーメ語は、より多くのサーメが学べるように、発音などが改良されて容易になってきているのに比べて、南サーメ語は少しも改良されておらず、まるで博物館のなかの言葉のようだ」[19]

　歴史的経緯や地域的特性から、南サーメは自身の言語や文化の純粋性に敏感

---

[17]　北サーメ語母語話者1名を除く。
[18]　2011～2016年にわたるハットフェルダルでの聞き取り調査にて、南サーメの人達がよくこの問題について話しているのを聞いた。
[19]　2016年1月21日、宿舎にて男子学生に行ったインタビューより。

になる傾向がある。筆者も、6年間のフィールドワークにおけるインタビューや会話のなかで、「開放的な北サーメ地域に対し、閉鎖的な南サーメ地域」という表現をよく耳にした。閉鎖性の強い地域という特徴から、南サーメ語に古い表現が残ったということも考えられる。南サーメ語がほかのサーメ語に比べて難解だということも、南サーメ語の教員養成を困難にしている要因であると思われる。

次世代の南サーメ語の習得者

　しかし、2017年現在、新しい世代の南サーメ語の習得者が生まれつつある。それは、南サーメ語が教科として導入された1981年以降、サーメ語をサーメ学校で学んだ世代である。例えば、2014年の南サーメ語会議で発言したスノーサ・サーメ学校の卒業生である2名の高校生や前述した男子学生、そして、北サーメ地域のサーメ学校で北サーメ語を学んだ新任の女性教師らである。

　特に、2名の高校生と男子学生は、南サーメ地域にある通年の寄宿制サーメ学校に通い、学校教育として基礎教育課程の普通教科と南サーメ語・文化教育を受けたという経験をもっている。彼らにインタビューをした限りであるが、彼らは南サーメとしてのアイデンティティをもち、南サーメ語教育の必要性を自覚しているほか、サーメ問題に対して客観的に判断し、発言するだけの能力をもっている。彼らの世代にとって、もはや「伝統サーメ」か「近代サーメ」かというくくりはない。

　また、現在、短期セミナーに参加している生徒にも、次世代のサーメ語教育を担う潜在的な可能性をアンケートから見いだすことができる。生徒へのアンケートにおいて、「③サーメ言語・文化能力について」の項目で「このプログラムを通して、自分のサーメ語は上達していると思うか」という選択式の質問を行ったところ、全員（7名）が「①はい」と回答していた。「何故、そう思うのか」という質問に対しては、以下のような回答が得られた。

「何故なら、先生が助けてくれるから」（生徒B）
「このプログラムがなければサーメ語を学べない」（生徒D）
「何故なら、サーメ語を学ぶ時間や機会があるから」（生徒G）

このように、ハットフェルダル・サーメ学校のプログラムを通して、自分のサーメ語は上達していると認識している。

さらに、「将来、サーメ語は自分にとって役に立つと思うか」という質問に対しても、全員が「①はい」と回答している。「何故、そう思うのか」という問いに対しては、次のような回答があった。

「トナカイ飼育で使うことができる」（生徒A）
「ほかの人にサーメ語を教えることができる」（生徒C）
「サーメ語が滅びないように、次世代にサーメ語を教える」（生徒D）
「いろいろな言葉を学ぶことができる」（生徒E）
「自分の子ども達に教えたい」（生徒F）
「もし、自分がトナカイ放牧業に携わったら必要だし、ほかの人に教えてあげることもできる」（生徒G）

このように生徒達は、自分のサーメ語はハットフェルダル・サーメ学校のプログラムによって上達していると認識している。そして、今、自分が南サーメ語を学んでおけば、将来、自分の子どもや次世代に伝承することができるという、自身の言語に対する責任も見いだしていることが分かる。

このアンケートは短期セミナー中に行われたため、高揚感から生徒がより積極的なコメントをした可能性もある。しかし、少なくともこの短期セミナーに参加している生徒にとっては、南サーメ語は自分の言語、つまりアイデンティティの一部として捉えていることが分かる。

マジョリティーがノルウェー人であり、日常はノルウェー語が主体という南サーメ地域のなかで、あえて南サーメ語を主体とした環境をつくることは南サーメ語の維持と伝承に必要なことである。その意味でも、短期セミナーのランゲージシャワーの試みは意義のあるものとなる。

しかし、各セミナーは1週間と限られた枠でしかない。集中的に生徒が南サーメ言語に触れるためには、教師・スタッフ側にかなり上級のサーメ語の話者が必要となる。そのためには、現職の教師・スタッフにおける南サーメ語のスキルアップ、短期セミナー中における南サーメ語の徹底が必要である。

そして、学校教育で学んだという新しい世代の南サーメ語話者の潜在的な可

能性をどのようにして引き出していくのか、これがハットフェルダル・サーメ学校の短期セミナーにおける一つの課題となるであろう。

ハットフェルダル・サーメ学校の問題と課題

ここでは、南サーメ地域でサーメ教育を行うハットフェルダル・サーメ学校が根本的に抱える問題と課題について、三つの側面から論じていく。まず、寄宿制としてのハットフェルダル・サーメ学校の現状、次に教育プログラムの方向性、そして南サーメという小さな社会でも一枚岩ではないという、サーメのアイデンティティに対する複雑な対立という点からそれぞれの課題を考察する。

（1）寄宿制

「ひとつの学校（enhetsskole）」という理念から見たサーメの教育

第一の課題は、寄宿制を取らざるを得ないというものである。この課題を考察するにあたり、まずノルウェーの教育理念とサーメ教育の関連性について簡単に述べる。

元々ノルウェーの教育システムの柱となってきたのは、平等な社会を目指す「ひとつの学校」という理念である[20]。第2次世界大戦後、学校は福祉国家の要として、社会階層による格差のない、バックグラウンドの異なるすべての子ども達が集い、平等に教育を受けられるような場所として構想された[21]。そして、サーメのような異文化の背景をもつ子どもや障害をもつ子どもに対しても、ほかのノルウェー人の子どもと同じ学校に通うことが制度的に保障されたわけである[22]。

さらに、個々に応じた教育（tilpasset opplæring）の理念に基づき、教室内では一人ひとりの子どもにあわせた教育が目指された。このような教育理念が普及したのは1970年代であり、当時は、教科内容の知識というよりは子どもの自主性や自尊心を伸ばす教育を重視した教育観であった[23]。つまり、すべての子

第5章　ハットフェルダル・サーメ学校の課題と「学校」としての意義　241

どもが集まる場を保障すると同時に、個々のニーズに寄り添った教育を提供することがノルウェーの教育政策の中心にあった。

　この教育理念が、公立学校でのサーメ教育の保障を生み出した。現在、北サーメ地域の公立学校では、普通教育に加えて北サーメ語やサーメ文化の教育が行われている。さらに最近では、教育言語として北サーメ語が使用されることも認められてきた。

　この教育理念からすると、サーメの子どもだけを対象とした寄宿制のハットフェルダル・サーメ学校は例外的な学校となる。南サーメ地域に住むサーメは、南北の海岸線から内陸部のスウェーデン国境沿いまで、広域にわたって分散して居住している。そのため、一つの公立学校に10名以上の南サーメの子どもが集まることはほぼ不可能であり、南サーメ語の授業が開設できないというのが現状である[24]。さらに、南サーメ人口の絶対数の少なさから、南サーメ語や南サーメ文化を維持していくことが困難となっている。

　こうした点から、ハットフェルダル・サーメ学校は寄宿制をとってきた。そして、1951年の学校設立以降、生徒は南サーメ地域の各地からハットフェルダル・サーメ学校に在籍し、普通教育に加えて南サーメ語とサーメの文化教育を通年で受けてきたのである。

　しかし、1995年、教育庁は「寄宿学校ではなく地元の学校へ」という教育政策を打ち出した。そして、トロムソにサーメ語の遠隔教育機関を設け、そこからサーメ語の授業プログラムを一斉に配信し、家庭や地元の公立学校でサーメ語を学ばせるという「言語教育統括プロジェクト（Opplæring i hjemmeskolen）」が提案された（139ページ参照）。その背景には、「ひとつの学校」という理念

---

[20] 「ひとつの学校」とは、社会の平等を目指す教育政策上の理念および実際の学校制度のことを指し（Imsen 1999）、その理念は、①各学校に配分される資源が平等であるという次元、②すべての子どもを受け入れるという社会的な次元、③共通の文化・知識基盤を提供するという文化的な次元、④個々の多様性を受け入れるという次元、によって捉えられる。中田（2009）118頁参照。

[21] Telhaug et al.（2006）p253.

[22] Imsen（1999）p123.

[23] 中田（2009）140頁。

[24] 「教育基本法」第6条第2項より。第1章3節を参照。

から外れており、例外として扱われている南サーメ地域の寄宿学校を国としてどのように位置付けるかという政府の議論があった。

結果的には、このプロジェクトは実現されず、南サーメ地域にあるハットフェルダル・サーメ学校とスノーサ・サーメ学校は継続された[25]が、その議論においては、「ひとつの学校」理念と先住民族に保障すべき権利との間にある矛盾が浮き彫りとなった。

ノルウェーは、スウェーデン、フィンランドに先駆けて1993年、欧州評議会による「地域言語または少数言語のための欧州憲章」に批准し、いち早くサーメ語を公用語として認めた国である。そして1991年、サーメが居住する4か国のなかで唯一「ILO第169号条約」に批准し、その条約に対応する国内法の一つとして「フィンマルク法」を制定している。さらに、サーメ教育制度の整備、公教育における北サーメ語・ルレサーメ語・南サーメ語の教育保障を謳っている。

先住民族サーメに対する様々な権利および言語・文化教育の法的保障の点で、ノルウェーはサーメが居住する他国を牽引してきた国である。しかし、南サーメ地域にあるサーメのための寄宿学校は、「ひとつの学校」というノルウェーの目指す平等な教育政策から言えば特例の存在となる。一方、先住民族サーメに保障すべき権利という観点から見れば、南サーメ語およびサーメの文化教育を受ける権利を保障するために寄宿学校が存在してきたとも言える。

先住民族のための教育保障という立場からそれを例外として認めていくのか、それとも平等教育の理念のもと、一旦公立学校に南サーメの子ども達を在籍させたうえで新たな南サーメ語教育を提供するべきなのか、という議論がこの背景にある。

サーメの生活近代化と親の意識変化

次に、近代化した生活を送るサーメの、寄宿学校に対する価値観の変化を明らかにする。1年の多くの時間をトナカイとともに移動してきたトナカイ放牧という飼育形態は、より高度な先進技術を駆使する大規模産業へと変化した。そして、移動時間の短縮と合理化によって、1年中子どもとともに家族全体で

移動する必要がなくなった。また、小規模のトナカイ放牧業を営んでいた多くのサーメは、その生業から離れ、ほかの職業へと移っていった。

このようにサーメの生活が近代化したことにより、両親が放牧のために移動する間、子どもを寄宿させる必要がなくなり、寄宿学校の必要性は薄れていった。ましてや、トナカイ放牧業と関係のない職業に従事してきたサーメにとっては、子どもを寄宿させてハットフェルダル・サーメ学校に通わせるという選択をする必要がほとんどなくなった。

短期セミナーに参加した生徒の保護者へのアンケート結果からも、現代のサーメにとっては寄宿学校の必要性が低いこと、またそれに対する抵抗感が見て取れる。

「もし、ハットフェルダル・サーメ学校に全日制のプログラムが再開したら子どもを通わせたいか」という選択式の質問項目に対して、4名の回答者のうち「①通わせたい」が2名、「②どちらとも言えない」が1名、「③通わせたくない」が1名であった。「②どちらとも言えない」と答えた母親のコメントは次のようなものであった。

「ハットフェルダル・サーメ学校の教育方針は好ましいが、もし子ども達が学校に寄宿することになったら、子ども達と過ごす日々の生活を失ってしまう。子ども達にとっても、親にとってもよいことではない」

この母親はトナカイ放牧業の家族に生まれ、トナカイ放牧業の家族に嫁いだ。看護師である彼女自身、1980年から1989年（7～16歳）までハットフェルダル・サーメ学校の寄宿学校に通っていた。子どもは2学年と7学年（調査時：2016年2月）の女子である。彼女はハットフェルダルから60kmほど離れた地域に住んでいるが、次女の短期セミナー中は、子どもが心配だからと言って一緒に寄宿し、全日程に参加していた。

一方、「①通わせたくない」と回答した父親（42歳）は、「子どもには家にいてほしい。子どもと一緒に住みたいから」というコメントを書いていた。彼の

---

(25) 寄宿学校は、南サーメ地域のハットフェルダル・サーメ学校とスノーサ・サーメ学校の2校である。

家族は、ハットフェルダルから約400km南に離れたノルウェー第3の都市、トロンハイムに住んでいる。

2016年1月、筆者はトロンハイムでこの父親にインタビューする機会を得た。彼は、第3章（112ページ）でライフストーリーを描いたトナカイ放牧業を営む家族出身のトムと前妻の息子であり、彼自身、ハットフェルダル・サーメ学校の全日制で教育を受けている。現在は、トロンハイムのIT企業に勤めており、ノルウェーのなかでも年収の高い中間層である。

彼は、娘達（現在2人の娘）がハットフェルダル・サーメ学校の短期セミナーに参加することは、サーメの文化を知るうえで大切な経験だと語った。アンケートの「サーメ学校に期待することは」という質問項目に対しても、「集中して徹底したサーメ語教育を期待する」とコメントし、サーメ教育にも積極的な立場である。

また、子ども達が短期セミナーに参加するために飛行機でハットフェルダルに送り出したり、トロンハイムから約400kmの道のりを車で迎えに行ったりするという労力を惜しまなかった。しかし、もしハットフェルダル・サーメ学校に全日制の寄宿学校が復活しても、「自分の娘達には今の生活があるから、親元から離してまでそこに通わせる意志はない」と語っている。

さらに、アンケートの「ほかの教育機関で子どもにサーメ語を習わせているか」という質問項目に対しては、先の母親が「家庭で学習している。夫と私の両方とも子ども達にサーメ語で話しかけている」と答え、後者の父親は「子ども達はサーメの父と祖父がいるため、日常生活のなかで、また家族で集まった時などに多くのサーメ語を学ぶ機会がある」と回答した。

このように、ハットフェルダル・サーメ学校以外でも、この2家族の子ども達は日常的にサーメ語に触れる機会がある。

現在、このハットフェルダル・サーメ学校の短期セミナーに子どもを参加させている家族は、経済的にも比較的豊かなノルウェー市民としての一面と近代サーメ的な要素をもっているだけでなく、家族の誰かがトナカイ放牧業に携わるという伝統的なサーメである。サーメ・アイデンティティの点から言えば、

両方の要素をもった恵まれたサーメと言える。しかし、そのような条件の整ったサーメ家族でさえ、寄宿に対しては積極的な意見が見られなかった。

　また筆者は、2009年の事前調査で、ハットフェルダル・サーメ学校の保護者に面会する機会を得ている。インタビューに応じてくれた母親は、「ハットフェルダル・サーメ学校のサーメ教育は素晴らしい。子ども達も本当に喜んで学校に通っている」としたうえで、次のように語った。

「ハットフェルダル・サーメ学校は、自分達サーメのアイデンティティを維持するために大切な学校である」

　この時はまだ全日制のサーメ学校が開校していた時期であったため、筆者はてっきり、この母親の娘は寄宿してサーメ学校に通っているものと思ってしまった。しかし、インタビューを進めていくうちに、母親が語っているハットフェルダル・サーメ学校とは短期セミナーのことであると分かった。つまり、彼女の娘は、普段は地元（モイラナ）にある公立の基礎学校に通い、1年の6週間だけ短期セミナーに参加していたのだ。

　この母親は、夫とともにモイラナの中心部でオートバイの販売・修理を行う店を営んでいる[26]。そのため、ハットフェルダル・サーメ学校の通年制のコースに入学するためには娘を寄宿させなくてはならない。やはりこの母親も、「娘を手元から手放して寄宿させるなどということは考えられない」と語った。

　以上のように、近代化に伴いサーメの生活自体が変化した現在、ハットフェルダル・サーメ学校の教育的価値は認めるものの、自分達の生活基盤は変えずに南サーメ語およびサーメ文化を子ども達に教育させたいというのがほとんどの親の本音である。また、遠隔教育の拡大と便宜性、短期セミナーにおけるサーメ語・文化教育の充実が、親達にそういった教育手段の選択を促していた。結果として、寄宿を伴う通年制授業の再開という可能性は極めて低いものとなっている。

---

[26] この家族の親戚筋にトナカイ関係の家族がいるかは、当時のインタビューでは聞き取ることができなかった。

（2）教育プログラム

次に、サーメ教育プログラムの側面からハットフェルダル・サーメ学校の課題を考察する。Høgmo（1994）は、公教育でのサーメ教育が直面している課題を２点指摘している[27]。

最初の課題は、サーメ教育の内容に対する関連性と正当性である。サーメ教育のプログラムを発展させてきた初期段階では、サーメテントを組み立てたり、土でできた小屋を建てたりするといった伝統的な生活からその要素を取り入れることが多かった。

だが、これはサーメに関するステレオタイプを再生産するものであり、実際、それらの教育内容は近代的な生活を送るサーメの生活とはかけ離れたものであった。そのため、現在の自分達の生活にとって、このようなサーメ教育が果たして意味のあるものなのかと考えるサーメの保護者達が多く現れることになった。

２点目の課題は、近代的なサーメ文化を取り入れたシラバスをつくることの困難さである。Høgmo（1994）は、教師自身もまたそのような教科（subject）をつくること、それを一般の教育内容に統合させることがいかに難しいかを認識している、と論じている。

しかし、1997年以降、義務教育課程において、サーメ生徒のための特別な「サーメ・ナショナル・カリキュラム（Læreplaner i Kunnskapsløftet samisk）」が導入されたことより、サーメ語に加え、社会科ではサーメの歴史や地理、理科ではサーメが伝承してきた自然に対する知識、アート＆クラフトの教科ではドゥオッジ、音楽の教科ではヨイクといった、各教科内にサーメ文化を取り入れた授業が可能になった。さらに、サーメ・ナショナル・カリキュラムに基づいた各教科のサーメ語の教科書も出版され、それに基づいてサーメ教育が展開されるようになった。

明確なサーメ教育シラバスの設定によって、Høgmo（1994）が示唆したサーメ教育の内容の課題は、2017年現在、公立学校におけるサーメ教育においてある程度解決されつつある。

ハットフェルダル・サーメ学校の教育プログラムの変容

　第２章で述べたことだが、筆者が調査を行った北サーメ地域にあるカウトケイノ基礎学校では、北サーメ語を教育言語（教科をサーメ語で教える）とし、サーメ・ナショナル・カリキュラムに沿ったサーメ教育が実践されている（74ページ参照）。しかし、特別な伝統的サーメ文化を強調した授業は行っていない。その理由として、教科書にサーメに関する内容がすでに取り込まれていること、そして地域全体にサーメ文化が息づき、各家庭もサーメ文化を基本とした生活をしているため、これ以上、伝統的なサーメ文化に関する特別な学習をする必要がないからである[28]。

　それに対してハットフェルダル・サーメ学校は、トナカイ文化を中心とした伝統的なサーメ文化を強調した教育活動を学校の特徴として前面に出してきた。1990年代から2000年代前半にかけて、寄宿制の通年制授業を展開していた頃のハットフェルダル・サーメ学校は、ノルウェーのナショナル・カリキュラムに基づいた正規の普通教育を提供したうえで、南サーメ語とサーメ文化を加えた教育を行うことが可能であった。聞き取りの限りであるが、1990年代から2008年頃まで、ハットフェルダル・サーメ学校に通年で通っていた生徒のなかには、全国テストの結果で高得点を収めたりするなど優秀な生徒もいた[29]。

　しかし、通年で学習する生徒がいなくなった2017年時点では、そのような学習面でのアピールができない。また、限られた時間のなかでの教育プログラムは、基礎学力の向上というよりは、南サーメ語の維持のための教育や、トナカイを軸としたサーメ文化教育に重点を置かざるを得ない状況となっている。

　さらに、ここ十数年、寄宿制の全日制学校と短期セミナーを並行させる形で運営してきため、保護者達や地域社会に、ハットフェルダル・サーメ学校は学校というよりは、むしろ補習的な学校であるという認識を生み出してしまった。そのため保護者は、普段は子どもを地元の公立学校へ通わせ、サーメ教育については遠隔教育と短期セミナーを選択するといった傾向にある。

---

[27]　Høgmo（1994）pp.21-27.
[28]　2011年９月、カウトケイノ基礎学校の初等科校長ヴァース氏からの聞き取りによる。
[29]　2016年２月、ハットフェルダル・サーメ学校の教師・スタッフからの聞き取りによる。

この現状に対して教師達は、ハットフェルダル・サーメ学校をどのように認識しているのだろうか。教師対象のアンケートのなかの「①学校」に関して、「サーメ学校の意義は何だと思うか」という質問項目に対して次のような回答が得られている。
「子ども達が出会い、サーメとして、仲間同士でともに時間を過ごし、サーメの伝統工芸や文化を学ぶことができる場を提供している」（教師A）
「学校は、我々のアイデンティティである。そして、南サーメが生き残るために貢献している」（教師B）
「子ども達が出会い、ともに過ごし、自分達の文化や言語を習得し、理解する重要な機会である」（教師C）
「コムーネのなかで、南サーメ語と文化を守り、維持していく役割を担っている」（教師D）
「二つの南サーメ教育機関のうちの一つであるという点で重要である」（スタッフF）

　これらのコメントから見いだせるように、教師・スタッフ達は、ハットフェルダル・サーメ学校が求められているもの、つまり南サーメのアイデンティティを形成させていくことに教育的な意義を見いだし、それが南サーメ語・文化教育の源であるという自負をもっている。しかしながら、教師・スタッフにとって学校の意義は、「サーメ言語・文化の伝承と発信」に集約され、かつてハットフェルダル・サーメ学校の担ってきたもう一つの側面である「普通教育」に言及した回答を得ることはできなかった。
　次に、「①学校」に関しての2番目の質問である「勤務時間、教育活動など学校の職場環境に満足しているか」に対しては、8名全員が「①満足している」と回答した。この回答は、国から十分な予算が確保されていることで給料が保障され、かつ遠隔教育と短期セミナーのプログラムにおいても満足のいく教育を提供し、学校内で良好な人間関係が保たれているという環境から出たものと思われる。
　しかし、「①学校」に関しての最後の質問である「学校が置かれている今の

第 5 章　ハットフェルダル・サーメ学校の課題と「学校」としての意義　249

状況・立場に満足しているか」に関しては、全員が「③満足していない」と回答している。そのコメントとして、以下のようなものが得られた。
「今日の教育政策は不平等である。サーメの子ども達は、自分達の言語や文化を学ぶ機会が平等に与えられていない。言語習得はすべての子どもに与えられるべき権利であり、その教育は地方自治体で行われるのではなく、国の予算で行われるべきである」（教師B）
「サーメ自身やサーメが置かれている状況は、もっと改善されるべきである」（教師C）
「今後、サーメ学校が存続できるのかという不安がある」（教師D）
「新政府（nye regjeringen）⑽が、今までと同じようにサーメ学校に予算をあててくれるか不安である」（スタッフE）

　これらの回答には、学校が置かれている状況に対しての不満や不安が反映されている。実は、このアンケート実施の3か月前となる2015年10月、教育庁が次年度からのハットフェルダル・サーメ学校の運営を停止するという議題を発案し、それが議会で議論されていた。今の学校環境に対する社会からの批判や、いつ学校閉鎖が決定されるかという不安が浮き彫りとなったわけである。

　ハットフェルダル・サーメ学校で展開されている南サーメ語・文化教育は、南サーメ地域で営まれてきた伝統的なサーメ文化をもとに、近代的なサーメ文化の要素を加えた柔軟で意義のある内容であり（第4章参照）、Høgmo（1994）の提示した1点目の課題は乗り越えている。そして、教師・スタッフ自身も、そのような教育活動に満足している。

　しかし、Høgmo（1994）の2点目の課題である「近代的なサーメ文化を取り入れたサーメ教育を、一般の教育内容に統合させること」に対しては、アンケートの回答を見る限り、教師・スタッフにその発想を見いだすことはできなか

⑽　2013年9月、ノルウェー総選挙で、中道右派などの野党連合が労働党を率いる中道左派政権に勝ち、8年ぶりの政権交代となった。中道右派を率いる保守党のソルベルグ氏が首相となった。資本主義的思想に近いと言われる中道右派連合は、移民受け入れ制限を掲げる進歩党も含まれており、少数派に対する教育保障の懸念が南サーメの間でも広がった。

った。「学校」という枠組みのなかにあって、普通教育を行っていないという不安感が、政府や社会、教育政策への不満へと転化されている事実が浮き彫りにされた。

南サーメ地域におけるサーメ学校の教育的位置付け

　この背景には、北サーメ地域のカウトケイノ基礎学校とは異なる、ハットフェルダル・サーメ学校の特別な教育的位置付けがある。ここで、北サーメ地域のカウトケイノ基礎学校と南サーメ地域のハットフェルダル・サーメ学校の地域的背景から、サーメ教育における内容の差異を再度確認する。

　第2章で述べたように、カウトケイノ基礎学校に通う子どもの家族はほとんどが北サーメであり、カウトケイノ中心部の村もほとんどがサーメである。2000年前後は約60％がトナカイ放牧業に従事していたが、現在はトナカイ放牧業が約30％、その他は林業、農業、公務員、教員、サービス業などといった職業に就いている[31]。

　この地域は北サーメ語で就業でき、生活ができる強固なコミュニティが形成されている。そのため、トナカイ放牧業はサーメのアイデンティティの一つではあるが、トナカイ放牧業以外の職業であっても普通に北サーメ語を話すサーメが多く、個々にサーメのアイデンティティを獲得している。それゆえ、カウトケイノ基礎学校では、トナカイ放牧に関する授業カリキュラムは特に設けられていない。

　それに対して、ハットフェルダル・コムーネ周辺の南サーメの推定人口比率はおよそ10％以下と言われている（102ページ参照）。そのなかで、伝統的なトナカイ放牧業を営んできた家族や、自身は放牧業をしていないがその家族の出身者、トナカイに関する職業の家族、サーメ学校の関係者だけが公私ともにサーメであると認識されている。

　それ以外のサーメは、サーメ議会に登録しているものの、普段はカウトケイノのサーメと同じく様々な職種に就いている。カウトケイノの北サーメと決定的に違うのは、トナカイ関係以外の職業はノルウェー社会のものであり、南サーメのコミュニティによる特別な就業が整備されているわけではないという点

である。
　南サーメ地域では、トナカイ関係以外の職業を生業にしているサーメがアイデンティティを表現する機会はほとんどなく、意識していなければ、ノルウェー社会のなかに埋もれてしまうという環境にある。そのため、ハットフェルダル・サーメ学校での南サーメの文化教育というと、やはり伝統的なトナカイ放牧に関するものが色濃くなってしまう。
　前述したように、南サーメ地域は最も南部に位置し、ノルウェー人とサーメが混在する地域であり、最も同化の進んだ地域の一部でもある。そのため、南サーメの帰属性も、南サーメ文化に対する価値観も多様である。そのような地域にあって、ハットフェルダル・サーメ学校に求められているものは、いかにして南サーメのアイデンティティ、言い換えれば南サーメ自身をつくり出していくかということになる。また国としても、先住民教育の成果としてハットフェルダル・サーメ学校に求めるものは南サーメ語やサーメ文化の普及となる。「南サーメとは何か、南サーメ文化とは何か」
　この特徴を出すために、Høgmo（1994）の指摘する外側から見た「ステレオタイプ」のサーメ文化、つまり南サーメ地域でかつて多くのサーメが生業とし、現在も南サーメとしてのアイデンティティを維持しているトナカイ放牧という伝統的なサーメ文化のイメージが強調され、学校に反映されているという事実も否定できない。
　ハットフェルダル・サーメ学校は、トナカイ放牧業に関係のないサーメ家族にとっては、自分達の生活とはかけ離れたサーメ文化を教える学校、またハットフェルダルコムーネやその周辺の村人達にとっては、トナカイ放牧のための学校といった「ステレオタイプ」のイメージが払拭できずにいる。
　南サーメ語を話す人材、南サーメというアイデンティティを育て上げるという学校の教育目標にもかかわらず普通教育を行うことができないという現状のなか、遠隔教育と短期セミナーの２本柱で伝統的なサーメ文化と近代的なサー

---

(31)　2011年９月、カウトケイノ基礎学校中等科校長であるエイラ（Eira）氏からの聞き取りによる。69ページからも参照。

メ文化の要素を加え、いかに南サーメらしさを出した教育を試みるか、さらには、南サーメ地域のなかで取りこぼされてきたトナカイ文化以外のサーメ文化をいかに丁寧に拾い出して学校教育に取り入れていくのか、これがハットフェルダル・サーメ学校の課題となる。

（3）南サーメ文化をめぐる対立――伝統的サーメと近代サーメ

　前項で述べたように、ハットフェルダル・サーメ学校は、南サーメ語に加え、南サーメらしさを生み出すことが求められている。それゆえ、「南サーメらしさとは何か、南サーメ文化とは何か」という文化の真意性をめぐって摩擦が生じてきた。そして、その摩擦がハットフェルダル・サーメ学校の求心力を弱めている。そこには、南サーメ地域を中心としたサーメ間の葛藤があり、その根本には「誰が本当のサーメか」という問いがある。

　先にも述べたが、南サーメ地域のハットフェルダル周辺地域は、1800年代後半からのノルウェー人農地開拓者の移住や林業開発などで、サーメしかいなかった地域に多くのノルウェー人が移り住むようになった所である。そして、現在は、ノルウェー人のコミュニティのなかでサーメがマイノリティーとして生活している地域である。

　さらに、交通網の発展で容易になったサーメ・コミュニティ間の新しい移動は、異民族の結婚をもたらし、文化的異種性を生み出した。そして、その現象が、「純粋なサーメとは何か」「誰が本当のサーメか」という問いを喚起させることになった。しかし、このような背景には、南サーメ地域という地理的な要因だけでなく、現代サーメのアイデンティティ確立というジレンマがあるとも考えられる。

　Høgmo（1986）は、ノルウェー北部の沿岸部のサーメ地域（ルレサーメと南サーメが含まれる）を対象に、サーメのアイデンティティ喪失をもたらした同化過程を3世代に区分し、典型的なサーメのノルウェー化は第3世代に顕著に現れたとしている[32]。

　Høgmo（1986）によると、第3世代の特徴は、児童期は自分をノルウェー人

であるという意識しかもっていなかったものの、成長過程において周りの様々な環境に気付き、自己認識がサーメとノルウェー人という二つの民族間で揺れることになったとある。

　それが、結果的に自己意識に対する不安と葛藤を生み出した。また、その傾向は、特に強力な同化が行われた沿岸部のサーメ・コミュニティで強く見られ、第3世代のサーメの多くが、自身の民族的アイデンティティへの問いに対して納得できるだけの答を出せずに生活することになっている。

　その問いとは、すなわち「サーメのアイデンティティとは何を意味するものなのか、彼女／彼はサーメか、それともノルウェー人か、私はサーメかそれともノルウェー人か」というものであり、第3世代のサーメは、「ノルウェー人でもサーメでもない」というアイデンティティのジレンマに陥ったのである。

　Høgmo（1994）は、戦後のノルウェー復興に伴う近代化の流れとサーメ社会の急速な変化に言及し、1990年代に入ると、サーメのなかで新しい格差が生み出されたと論じた。戦後の福祉国家の軸となった平等の教育理念とサーメ社会に及んだ近代化は、サーメにノルウェー国民として平等な公教育を与えた。そして、高学歴の中間層という新しいタイプのサーメが生み出された。これが先に述べた「近代サーメ」[33]である（105ページ参照）。

　つまり、戦後、サーメに対する差別や偏見が徐々に見直される過程を経て、ようやくサーメは自らのアイデンティティを表すことができるようになったということだ。そして、「近代サーメ」と呼ばれる新しいタイプのサーメが生み出されたのである。

　近代サーメのほとんどは、ノルウェーの公教育を受けたあと、サーメ語を家庭ではなく高等教育機関や他のサーメ語教育機関などを通して学習し、その後、改めて自分自身をサーメであると表明し、サーメ議会に登録をした人々である。

---

[32]　Høgmo（1986）bd. 27, pp.395-416. Høgmo の言う第3世代は当時の40代～50代のサーメを指し、現在（2017年）は70代後半から90代のサーメに当たる。
[33]　フィールドワークでは、「old サーメ」と「new サーメ」という対比で、相手側のサーメのことを言うのをよく耳にしたが、本稿では、Høgmo（1994）が定義した「近代サーメ（Modern Sami）」という用語を用いる。

ここで、サーメがどのような条件で定義され、認定されているのかについて明らかにしておく。サーメに対する定義は、1980年にトロムソで開催された北欧サーメ評議会によって採択された。それは、以下のいずれかの条件を満たせばサーメとして定義されるというものである。

❶サーメ語を第一言語としている者。または、父親、母親、祖父母のいずれかがサーメ語を第一言語としている者。
❷自分自身をサーメと考え、サーメ社会のルールに従って生活している者。さらに、サーメ組織の代表者にサーメ人であると認識された者。
❸上記の条件を満たした、父親もしくは母親をもつ子ども。

　この条件を基盤として、各国（ノルウェー、スウェーデン、フィンランド）がそれぞれの国の事情を加味してサーメの定義を定めている。ノルウェーにおいては以下のようになっている。

> 　自分自身がサーメであると考えている者で、以下の条件を踏まえている場合。
> ・サーメ語を家庭内で使用（har samisk som hjemmespråk）している。
> ・親、祖父母のいずれかがサーメ語を家庭内で使用している。
> ・すでにサーメ登録をしている者の子ども達。

　上記のいずれかの条件が満たされればサーメ議会に登録することができる。そして、各自治体からサーメ議員に対する選挙権（18歳から）が与えられ、サーメとして公認される。このように、ノルウェーにおいて誰がサーメであるかは、「言語と主観的判断基準との組み合わせ」によって定義されている。
　実は、先住民族の個人認定を判断する場合、「血統」を基準とする国が多い。例えば、アメリカやカナダの先住民族においては血の割合が重要視されているし、ニュージーランドのマオリやオーストラリアのアボリジニにおいても先祖の血統が認定される条件となっている。一方、日本のアイヌにおいては、国からの個人認定はないが、公益財団法人北海道アイヌ協会による「血統」と「自

己認識」によって、その会員登録の整合性が判断されている。

　これらに対してサーメの場合は、「血統」ではなく「言語と主観的認識」がサーメであるか否かの判断基準となっている。極端に言えば、自分がサーメであると考え、サーメ語を話すことができれば、たとえ他の家族全員がサーメでないと宣言しても、本人はサーメとして登録することができるということだ[34]。

　サーメであることの個人認定に言語が重要視されるがゆえ、特に家庭内でサーメ語が話されていない環境で育った近代サーメにとっては、サーメ語教育を提供するノルウェーの公教育はサーメへの帰属意識を生み出す重要な機関となった。

　一方、近代サーメに対比されるのが、同化政策時代も変わらずトナカイ放牧業を中心としたコミュニティを維持し続け、家庭内でもサーメ語がある程度話されてきた、いわゆる「伝統的サーメ」と呼ばれるサーメである。

　「モノと関係をもつことのできないただの言葉、つまり伝統的な視点から見ると、近代化はいつも言葉（words）とモノ（things）との間に不釣合いな状態を伴うようなもの」[35]

　このような論理を引用したHøgmo（1994）は、近代サーメが生み出しつつあった新しいサーメ文化は、伝統的なサーメが維持してきた「サーメなるもの」とは異なる、異質でアンバランスなものであることを指摘している。

　例えば、近代サーメの公教育に対する捉え方は、伝統的なトナカイ放牧業を続けてきたサーメや高齢のサーメにとっては抵抗感のあるものであった。というのも、彼らは学校教育によってノルウェー語が強要され、サーメのアイデンティティを否定された同化政策時代の経験を仲間内で語り継いできた人々であり、公教育以外の場所で、つまり家庭や職場のなかでサーメ語を学び、守り続けてきたからである。

---

[34]　しかし、自分がサーメ登録をすれば、自分の親や兄弟、親戚までサーメの家系であることを地域に明らかになってしまうため、それを考慮して登録に踏み切れない場合もある。2009年9月、モーシェン・ヘルゲランド資料館館長ヤニカン・オールセン（Janicken Olsen）氏からの聞き取りによる。オールセン氏自身もサーメの家系であるが、親戚などのことを考慮してサーメ登録はしていない。

[35]　Foucault（1970）から引用されている。Høgmo（1994）p22.

トナカイ放牧業のような伝統的な生業を維持してきた伝統的サーメに必要とされる個人の能力の発達とは、実践的な技能や仕事、日常生活で頼りにできる人と良好な関係を築くことであった。そのようなサーメにとって必要とされる大切な知識は、長年にわたって、独特の家族観である「LAAHKOEH」(110、211ページ参照）という関係性のなかで養われてきたのである。それゆえ学校で教える普通教育は、伝統的サーメにとっては、伝承してきたサーメ教育とは別次元のものであった。

　さらにHøgmo（1994）やBourdieu（1984）は、ノルウェー社会に融合しつつ、サーメの新しい文化を生み出そうとしている近代サーメに対する、伝統的サーメのジレンマについても注目している[36]。

　伝統的サーメは、自分達が今の生活の基準にあわないということで過小評価され、除外されているように感じ、近代サーメから見れば、自分達の生活は能力の低い営みと捉えられていると感じていた。その一方で、近代サーメが生み出している新しいサーメ文化は、たとえ伝統的なサーメの世界観が象徴的に表されているとしても、ノルウェー化したサーメ文化にすぎないと感じていた。「自分達が本当のサーメである」とする伝統的サーメの感情が、近代サーメに対する差別化や閉鎖性を生み出し、ハットフェルダル・サーメ学校にも少なからずその影響が現れてきたと考えられる。つまり、ノルウェーにおけるサーメの定義や個人認定もまた、世界各国に存在する先住民族の定義や個人認定の難しさと同様に、主観的な要素と言語という境界が曖昧なものになっている。それゆえ、それぞれの立場のサーメに「誰が本当のサーメか」という複雑な対立感情を抱かせてきたと言える。

　筆者が本書において分析対象とした世代は、Høgmo（1994）の言う第3世代以降の第4世代から第6世代のサーメである。本書における第4世代は、ライフヒストリーとして紹介したトムとレイフのような戦後生まれの、2017年現在60代〜70代前半の世代である。2人とも公教育でサーメ学校に通った経験があるが、学校教育ではサーメ語を学んでいない。

　トムは家族のなかで、つまりHøgmo（1986）の言う第3世代、第2世代から南サーメ語を学んだ。一方レイフは、成人してから高等教育機関で南サーメ

語を学習した。伝統的サーメと近代サーメというく̇く̇り̇で分類するならば、トムは伝統的サーメの家族出身となり、レイフは近代サーメとなる。しかし、2人とも高等教育を卒業し、ハットフェルダル・サーメ学校に深くかかわってきた人物である。

　第5世代は、1960年代後半〜1970年代に生まれた世代となる。そのほとんどが、学校教育で南サーメ語の授業が提供されていない時期である。現在、ハットフェルダル・サーメ学校に通わせている子どもの保護者世代となるが、南サーメ語が話せる者は少ない。そのなかで南サーメ語が話せる者は、家族の誰かが南サーメ語を話し、家庭のなかで学んだ者達である。

　ハットフェルダル・サーメ学校の教師やスタッフもこの世代に入る。彼らもまた、家庭で南サーメ語を学んだ者は少なく、成人になって高等教育機関やサーメ語講座などで教育を受けながら南サーメ語を習得してきた。

　そして第6世代は、現在の子どもから30歳代までの若い世代であり、学校教育で何らかのサーメ語を学んだ経験があるという世代である。そのなかでも特に、1980年代後半から2000年代後半の間にハットフェルダル・サーメ学校の通年制に通っていた者は、普通教育で南サーメ語を学習したためサーメ語の能力が高い。例えば、2016年1月〜2月の短期セミナーで宿舎スタッフのアシスタントであった男子学生や、北サーメ語の遠隔教師として参加した女性教師などがこの世代となる。

　短期セミナーと遠隔教育のみの教育を受けている今の子どもは、公教育に加えてサーメ語教育を受けることができる環境にいる。それからすると、現在では、伝統サーメと近代サーメといった区分を簡単にあてはめることができない。現在のサーメ世代の誰しもが、Høgmo（1994）が示唆したサーメの文化的なリーダーシップを担う近代サーメ的な要素をもっていることになる。

　しかしながら、南サーメ地域のハットフェルダル・サーメ学校を取り巻く「トナカイ放牧業のサーメ家族とトナカイ放牧業以外のサーメ」の間には、依然として「伝統的サーメと近代サーメ」と言えるだけの溝が存在しているとい

---

(36)　Høgmo（1994）p26, Bourdieu（1984）p479.

卒業生でありアシスタントとして参加した男子学生（左）。「サーメのアイデンティティに誇りをもつことができる第一世代」と若い世代は言う

トナカイ放牧業に携わる次世代の若者たち

うのも事実である。さらに、伝統的サーメが大切にしてきた家族観である「LAAHKOEH」（ラッハコエー）は、大切なサーメの哲学である一方で、その強い家族観によって排他性を生み出してもいる。

つまり、「LAAHKOEH」をサーメの精神性の真髄と結び付けて考えているハットフェルダル近郊の「伝統的サーメ」にとっては、「近代サーメ」達は家族の後ろ盾が薄いと映るため、彼らを「真のサーメ」としては承認できず、結果としてサーメ内の溝を深めているとも考えられる。

「誰が本当のサーメか」という問いは、現在もハットフェルダル・サーメ学校にかかわってきたサーメの間に存在している。筆者は、しばしばその問いに対する議論のなかで微妙な見解の違いを耳にしてきた。その問いは、時には無意識のなかで発せられる言葉のなかに見いだされ、また時には強い意識をもって発せられていた。

例えば、教師ペーテルの「サーメにとっての主食はトナカイの肉である」という言葉や、保護者の「子どもが通っている地元の基礎学校にはサーメの子どもが3人しかいない」という言葉の裏には、トナカイ放牧業にかかわるサーメ（自分達）が真のサーメであるという論理があり、他の職業のサーメを無意識に排除しているような感じがした。一方、レイフが「トナカイ飼育関係のサー

メだけがサーメではない」と言う主張には、そのようなステレオタイプを打破したいという強い意志がうかがえた。

　以上のように、サーメ・アイデンティティをめぐる互いの溝は、ハットフェルダル・サーメ学校が直面している一つの大きな課題である。しかし、それは同時に、南サーメ地域のような小さなサーメ・グループが、今後ノルウェーの先住民族として生き残っていくために、サーメ・アイデンティティの複雑な対立を乗り越えて「南サーメ」をどのように捉えて包含していくのかという課題にもつながる。

「学校」としてのハットフェルダル・サーメ学校の意義

　これまでに述べてきたように、ハットフェルダル・サーメ学校は2010年から2017年8月現在に至るまで、普通教育の学校としては機能していない。現状は、南サーメ教育を発信する「学校」として教育活動を継続しているのみである。

　ここでは、このような現状のハットフェルダル・サーメ学校が、今「学校」という枠組みで何を伝えようとしているのか、さらにハットフェルダル・サーメ学校の事例を通して、マイノリティーのなかでもさらにマイノリティーである南サーメ地域で行われているサーメ教育に、「学校」がどのような意義をもっているのかを考察する。

　先住民族言語研究を専門とする金子（1999）は、少数先住民族言語の復興政策の可能性として、「民族語を用いる公的な場を確保し、その公共生活上の効用をつくり出し、かつ維持すること、とりわけ学校教育において教育語の位置を確保すること」[37]という政策を提唱している。ノルウェー政府のサーメ教育政策は、サーメ語を公用語としている点、サーメ語行政地区におけるサーメとしての雇用機会の提供、学校教育におけるサーメ語教育の保障という点で、金子（1999）の指摘する要素を十分に満たしている。

---

[37]　金子亨（1999年）91頁。

しかし、序章で述べたように、ノルウェーの公教育における先住民族教育保障は、サーメ人口の多い最北部の北サーメ地域では実現されているものの、そのメインストリームから離れたルレサーメ地域や南サーメ地域には依然として多くの課題が残されている。また、サーメ問題に対する議論やサーメに関する研究の多数は北サーメ地域に偏っており、ハットフェルダル・サーメ学校のように小さな地域で行われている教育活動の実態にはほとんど関心が寄せられていない。それどころか、寄宿学校としてのハットフェルダル・サーメ学校は、今はもはや普通教育を行う学校としては機能していないのだ。

通年の授業が行われていないハットフェルダル・サーメ学校は、ここ数年、ノルウェーの教育法での学校の枠にあてはまるのかという批判を受けるようになってきた。その結果が、前述した2015年10月の国会での、ハットフェルダル・サーメ学校の2016年度以降の運営停止に関する議論である。

ここで、もう一度ハットフェルダル・サーメ学校の設立から現在に至るまでの沿革を簡単に整理しておきたい。ハットフェルダル・サーメ学校は、同化政策の時代に南サーメ地域で沸き上がった「教会管轄ではなく国によるサーメの子どものための学校」という国に対する南サーメの要求運動の結果、第2次世界大戦後まもなく設立された。

設立当初は、まだ南サーメ語やサーメの文化教育から程遠い、ノルウェー要素の濃い学校であった。しかし、少なくとも多くの南サーメの子ども達が一緒に学習することのできる「学校」であった。その後、段階的にサーメ文化を取り入れた教育が行われるようになった。

そして、1980年の南サーメ語の授業導入、ノルウェーのナショナル・カリキュラムの教科内容に南サーメ語や文化を加えた授業が導入されることによって、ようやく南サーメ教育の基礎が形成されていった。この時期にハットフェルダル・サーメ学校は、1968年に設立されたスノーサ・サーメ学校とともに、南サーメ地域におけるサーメのための教育機関としての位置付けが確立された。

1990年代になると、近代化したサーメの生活面での多様化や、地元の学校で教育を受けさせようとする国の教育政策方針などによって、寄宿学校としてだけでは学校として成立しなくなってきた。そのような現状を踏まえて、ハット

フェルダル・サーメ学校は「遠隔教育」と「短期セミナー」という代替案を打ち出した。そして、2000年から2005年、2006年頃まで、寄宿制、遠隔教育、短期セミナーという三つの路線で南サーメ語・文化教育を行う「学校」として、ある程度安定した生徒数を確保してきた。

2010年以降は、教育方針による様々な対立や寄宿学校離れといった問題から、通年で学ぶ生徒が皆無となり、遠隔教育と短期セミナーの2本柱で南サーメ語とサーメ文化を伝承する「学校」となった。

サーメ教育という観点から見ると、現在のハットフェルダル・サーメ学校は、遠隔教育によって地理的に南サーメ語を学習することが困難な子どもにも教育を提供し、短期セミナーにおける集中した南サーメ語・文化教育の実践によって、効果的に教育を行っている「学校」であると言える。しかし、公立の基礎学校でありながら普通教育を行うことのできない現状に関係者達の葛藤がある。

このような現状のハットフェルダル・サーメ学校に対し、2010年から2015年にかけて行政から個人レベルまで様々な議論がなされてきた。そして、遂に2015年10月、ノルウェー政府はハットフェルダル・サーメ学校の廃止を決定したわけである。

しかし、2016年3月の議会でノルウェー政府は、2015年10月の決議を撤廃し、国の予算枠の削減とコムーネやサーメ議会の予算援助などといった条件付きで、ハットフェルダル・サーメ学校を存続させる再決議を打ち出した。すでに普通学校としては機能していない同学校ではあるが、南サーメ地域におけるサーメ教育という側面から、「学校」としての可能性を認めた決議であると言える。

このような背景を踏まえ、ここでは普通教育を行うことのできないハットフェルダル・サーメ学校が、「学校」としてどのような意義があるのかについて考察をする。その焦点は、「学校」が南サーメ語や文化、さらに南サーメとしてのアイデンティティを形成するために何をするのかということではなく、「学校」という存在自体が、それらに対してどのような役割を果たせるのかということになる。

まずは、先住民族サーメに対する「学校」の権利という観点から、次に「学

校」という存在が南サーメ語やサーメの文化、さらにアイデンティティ形成にどのようなインパクトを投じているのかについて、教育的機能の観点から考察を加えたい。

先住民族サーメに対する権利としての「学校」

短期セミナーの開催日程を見ると、ハットフェルダル・サーメ学校は、あくまでも義務教育課程の「学校」であるという姿勢が見られる。6回の短期セミナーを開催する時期は通常の学期内に設定されており、夏期や冬期の休みに行われることはない。

各コムーネや地元の公立学校からサーメの生徒を短期セミナーに送り出す機会が徐々に制限されている状況を見てきた筆者は、ある学校教師に「夏休みや冬休みに開催時期を設定したほうがより参加できる子どもが増えるのではないか」という質問をした。

それに対して教師からは、「ハットフェルダル・サーメ学校は義務教育課程の『学校』であるのだから、学期内に教育活動、つまり短期セミナーを行わなければならない」という答えが返ってきた。つまり、ハットフェルダル・サーメ学校の遠隔教育や短期セミナーは、あくまでも義務教育課程における教育活動として位置付けられているということだ。

筆者が上記の質問をした時期は2016年1月であり、この頃、ハットフェルダル・サーメ学校が2016年8月の新年度を迎えることはほぼ絶望的な状態であった。筆者はさらに、ノンフォーマル教育としてこの学校に関係する人達が、南サーメ語・文化教育を続けていく可能性についての質問を加えた。というのも、スウェーデンでは基礎学校課程（第1学年～第6学年）で6校のサーメ学校があるものの、それ以外の公教育でサーメ教育の保障は謳っていないため、ルレサーメやウメサーメなどといった少数のサーメが居住する各コムーネのサーメ協会などが自主的な教育活動を行っているという事例があるからだ[38]。

この二つ目の問いかけに対して、先ほどの教師は次のように強く主張した。「ノルウェーの場合、国家が公教育の『学校』におけるサーメ教育を保障している。サーメはマイノリティーではあるが、移民ではない。サーメはノルウェ

ーの国民であり、ノルウェーの先住民族として、公教育としてサーメ教育を受けるという当然の権利をもっている」

　この質問は、他の教師やスタッフ、さらに保護者にも投げかけたが、ほぼ全員がこの教師と同じ意見であった。

　福祉国家であるノルウェーにおいて教育は、平等に無償で受けられるものである。だが、そうした「ひとつの学校」の理念の反面として、自分達で資金を集め、私立学校としての教育の場をつくり上げるという発想は生まれにくくなっている。ハットフェルダル・サーメ学校の場合でも、国に対してサーメ教育の保障や権利のために主張をするという反面、いざ学校が閉鎖されれば、「自分達ではどうにもならない」という教師や関係者達の嘆きをよく耳にした。

　さらにノルウェーは、先住民族に対する国の教育保障に加え、先住民族のための特別なナショナル・カリキュラムを最初に定めた国でもある。教育の視点から先住民族の展望を論じた Ngai ら（2015）は、サーメ・ナショナル・カリキュラムとサーメ法に基づく学校教育法によって、国が「学校」におけるサーメ教育を担保している点でノルウェーの先住民族教育政策を高く評価している[39]。

　だが、すでに述べたように、そうした評価は北サーメ地域をひと括りに論じたものであり、ノルウェーの先住民族教育の好例として論じられつつも、そこでは南サーメ地域やルレサーメ地域という存在はこぼれ落ちている。先ほどの教師をはじめとする学校関係者の「ハットフェルダル・サーメ学校はあくまで『学校』であり、『学校』として南サーメ教育を発信する場として国に認められなければならない」という主張は、サーメのための教育が保障されているにもかかわらず、少数グループのサーメがそこからこぼれ落ちているという焦りを浮き彫りにしている。

---

[38]　スウェーデンには、北サーメ、ルレサーメ、南サーメに加え、ウメオ（Umeå）コミューンを中心とした「ウメサーメ」という少数グループがいる（5ページの**図序－2**参照）。2013年9月、筆者はウメサーメの協会で行われている教育活動を調査した。40名ほどの会員がおり、活発なウメサーメ語の教室や文化伝承活動が行われていた。

[39]　Ngai et al.（2015）pp91-101.

また、1900年代初頭、南サーメ地域で沸き上がったサーメの権利運動という歴史的な経験も、ハットフェルダル・サーメ学校の関係者達が「学校」という枠を固守しようとする要因となっている。同化政策時代、南サーメ地域のサーメは、自らの言語・文化を教えるサーメのための場であり、かつノルウェー社会に市民として生きるための十分な教育を提供する場として、公立の「学校」をノルウェー政府に要求し続けた（126ページから参照）。そして、その権利運動が結実したのがハットフェルダル・サーメ学校であった。ノルウェーのサーメにとって「学校」とは、自らの権利が認められたことに対する、形のあるシンボルでもある。

　以上のように、先住民族サーメに対する「学校」の権利という観点から見ると、サーメ・ナショナル・カリキュラムとサーメ法に基づく学校教育法によって、公教育でのサーメ教育が保障されている点と、自分達が南サーメのための「学校」を勝ち取ったという歴史的な経緯がその特徴として挙げられる。つまり、「南サーメの子ども達も『学校』で南サーメ語やサーメ文化を学ぶ権利があるのだ」とする関係者の主張は、単に教育そのものの権利を主張しているのではなく、国家市民としての権利を自ら勝ち取った、先住民族としての矜持も示していることになる。

国が保障するサーメ教育を提供する場としての「学校」

　次に、サーメ教育を提供する場としての視点から、ハットフェルダル・サーメ学校が「学校」であることの意義を考察したい。

　学校は、その時代の国の政策を反映する機関である。国家形成とともにノルウェーの同化政策が行われた時代、国民学校で行われた教育によってサーメの子ども達は自身の言語を失い、サーメとしてのアイデンティティを自ら否定するようになった。

　しかし、戦後、福祉国家を目指したノルウェーは、過去の反省を踏まえて基礎学校でサーメのための教育を保障する方針を打ち立てた。それにより、サーメの子どもは法律上、先住民族の権利として、義務教育課程の「学校」でサーメ語やサーメ文化を学び、サーメとしてのアイデンティティを肯定的に形成す

るようになった。

　以上のように、サーメ語やサーメ文化を学ぶ場が「学校」で保障されているノルウェーにおいては、たとえ普通教育を行う機能を失っていても、ハットフェルダル・サーメ学校は南サーメの子ども達が安心してサーメ教育を受けられる場としての「学校」である必要がある。特に、サーメ・コミュニティの希薄な南サ

南サーメ会議で発表した高校生（スノーサ・サーメ学校の卒業生）と筆者（左）

ーメ地域であるからこそ、南サーメのための教育保障という点で「学校」が果たす役割は大きい。

　ハットフェルダル・サーメ学校の卒業生や、短期セミナーにおいてインタビューした生徒達の自己意識のなかに、「ノルウェー人かサーメか」といった二元論的な選択は見られない。つまり、彼らは「ノルウェー国民であり、サーメ民族でもある」。また、2013年3月に南サーメ教育会議に参加した高校生らは、南サーメ語でサーメ教育の問題について自らの考えを述べていた。彼ら（彼女ら）のように、サーメのアイデンティティを肯定するだけではなく、バイリンガルとして南サーメ語を用い、南サーメの問題を自分達の問題として考え、語ることのできる若者が現れている。

　そのようなアイデンティティを培うことができた土壌には、ハットフェルダル・サーメ学校やスノーサ・サーメ学校での学習経験によるところが大きい。数は少ないが、その点で「学校」としてのハットフェルダル・サーメ学校の功績は評価されなければならない。

南サーメの伝統的なコミュニティに代わる伝承の場としての「学校」

　次に、伝統的コミュニティに代わる伝承の場としての「学校」という側面から、ハットフェルダル・サーメ学校の教育活動の意義を考えてみたい。

　ノルウェーのサーメと北アメリカのネイティブ・アメリカンの比較から先住

民族の展望を論じた Shanley（2015）は、先住民族問題を考えるうえで、その知識や文化だけではなく、それらを育んできたコミュニティにも着目すべきであると主張している[40]。そして、崩壊しつつある伝統的なコミュニティに代わり、「学校」が先住民の知恵や文化を伝承していく役割を担う必要性を論じている。

文脈のなかで Shanley（2015）は、ノルウェー・サーメの伝統的コミュニティとして、トナカイ放牧業のコミュニティ、航海・交易のコミュニティ、漁労コミュニティの三つを挙げている。だが、これまでに何度も指摘してきたように、南サーメ地域については明確な伝統的なコミュニティというものはすでに崩壊しつつあると言ってもよい。その場合、Shanley（2015）の言うコミュニティに当たるものは、この地域においてはハットフェルダル・サーメ学校以外にないと言っても過言ではないだろう。つまり、知識や文化そのものではなく、その「学校」と教育システムの存在自体が、コミュニティを象徴するシンボルとして形を残していると言えるのだ。

ある程度サーメ社会で完結している北サーメの地域社会と違い、南サーメの多くは、ノルウェー社会のなかで普段はサーメとしての自覚をあまり感じることなく生活している。また、サーメが集まる機会も少なく、毎年２月６日のサーメ記念日にベフスンやスノーサなどで記念集会が行われる程度である。

このような環境の南サーメ地域において、サーメの子ども達（就学期〜20歳代）が、地域社会や個々の家庭で南サーメ語や伝統的な文化を学んだり、サーメとしてのアイデンティティを生み出したりすることは極めて難しい。

ハットフェルダル・サーメ学校は、この失われつつある南サーメの伝統的な家庭生活やサーメ・コミュニティに代わる機能を担おうとしている。生徒や教師達が一同に集まり、生活をともにする短期セミナーでは、一時的ではあるものの、生徒にとってはサーメの家庭となり、コミュニティとなる。この疑似的環境が、生徒達に、南サーメとしてのアイデンティティを芽生えさせるだけの可能性を提供している。

実際、筆者が参与観察を行ってきた短期セミナーでは、秋の収穫と採集をする時の様々なルール、トナカイに関する作業の手順、家庭のなかで語り継がれ

てきた昔話や言い伝え、手仕事の技、極寒の厳しい自然の中で生き抜くための知恵、そのような環境のなかで培われてきた強い家族の絆といった、この地域で生きてきた南サーメの文化的要素が細やかに伝承されていた。

　これらは、多少なりとも物語性を付与されたものであるだろう。それでも、こうした物語性を含めて、それらがサーメの現代文化であり、またシンボル的なサーメの語りを通して生み出されるアイデンティティでもある。ここにおいて「学校」は、かつてあった伝統的なサーメの家庭環境やサーメ・コミュニティに代替する環境であり、その活動のなかで長年にわたって育まれてきた南サーメの文化が伝承されるだけでなく、新たに発露もされている。これが、ハットフェルダル・サーメ学校の「学校」としての側面である。

南サーメ地域における「学校」の限界

　ハットフェルダル周辺地域は、南サーメ地域のなかでも特にトナカイ放牧のコミュニティが強い地域であり、サーメとトナカイ放牧とを安易に結び付けるステレオタイプもいまだに強いことから、ハットフェルダル・サーメ学校の目指す「崩壊しつつある伝承の機会を『学校』によって再生する」という姿勢はトナカイ文化に傾倒したものと捉えられる傾向があることについては、これまで繰り返し述べてきた。

　また、現実的に見ても、ハットフェルダル・サーメ学校の短期セミナーへの参加者はトナカイ放牧業を営む家族の子ども達に偏っており、そうでないサーメは「学校」の枠組みからこぼれ落ちてしまっている。

　さらに言えば、トナカイ放牧業の家族のなかでも、サーメ問題に意識の高い、ある程度経済的に余裕のある親でなければ短期セミナーに通わせることができないし、子どもの学力が高くなければ短期セミナーに時間を割くことができない。つまり、ノルウェー市民としての教育資質が高く、かつトナカイ放牧というサーメのシンボルを体現できるような南サーメでなければ短期セミナーに参加することは難しいというのが現実である。

---

(40)　Shanley（2015）p20.

第3章で紹介したように、元ハットフェルダル校長のレイフは、ハットフェルダル・サーメ学校での学校教育を通して、南サーメ地域でノルウェー社会に同化されてしまったサーメの掘り起こしを試み、新しいサーメの育成を目指して教師になった人物である。しかし結局、新しい南サーメの掘り起こしの困難さと、ハットフェルダル周辺に住むトナカイ放牧業に関係するサーメ勢力の強さが理由で、レイフはハットフェルダル・サーメ学校を去っていった。

　一方、ハットフェルダル・サーメ学校の現職教師であるロイも、トナカイ文化に偏りがちなサーメ文化のイメージを払拭し、あらゆる背景をもつサーメの子ども達に「学校」を開放するという目標を掲げている。そして、短期セミナーの内容も、演劇やヨイク、ドゥオッジ、歴史などといった幅広いサーメ文化要素を取り入れることによって、トナカイ放牧業以外のサーメの子ども達にも馴染みのある「学校」を目指している。

　しかし、現在のハットフェルダル・サーメ学校は決してそのようなものではない。さらには、南サーメ地域に住む他のサーメにとって、自分達には関係のない学校として捉えられているというのが実情である。

　Høgmo（1986）は、現代のサーメが新しい社会的アイデンティティを確立するためには、職業的な実績が重要な要素となるだろうと主張している[41]。また、スコルトサーメ評議委員[42]の代表であるヴェイコ・フォードルフ（Veieco Fyodorov）氏も、北海道大学での講演会[43]において、フィンランドでサーメとして雇用される就業の場が少ないことを憂い、サーメ言語やサーメ文化を必要とする仕事を生み出す地域社会の必要性を訴えている。

　しかし、ハットフェルダル周辺地域には、トナカイ放牧業に関係する職業以外に、サーメとして表現できる職場はほとんどない。そのような環境のなかで、ハットフェルダル・サーメ学校が幅広いサーメ文化教育をアピールして、新たに南サーメのアイデンティティをもつ人材を育成しようとしても限界があると言える。

　他方、ハットフェルダル・サーメ学校が行っている遠隔教育に着目した場合は、幅広い南サーメを対象にした「学校」としての南サーメ教育の可能性が見えてくる。遠隔教育による南サーメ語の授業には、トナカイ放牧業以外の南サ

ーメの子ども達もある一定数受講している。この点で、ハットフェルダル・サーメ学校は、取りこぼしてしまいそうな南サーメの子ども達と何とかつながっている。そこに新たな可能性を見いだすことは、決して無意味なことではないだろう。

　ノルウェーは、北部沿岸部の長いフィヨルドをもつ地理要因や人口密度の少なさから、北部の大学、例えばネスナ・ユニバーシティ・カレッジ（Nesna Lærerhøgskole）やサーメ・ユニバーシティ・カッレジ（Sámi allaskuvla）の講義の多くが遠隔教育となっており、通学する学生はごく僅かである。そのようなノルウェーの環境からすると、遠隔教育と短期セミナーのみしか教育を提供できないハットフェルダル・サーメ学校も、普通学校ではないが、広範な意味での「学校」という枠のなかに包摂されるのかもしれない。

南サーメ地域におけるサーメ教育の展望

　この節では、南サーメ地域において、コミュニティや家庭に代わる新たなシンボル的な場として「学校」が果たしうる役割の可能性を論じてきた。さらに、国が保障する先住民族教育を行う「学校」を通して、南サーメとしてのアイデンティティを形成しつつある次世代の子ども達が生み出されている実状も明らかにした。

　しかし、ハットフェルダル・サーメ学校の短期セミナーで南サーメ教育を享受しているのはほんのひと握であり、そのなかでも、トナカイ放牧業に関係するサーメ家族の子ども達がほとんどであるという問題がある。その要因として、トナカイ文化に偏りがちな教育内容やサーメ間の葛藤という「学校」の問題点に加え、ノルウェーの社会生活のなかに同化し、ほとんどサーメ文化からかけ離れた生活を送る南サーメの現状も指摘した。

---

(41)　Høgmo（1986）bd. 27, p403.
(42)　フィンランドのスコルトサーメ代表のサーメ評議委員。サーメ評議会は、ノルウェー、スウェーデン、フィンランドのサーメの代表からなる諮問委員会である。
(43)　北海道大学の博物館特別展示『国境を越えた民族・サーミ』のプログラムとしての一環としての講演会。2012年9月15日。

現在、南サーメ地域のハットフェルダル周辺では、「学校」だけで新しい南サーメのアイデンティティを掘り起こすことには限界がある。そのような現状のなか、ハットフェルダル・サーメ学校を取り巻く環境を進展させる可能性をもつ二つの決議が国から下された。
　一つは、2016年9月以降もハットフェルダル・サーメ学校を「学校」として存続させるという再決議である。もう一つの決議は、2017年7月1日、南サーメ語行政地区（Forvaltningsområde）としてハットフェルダルコムーネを認定するという決議である。これにより、ハットフェルダルコムーネは、スノーサコムーネ、ロイビックコムーネに続き、3番目の南サーメ地域におけるサーメ語行政地区となった。
　この二つの決議は、ハットフェルダル・サーメ学校の関係者の誰もが予想しなかったものである。実は、2016年1月に筆者が調査に出向いた際、ハットフェルダル・サーメ学校は閉校の準備を進めざるを得ない状態であった。しかし、その2か月後の再決議という急展開によってハットフェルダル・サーメ学校は閉校を免れ、翌年の2017年7月にはサーメ語行政地区の認定を得て、南サーメ教育の可能性を大きく広げることになった。
　閉校の危機にさらされた時期には、ハットフェルダル・サーメ学校の関係者や南サーメの若者達を中心とした抗議活動や反対デモがフェイスブックによって数か月行われたほか、サーメ議会も抗議の姿勢を示し、南サーメ地域の各コムーネによる存続に向けた活動なども行われた。これらが上記の展開に影響を与えたことも十分に考えられる。しかし、より根底にあると考えられる要因は、先住民族政策を牽引する高福祉国家としてのノルウェーの国際的な立場や国内の政策的な要因であろう。
　例えば、ILO第169条約の最初の条約締結国としての立場、2005年に草案が公表されたノルウェー、スウェーデン、フィンランドの3か国間の「北欧サーメ条約（Nordisk Samekonvensjon）」[44]、そして、その草案のなかに掲げられている、「国会を通過した決定に対してサーメ議会は、それがサーメの生活や権利を侵害すると判断した場合、決定に対して抗議する権利がある」という内容の項目などである。

ここでは、その関係性まで言及するには至らなかったが、今後は国際的な先住民族政策の観点からノルウェーにおける南サーメ教育の位置付けを分析する研究が必要であると考える。

　また、サーメ語行政地区となったハットフェルダルコムーネのなかで、ハットフェルダル・サーメ学校が今後どのように運営されていくことになるのかも重要な研究課題となる。サーメ語行政地区になった場合、区域内ではサーメ語とノルウェー語は同等に扱われる。例えば、公的機関からの出版物や行政区内の標識などは、すべてサーメ語とノルウェー語の両方が表記されるようになる。もちろん、区域内の公共団体などで使用する書類も両方の言語が利用可能となり、行政区内での公衆衛生や社会制度を利用する際、サーメ語で対応を受ける権利も生じる[45]。

　教育の面では、区域内の学校では「サーメ・ナショナル・カリキュラム」が推奨されている。ハットフェルダルの場合、北サーメ地域に比べてサーメの子どもが少ないため公立の基礎学校では適用されないだろうが、ハットフェルダル・サーメ学校において、将来的に何らかの形で「サーメ・ナショナル・カリキュラム」が適用される可能性がある。サーメ幼稚園の設立やサーメ語の養成講座などの確保、また公共機関でのサーメ語を話す人材確保などが義務付けられているため、サーメとしての就業がハットフェルダルコムーネ内に生み出されていくことにもなるだろう。

　このような可能性のなか、トナカイ放牧業以外の取りこぼされてきた南サーメの文化やアイデンティティが果たして「学校」を通してどのように扱われていくのか、今後、注目すべき研究課題となる。

　最後に、先住民族教育の視点から、ハットフェルダル・サーメ学校の可能性と今後の課題を述べる。

---

[44] 小内（2015）によると、2015年までに条約を完成させる目標を掲げていたが、2017年7月現在まだ交渉中である（4頁）。https://www.regjeringen.no/no/tema/urfolk-og-minoriteter/samepolitikk/nordisk-samisk-samarbeid/nordisk-samekonvensjon（2017年8月閲覧）。

[45] https://www.regjeringen.no/no/tema/urfolk-og-minoriteter/samepolitikk/samiske-sprak/samelovens-sprakregler-og-forvaltningsom/id633281/（2017年8月閲覧）。以下、次の段落も同様。

先住民族のための教育研究の領域において Ngai（2015）らは、Skinner（1999）の「先住民教育とは、先住民のための教育だけでなく、先住民に関する教育という意味ももつべきだ」[46]という主張を例に挙げ、先住民族だけでなく、すべての市民に対して先住民族の問題、文化、歴史について教育することの意義を論じ、さらには学校教育で行われるメインストリームと先住民族教育との結合の必要性を提唱している[47]。

　そして、ノルウェーの文脈では、サーメ・ナショナル・カリキュラムのなかで、サーメ語行政地区の子ども達は、（民族的なバックグラウンドに関係なく）サーメ文化について学習することが目標の一つとして掲げられていると指摘している。

　シチズンシップ教育、社会教育、持続可能な教育として先住民教育をメインストリームに統合させようとする Ngai ら（2015）の理論は、今後の先住民族教育研究に示唆を与えるものであろうが、ここではその内容には触れない。しかし、教育の主流から分断され、先住民族の子どもだけがその言語・文化教育を受けているだけでは21世紀の先住民族教育のあり方とは言えないという主張は、今後のハットフェルダル・サーメ学校の課題や可能性にも合致する。

　今回の政府の再決議で、南サーメ地域のハットフェルダル・サーメ学校は一時的に閉校を免れた。さらに、サーメ語行政地区となったことにより、ハットフェルダル・サーメ学校を取り巻く環境は大きく変化していくであろう。しかし、それが持続的な存続を約束されたものと考えるのは尚早であり、いまだ極めて脆く、先の見えない状態に置かれているというのが実状である。

　今後もこのような小さな存在であるハットフェルダル・サーメ学校の歩みを正確に記し、その成果や課題に寄り添った研究を続けることにより、グローバル化された現代社会のなかで先住民の現在と未来のあり方を議論[48]しようとする学問的な分野に、一定の示唆を投じることができたら幸いである。

---

[46] Skinner（1999）p120.
[47] Ngai et al.（2015）p101.
[48] 小内透（2015年）6頁。

エピローグ

　2006年の8月、筆者はスウェーデンの首都ストックホルム、ユールゴーデン島にある「スカンセン野外博物館」で一人の女性に出会った。彼女との出会いが、人生の後半に向かう筆者（当時40代半ば）を大きくシフトさせることとなった。巷でよく耳にする「ライフシフト」である。

　彼女は、風にたなびく三角形のテントの前に立っていた。色は浅黒く、頬骨が高く、少しアジア系の面影を感じさせる顔つきであった。鮮やかな青色フェルト生地に緑、赤、黄色のラインが入った伝統的な民族衣装をまとったその女性は、北欧の先住民族サーメであった。

　スカンセン野外博物館は、歴史的な教会や古い民家などが広大な敷地内に点在して保存されており、古きよきスウェーデンの暮らしが再現されている所である。各エリアに、テーマに沿った町や村、農場や商店街などが再現されており、スタッフが当時の服装で、実際に住んでいるかのように北欧の古き時代の生活を演じている。

　その奥には、ヘラジカやオオカミ、クマなどといった北欧を代表する動物が見られる小さな動物園もある。そして、さらに奥の山の頂上にサーメテントが建っている。そのエリアでは、トナカイとともに生きてきた伝統的な先住民族のキャンプ生活が再現されている。

スカンセン野外博物館で出会ったサーメの女性

彼女は、大らかな笑顔でそこに立っていた。もちろん、彼女もスタッフの一人で、サーメの暮らしを説明する研究者だった。筆者の顔を見ると、嬉しそうに言った。
「あなたと私は兄弟だわ。だって、私たちの先祖はアジアから来たとも言われているの」
　この言葉のあと、頬骨を指差し、それから筆者を深くハグし、頬にキスをした。それからだ。筆者は20年近く行っていた英語教師という職を辞し、社会人学生として大学院に進学することにした。
　サーメエリアを後にしたその足で、一目散に博物館内にあるミュージアムショップに行き、サーメに関する本を探した。手にした本のタイトルは、"The Saami, People of the Sun and Wind（サーメ、太陽と風の人々）"、なんて素敵な響きだろう。「太陽と風の人々！」、きっと大自然の中で伸びやかに生きてきたに違いない！
　その後、2009年、社会人学生として名古屋大学に入学し、修士、博士課程の10年間（2018年まで）、ただひたすら北欧に住む「先住民族サーメ」に情熱を注ぐことになった。もちろん、現在もサーメ研究を続けている。
　学生時代（30年も前の話だが）、筆者はワンダーフォーゲル部に所属し、学業そっちのけで、テントを背負って山や里を歩き回っていた。自然の中を歩き、テントを張り、薪をするという生活、それが筆者の青春だった。それが高じて、卒論では「民話採集」と称し、沖縄の八重山諸島、東北、北海道のアイヌコタンと、残された民話を聞くために放浪を繰り返した。――残念ながら、論文のできは散々であったが、時間と足を使ったその調査には一定の評価をもらったという記憶がある。まあ、努力賞というところだろう。
　このような経験がサーメ女性との出会いによって蘇り、「自然に身を置く時の開放感や、テントの中の小さな光と空間」といった記憶がフラッシュバックして、サーメという民族にノスタルジックな憧れを抱いたと思われる。
　しかし、サーメについて学びはじめ、文献を読めば読むほど、筆者は暗澹な気持ちになっていった。サーメの歴史は、実に「暗い」のである。彼らが受けてきた差別や偏見は、やはり他の先住民族と同じように壮絶なものであった。

しかも、北極圏という自然の中で生き抜かなければならなかった彼らの生活は、決して「ロマンティック」と呼べるようなものではなかった。

　スカンセン野外博物館で初めて手にしたサーメの本も、実は「太陽と風の人々」というタイトルがまず目のなかに飛び込み、表紙に描かれた彼らの表情までは注視していなかった。改めて見ると、その本の表紙にはモノクロで撮影された若いサーメ夫婦と4人の子どもが描かれており、そこに写っている彼らの瞳は深く、じっとこちらを見据えていた。

　彼らの瞳は、卒論で民話を聞きに行った北海道のアイヌコタンに住むアイヌの人達を思い出させた。日本のアイヌ民族に対する迫害の歴史や、アイヌの人達の内地に対する感情も理解せず、筆者はコタンを訪れた。突然コタンにやって来て、昔話を聞きたいとねだった本州の学生に、きっとアイヌの人達は当惑したことだろう。ひょっとしたら、怒りさえ感じていたかもしれない。

　しかし、彼らはやんわりと無知な学生を受け入れ、コタンから追い出すようなことはしなかった。そして、諭すように、自分達の生活状況や彼らの辿った歴史を語ってくれた。とはいえ、彼らの世界で伝承されてきた昔話は決して語ることはなかった。1980年代前半の頃だ。

　知らないということは罪なことだ。今さらながら、好奇心だけで動いてしまった若くて無知だった頃の自分を思い出すと心が痛み、それを受け入れてくれたアイヌの人達には「申し訳なさ」でいっぱいになる。

　話を北欧に戻そう。後年、筆者はスカンセン野外博物館内のサーメテントがあるエリアを思い起こし、再びハッとした。サーメのテントは、村や町のある華やかなエリアから遠くかけ離れた、しかも動物園の横に位置する山の上にあったではないか。その位置が、長い間、北欧諸国でサーメの人々が置かれてきた歴史の縮図のように思われた。「山」、「動物」、「三角のテント」、それらは先住民族サーメのステレオタイプ的なシンボルのように思え、もの悲しい気持ちになった。

　しかし、このようなサーメのイメージは、文明人が勝手につくり出した妄想でしかない。現在、サーメは北欧で唯一の先住民族として認められ、多数民族

と同じように現代社会を生きている。彼らの生活は、決して博物館の中に収まってしまうようなものではなく、グローバルで文明社会を享受したものである。そして、見事に自分達の言語や文化を維持し、次世代を担う若者達へ継承・伝承させている。

とはいえ、北欧の国々は、残念ながらサーメに対する偏見や差別がまったくない社会であるとは言い難いというのが現実である。その背景には、サーメの人々に対する無関心さと無理解がマジョリティー側にあると筆者は考えている。「はじめに」でも紹介した、2018年11月に宮古島での「危機的な状況にある言語サミット」に参加した高校生のサラが次のように言っていた。

「まだサーメのことをあまり知らないで、ナンセンスな質問を考えもなしに投げかけてくる人もいます。例えば、『まだ、テントに寝ているの？』とか『トナカイしか食べないの？』とかです。サーメ以外の子ども達は、学校でサーメ語やサーメ文化のことはほとんど勉強しないから、そんなバカな質問が飛び出てくるんだと思います」

そして、「サーメに対しても、ほかの人たち（マジョリティー）と同じように接して欲しい。私達もほかの人達と同じなのだから、特別視はしないで欲しい」と訴えた。

同時期、長野県茅野市で開催された「ヨイクと木遣（きやり）の夕べ」の招待公演を果たした若きヨイク歌手のカテリーナとミッケルは、「サーメ文化を継承し、発展させていくためには、まずは『Awareness』！　認知してもらうこと！　広く人に知ってもらうこと！」と、文化継承を担う次世代の代表として自らの使命を語っていた。

微力ではあるが、筆者も本書を通して、現在を生きるサーメの人々の「タフ」で色鮮やかな生き方を、読者のみなさんに少しでも伝えるために尽力していきたい。

あとがき

　1987年、ノルウェーは北欧諸国のなかでいち早くサーメを先住民族として認め、公立学校における先住民族のための教育を法律で保障した国である。サーメに対する教育環境は段階的に改善され、特にサーメ語行政区域の基礎学校では、サーメ語を教授言語としてすべての教科が受けられるという環境も整えられている。さらに現在、就学前教育から高等教育までサーメ言語やサーメ文化について学習できる教育機関が設置され、実質的に一貫したサーメ教育が受けられるようになっている。

　しかし、教育法に謳われている「サーメ語・文化教育の保障」が反映されているエリアは圧倒的に話者数の多い北サーメ地域のみであり、それ以外の小さなグループであるルレサーメ地域や南サーメ地域では、自分達の言語（ルレサーメ語・南サーメ語）やサーメ文化の教育を満足に受けられる状態とはなっていない。

　また、サーメ教育を提供しているほとんどの高校や、高等教育機関であるサーメ・ユニバーシティ・カレッジも北サーメ地域にあり、そこでの授業は北サーメ語で行われているため、それ以外のサーメ語を話す生徒達が基礎学校を卒業したあと、継続してサーメ教育を受けようとした場合は、改めて北サーメ語を習得しなくてはならないという状況もある。

　このように、教育環境の改善、教育機関の充実は、サーメ教育を受ける機会をサーメに多く与えるようになった反面、サーメ間の統合を促す可能性もあわせもつことになった。北サーメ語教育が飛躍的に前進した北サーメ地域の基礎学校に対して、同じ第二公用語であるルレサーメ語や南サーメ語を話す地域では、サーメ語教育およびサーメ文化教育を基礎学校のなかで行うことが困難な状態となっている。

　サーメは4か国にまたがり、10の言語グループに区分され、それぞれの言語は互いに理解できないくらいの差異がある。特にノルウェーは南北に長いとい

う地理的な特徴からそれが顕著である。少数グループであるルレサーメや南サーメの人達は、多数派の北サーメとは異なる独自性を自負し、学校教育を通して自分達の言語・文化を維持・発展させようと試みてきた。

　本書では、南サーメ地域にあるハットフェルダル・サーメ学校に焦点を当て、7年間にわたるフィールドワークから得た知見をもとに、サーメ学校の実態、教育的意義、直面している課題を明らかにした。そして、ハットフェルダル・サーメ学校を通して、先住民族教育における「学校」の役割についても論じてきた。

　ハットフェルダル・サーメ学校は、南サーメにもノルウェーの先住民族としての権利があるということを「学校」を堅持することによって示し、「学校」での教育が、南サーメの子ども達に新しいサーメのアイデンティティを育ませ、学校教育システムの存在自体がコミュニティを象徴するシンボルとしてきた。つまり、崩壊してしまった伝統的コミュニティを「学校」で再構築しようとしているわけだ。ここに、ハットフェルダル・サーメ学校の「学校」としての意義がある。

　その環境は、限定されたサーメの子ども達であるものの、南サーメ語を使いこなし、南サーメとしての要素を肯定して、自己のアイデンティティに組み込ませている新しいタイプの人材を育んできた。

　一方、本書では「学校」ができることの限界も指摘した。ハットフェルダル・サーメ学校が行っている教育活動だけでは、トナカイ放牧業以外の南サーメのアイデンティティを掘り起こすことは難しい。そこには、南サーメ語を使用して、南サーメとして就業できる雇用の場、例えばコムーネの公共施設や老人介護施設などでスタッフとして雇用される場が必要であり、それを生み出す社会システムが構築されなければならない。

　国および社会は、このような状態にあるハットフェルダル・サーメ学校を「学校」として今後どのように位置付けていくのだろうか。また、南サーメ自体は、「学校」に、さらに南サーメ文化にどのような価値を置いていくのだろうか。これらの視点から、南サーメ地域におけるサーメ教育のあり方を今後も継続して研究していく必要がある。

第5章で述べたように、2017年7月、ハットフェルダル・コムーネは南サーメ地域における3番目のサーメ語行政地区として認定された。この決定は、ハットフェルダル・サーメ学校を取り巻く環境や教育活動を進展させる可能性をもつことになる。
　そして、高福祉国家であり、平等と多様性を掲げるノルウェーが、ハットフェルダル・サーメ学校のような「学校」の存在を、どこまですくい取ることができるのか、そこにどのような価値を見いだすのかといった視点で国の対応を詳細に見ていくことも今後の課題となる。南サーメ地域のハットフェルダル・サーメ学校の今日的課題は、他の先進諸国における先住民族教育研究にも示唆を与えるものとなるであろう。
　最後に、本書では触れなかったことだが、コムーネ内のサーメ以外の村人達がハットフェルダル・サーメ学校の閉鎖についてどのように捉えていたのかについて一筆加えておく。
　筆者は、コムーネの役場職員、ハットフェルダルの基礎学校の教師達、村の店舗経営者などから無作為にハットフェルダル・サーメ学校が閉鎖することについて自由記述式のアンケートを試みた。配布数は10件であり、そのうち8件を回収している。村の人口に対して件数が少ないこと、またハットフェルダル・サーメ学校の近隣でアンケートを行ったことなどで、分析資料としての妥当性は決して高いとは言えない。
　ただ、回答者の8人全員が学校閉鎖に反対であったこと、そして、「ハットフェルダル・サーメ学校の歴史は村の歴史でもあり、村の文化そのものである」とか、「ハットフェルダル・サーメ学校は村に必要である」などという記述が見られたことから、少なくともコムーネに住む村人にとっては、ハットフェルダル・サーメ学校という存在が、否定されたり、無関係なものではなく、文化の一部として受け入れられていると言える。このような、ノルウェーのコミュニティにおけるハットフェルダル・サーメ学校の位置付けを探ることも重要な視点と考える。

　実は、筆者の7年間のフィールドワークは、ハットフェルダルに住むノルウ

ハットフェルダル調査の間、心身ともに支えてくれた友人、スールベイ＆クヌート・ヤーコブセン（Sølveig og Knut Jacobssen）（2016年撮影）

ェー人のヤーコブッセン夫妻の協力なしでは到底成し得なかった。なぜなら、ハットフェルダルにはホテルといった宿泊施設がないからだ。

フィールドワークの間、夫妻は住む部屋と温かい食事を筆者に提供してくれた。そして、サーメ研究に大いなる興味と理解を示し、貴重な助言を与えてくれた。実際、ハットフェルダルにおける様々な知識は夫妻によるところが大きい。そして、何よりも筆者は、その家で提供された可愛らしい三角の屋根裏部屋が大好きである。夫妻には心から感謝の意を表したい。

ヤーコブセン夫妻（娘さん息子さん家族も含め）に加え、本書を執筆するにあたっては数多くの方々からお力添えをいただいた。書面では書き切れないほどの協力と愛情で本書ができあがったことに心から感謝している。

まずは、本書を出版するまでの編集行程を忍耐強く行っていただいた株式会社新評論の武市一幸氏に心から御礼申し上げたい。そして、著者の名古屋大学院、博士課程における、稚拙なサーメ研究および博論執筆にあたり、適切な助言と学術的な指導をしてくださった服部美奈・西野節男両教授に心からの尊敬と感謝の辞を述べたい。また、ノルウェーに関する様々な知識を示唆してくださり、様々な指摘をしてくださった田渕宗孝氏にも感謝を表したい。

聖心女子大学の澤野由紀子教授をはじめとする北欧教育研究会の先生・研究仲間の方々には、先住民族サーメというマイナーな研究に興味を示してくださり、研究活動を支えてくださったことに御礼を申し上げたい。名古屋大学博物館の門脇誠二准教授、ノルウェー大使館、スウェーデン大使館、文化庁の鈴木

仁也氏、サーメに関する文化活動・映像配給活動をなさっている方々には、長年、サーメ研究を伝える様々な機会を与えていただき、支援していただいたことを、この場をお借りして感謝申し上げる。

大学院時代の比較教育・教育人類学研究室のメンバーや、3大学セミナーなどにおける世代を超えた学生、教師陣の方々は、闊達な議論によ

筆者が連れて行った大学時代の友人たちとウリネンペー家族の人たち

って学問的探究心と好奇心が刺激され、精神的な励みともなった。そのような機会に恵まれたこと、出会えたすべての人達に感謝している。また、博士論文の作成にあたり、図表作成のアシストや校正など多くの時間を費やしてくれた東岡達哉さん、柴田萌子さん、近藤全史さん、本当にありがとう。そして、若き大学時代のゼミ仲間である「トラゼミ」の世代を超えたつながりが、著者の研究活動を支えてくれた大きな導線であったと言える。感謝である。

ノルウェーにおけるフィールド調査においては、テルマルク・ユニバーシティ・カレッジの元準教授であるビヨルン・マグネ・オークレ（Bjørn Magne Aakre）氏から調査のあり方や考察の仕方など、細部にわたるアドバイスをいただいた。ここに感謝申し上げたい。また、フィールドワークの地で出会ったハットフェルダルの方々には、大きな寛容さと広い理解をもって、温かく受け入れてくださったことに心から御礼を申し上げる。

特に、南サーメに関する様々な文化や情報を提供してくれたトム・カップフェル（Tom Kappfjell）＆トーベ・ブルスタッド（Tove Brustad）夫妻とその家族、レイフ＆カリ・エルスバテン（Leif & Kari Elsvatn）夫妻とその家族、教頭ロイ（Røy）、教師ペーテル（Peter）、スタッフのラーラ（Lara）をはじめとするハットフェルダル・サーメ学校の教師・スタッフのみなさん、そして保護者の方々などすべての人々に感謝したい。さらに、情報提供してくださった役場・

親切なスタッフのリヴ・ウネ

お世話になったスールベイとトーベ、ブーディ

資料館の方々にも御礼を述べたい。
　さらに、何よりもハットフェルダル・サーメ学校の生徒達との楽しい触れ合いが研究活動を続ける大きなモチベーションとなった。生徒達にも心から感謝を述べるとともに、彼らの輝かしい将来を願ってやまない。
　「スウェーデンの家族」とも言えるウリネンペー（Ylinenpää）家の家族にも感謝である。約14年にもわたる付き合いにおいて、いつも著者の研究活動に協力を惜しまず、北欧での調査のベースキャンプ地として自宅を解放してくれた（時には、筆者の学生をも受け入れてくれた）。特にウリネンペー家のラース（Lars）は、筆者を北欧へと誘った張本人である。彼との出会いにも感謝する！
　最後になったが、著者の遅々とした研究の歩みを、叱咤激励しながらも愛情を込めて支えてくれた夫の功宏さんと愛する家族達に心から感謝する。そして、いつも背後で祈りを捧げてくださった清水牧師をはじめ、名古屋東教会の方々にも感謝申し上げる。
　クリスチャンである筆者にとって、このささやかな研究の歩みが、神ご自身の栄光に帰するものとなりますよう、謹んで謝辞とさせていただく。

2019年6月10日

長谷川紀子

参考文献一覧

和文文献一覧

- 石渡利康（1986）『北欧の少数民族社会——その法的地位の研究——』高文堂出版社。
- エドワード・シュプランガー（1977）『ドイツ教育史——就学義務製への歩み』長尾十三二監訳、明治図書。
- 岩崎昌子（2008）「ノルウェーの移民に対する言語政策の転換——『脱商品化』と矛盾しない移民の統合」北海道大学大学院国際広報メディア・観光学院編『国際広報メディア・観光学ジャーナル』第6号。
- 岩崎昌子（2014）「ノルウェーの移民政策——ノルウェー語の教育も福祉政策の一環——」大島美穂、岡本建志編著『ノルウェーを知るための60章』明石書店、173－178頁。
- 小内透（2013）「ノルウェー・サーミの概況」小内透編著『ノルウェーとスウェーデンのサーミの現状』北海道大学大学院教育学研究院教育社会学研究室、13－25頁。
- 小内徹（2015）「序章」小内透編著『ノルウェー・フィンマルク地方におけるサーミの現状』北海道大学大学院教育学研究院教育社会学研究室、1－6頁。
- 小野寺理佳（2013）「サーミ議会の構成と活動」小内透編著『ノルウェーとスウェーデンのサーミの現状』北海道大学大学院教育学研究院教育社会学研究室、41－49頁。
- 岡戸浩子（2002）『グローカル化時代の言語教育政策』くろしお出版。
- 金子亨（1999）『先住民族言語のために』草風館。
- 北川邦一（2002）「ノルウェーの高等学校——1999年、2000年視察を踏まえて——」『大手前大学社会文化学部論集』第3巻、1－28頁。
- 北川邦一（2007）「ノルウェーの2006/2007年・初等中等教育課程改訂」『大手前大学論集』第8号、93－113頁。
- ギデンズ・アンソニー（2005）『モダニティと自己アイデンティティ——後期近代における自己と社会——』秋吉美都、安藤太郎、筒井淳也訳、ハーベスト社。
- 葛野浩明（1988）「トナカイ放牧の管理システム」『季刊民族学』第43巻、千里文化財団、82－89頁。
- 葛野浩明（1989）「『トナカイ・サミ人』と『水岸の人』——トナカイ遊牧系サミ人と定住漁撈・狩猟系サミ人の『すみわけ』とその混乱——」『季刊人類学』第20

巻第4号、京都大学人類学研究会編、117-173頁。
・葛野浩明（1990）『トナカイの社会誌——北緯70度の放牧者たち——』河合出版。
・葛野浩昭（2007）「ローカルかつグローバルな資源へ、過去遡及かつ未来志向の資源へ——北欧の先住民族サーミ人による文化の管理と表現の試み——」『資源化する文化』広文堂、209-236頁。
・河野健一（2010）「グローバル化する人の移動と高福祉国家ノルウェーの対応——移民・難民増に人道主義はどこまで耐えられるのか——」『長崎県立大学国際情報学研究紀要』第11号、145-159頁。
・小林政吉（1960）『宗教改革の教育史的意義』創文社。
・ゴードイ・ビヨルン（2014）「教育システム——学力だけでなく、社会参加も重視するノルウェーの教育——」岡本建志訳、大島美穂、岡本建志編著『ノルウェーを知るための60章』明石書店、164-168頁。
・坂井一成（2011）「EUにおける少数言語保護政策——東方拡大とその後——」『ヨーロッパにおける多民族共存とEU——その理念、現実、表象——』神戸大学大学院国際文化学研究科異文化研究交流センター、2-13頁。
・佐藤仁（2015）「PISAの浸透構造に関する比較教育学研究——日本とノルウェーにおける全国カリキュラムに着目して——」『福岡大学人文論叢』第47巻第3号、731-756頁。
・澤野由紀子（1996）「EUにおける教育改革——マーストリヒト条約発効後の教育事業の再編——」（課題論文「転換期ヨーロッパの教育改革」）『日本教育政策学会年報』第3号。
・澤野由紀子（2009）「北欧：教育の変容とその理想」佐藤学、澤野由紀子、北村友人編著『揺れる世界の学力マップ』明石書店、74-78頁。
・澤野由紀子（2009）「欧州連合（EU）——世界で最も競争力のある地域社会をめざして——」佐藤学、澤野由紀子、北村友人編著『揺れる世界の学力マップ』明石書店、24-49頁。
・品川ひろみ（2013）「サーミの教育の歴史と現状」小内透編著『調査と社会理論研究報告書29：ノルウェーとスウェーデンのサーミの現状』北海道大学大学院教育学研究院教育社会学研究室、53-65頁。
・品川ひろみ（2013）「サーミの教育の歴史と現状」小内透編著『ノルウェーとスウェーデンのサーミの現状』北海道大学大学院教育学研究院教育社会学研究室、53-63頁。

・品川ひろみ、野崎剛毅、小野寺理佳（2015）「基礎学校におけるサーミ教育の現状」小内透編著『ノルウェー・フィンマルク地方におけるサーミの現状』北海道大学大学院教育学研究院教育社会学研究室、13－60頁。
・渋谷謙次郎（2005）『欧州諸国の言語法──欧州諸国と多言語主義──』三元社。
・清水誠（2012）「ゲルマン語の歴史と構造（5）──現代ゲルマン諸語──」『北海道大学文学研究科紀要 The Annual Report on Cultural Science 137』23－83頁。
・庄井良信、中嶋博（2005）『フィンランドに学ぶ教育と学力』明石書店。
・庄司博史（1995）「民族としてのサーミ人の誕生──北欧の近代国家建設のなかで──」川田順造編『ヨーロッパの基層文化』岩波書店、229－245頁。
・庄司博史（2005）「サーミ──先住民権をもとめて──」原聖、庄司博史編著『講座 世界の先住民族 ファースト・ピープルズの現在06 ヨーロッパ』明石書店、58－75頁。
・鶴沢佳那子（2014）「オーロラのもとでの生活」大島美穂、岡本建志編著『ノルウェーを知るための60章』明石書店、137－158頁。
・トゥリ・ヨハン（2002）『サーミ人についての話』吉田欣吾訳、東海大学文学部叢書、東海大学出版会。
・トメイ・マヌエラ、スウェプストン・リー著（2002）「先住民族の権利、ILO」『第169号条約の手引き』苑原敏明、青西靖夫、狐崎知己訳、諭創社。
・中田麗子（2009）「ノルウェー──知識の質と不平等をめぐる教育改革の途上で──」佐藤学、澤野由紀子、北村友人編著『揺れる世界の学力マップ』明石書店、117－134頁。
・二宮浩、田崎徳友、卜部匡司、奥田久春、金井裕美子、渡辺あや（2010）「国際学力調査の教育制度と教育内容への影響」『教育研究紀要（CD-ROM版）』第56巻、586－594頁。
・野元弘幸（2014）「アイヌ民族・先住民族研究の課題と展望」日本社会教育学会編『アイヌ民族・先住民族教育の現在』東洋館出版社、8－25頁。
・長谷川紀子（2016）「ノルウェーにおける少数先住民族の学校教育のジレンマ─スウェーデンとの比較の観点から」北ヨーロッパ学会編『北ヨーロッパ研究』第12巻、267－76頁（研究ノート）。
・松崎巌（1976）「デンマーク・ノルウェー教育史」梅根悟編『世界教育史体系14』講談社、296－413頁。
・村井泰廣（2008）「翻訳 サーメ先住民の地域的特色」『環太平洋・アイヌ文化研究』

第6号、苫小牧駒澤大学アイヌ文化及び環太平洋先住民族文化研究所、57-82頁。
- 百瀬宏、熊野聰、村井誠人（1998）『新版世界各国史21　北欧史』山川書店。
- 森信嘉（2009）「ノルウェーにおける言語状況と言語政策・言語教育政策」『拡大EU諸国における外国語教育政策とその実効性に関する総合的研究報告書』科学研究費補助金プロジェクト（課題番号18320088）1-26頁。
- 横山悦生（2007）「オットー・サロモンによるスロイドのモデルシリーズの形成と発展」『日本産業教育学会紀要』第37巻第1号、47-54頁。

欧文文献一覧

- Aikio-Pousakari, Ulla & Pentikainen, Merja. (2001). *The language rights of the Indigenous Saami in Finland*. University of Lapland.
- Bergman, Ingela. (2009). Remembering landscapes: Sami history beyond written records. In: Kajsa Andersson (ed.), *L'image du Sápmi*, Humanistic Studies at Örebro University, pp 14-24.
- Bjørklund, Ivar. (2000). *Sápmi – en nasjon blir til*. Tromsø Museum, Universitetet i Tromsø.
- Bourdieu, Pierre. (1984). *Distinction: A social critique of the judgement of taste*. Translated by Richard Nice. Harvard University Press.
- Bucken-Knapp, Gregg. (2005). Elites, language, and the politics of identity: The Norwegian case in comparative perspective. State University of New York Press.
- Bull, Ella Holm. (1988). Utdrag fra sør-samisk skolehistorie 1700-1988. In: Unknown ed., *Åarjel-samiej skuvle*, Snåsa Kulturkontor, pp. 3-5.
- Dokka, Hans-Jørgen. (1988). *En skole gjennom 250 år: Den norske allmueskole, folkeskole, grunnskole 1739-1989*. NKS-forlaget.
- Eidheim, Harald. (1997). Ethnopolitical development among the Sami after World War II. In: Harald Gaski (ed.), *Sami culture in a new era*, Davvi Girji, pp 29-61.
- Elsvatn, Leif. (2001). *Sameskolen midt i Norge: Gaske-Nøørjen Saemienskovle – Sameskolen for Midt-Norge 1951-2001*. Sameskolen for Midt-Norge.
- Elsvatn, Leif. (2007). Etnisitet og agrarnæring i Hattfjelldal 1850-1940. Masteroppgave i historie, Universitetet i Tromsø, Historisk institutt.
- Evjen, Bjørg. (2009). The researcher's encounter with "the other": Lule Sami under the microscope through 150 years. In: Kajsa Andersson (ed.), *L'image du Sápmi*, Humanistic Studies at Örebro University, pp 56-73.

- Foucault, Michel. (1970). *The Order of Things -An archaeology of the human sciences-*. Tavistock Pablications.
- Gaske-Nøørjen Samienskovle. (Unknown year of publication). *Plandokument 2012-2022*. Gaske-Nøørjen Samienskovle.
- Helander, Elina (ed.). (1990). *The Sami People*. Sami Instituhtta, Davvi Girji.
- Hætta, Odd Mathis. (2008). *The Sami: An arctic indigenous people*. Davvi Girji.
- Hoëm, Anton. (1976). *Makt og kunnskap*. Universitetsforlaget.
- Hoëm, Anton. (1989). Skoleordning og skolegang blant samene. In: Hans-Jørgen Dokka, Knut Jordheim, & Jenny Lippestad (eds.), *Skolen 1739-1989*, Universitetsforlaget, pp.159-166.
- Høgmo, Asle. (1986). Ethnic stigmatization and identity loss: Identity change during three generation in a Sami coastal area in Northern Norway. (English translation received from author. Originally published as 'Det tredje alternativ', *Tidsskrift for samfunnsforskning, 27*, pp. 395-416.)
- Høgmo, Asle. (1994). Social and cultural change in the Sami world – building the Sámi Nation: Challenge for the modern Sami education. In: Lassi Heininen (ed.), *The changing circumpolar north: Opportunities for academic development*, Arctic Centre Publications 6, pp. 21-27.
- Imsen, Gunn. (1999). *Lærerens verden: Innføring i generell didaktikk*. Universitetsforlaget.
- Jahreskog, Birgitta (ed.). (1982). *The Sami national minority in Sweden*. Almqvist & Wiksell International.
- Jernsletten, Nils. (1993). "Sami language communities and the conflict between Sami and Norwegian". In: Ernst H. Jahr (ed.), *Language conflict and language planning*, De Gruyter Mouton, pp. 115-132.
- Kappfjell, Tom. (1991). *Laahkoeh*. Th. Blaasværs Forlag.
- Karstensen, Per. (1988). *Ranas skolehistorie*. Rana Historie og Museumslag.
- Kihlberg, Kurt. (1994). *Masters of Sami handicraft Duodji*. Förlagshuset Nordkalotten.
- Kjellström, Rolf. (2000). *Samernas liv*. Carlsson Bokförlag.
- Kuoljok, Kajsa. (2014). *Samisk skyltning: Att synliggöra det samiska i vardagen*. Ájtte, svenskt Fjäll- och Samemuseum.
- Kvarfordt, Karin. (2005). *The Sami – an indigenous people in Sweden*. National Sami Information Center.

- Lehtola, Veli-Pekka. *The Sámi People: Traditions in transition.* Translation by Linna Weber Müller-Wille. University of Alaska Press, 2004.
- Lund, Svein (ed.). (2005). *Samisk skolehistorie 1.* Davvi Girji.
- Lund, Svein (ed.). (2007). *Samisk skolehistorie 2.* Davvi Girji.
- Lund, Svein. (ed.) (2009). *Samisk skolehistorie 3.* Davvi Girji.
- Minde, Henry. (2005). Assimilation of the Sami: Implementation and consequences. *Journal of Indigenous Peoples Rights, 3*, pp. 3-31.
- Møller, Jorunn & Skedsmo, Guri. (2013). Norway: Centralisation and decentralisation as twin reform strategies. In: Leif Moos (ed.), *Transnational influences on values and practices in Nordic educational leadership, 19,* Springer, pp. 61-72.
- Ngai, Phyllis; Karlsen Bæk, Unn-Doris & Paulgaard, Gry. (2015). Indigenous education in the Norwegian and U.S. contexts. In: Shanley, Kathryn W. & Evjen, Bjørg (eds.), *Mapping indigenous presence: North Scandinavian and North American perspectives,* The University of Arizona Press, pp. 78-119.
- Nickel, Klaus-Peter. (1990). *Samisk grammatikk.* Universitetsforlaget.
- Nickul, Karl. (1997). *The Lappish nation: Citizens of four countries.* Uralic and Altaic Series, Vol. 122. Indiana University Publications.
- Norberg, Lars. (2009). The political rationale for the colonization of the Sami homeland. In: Kajsa Andersson (ed.), *L'image du Sápmi,* Humanistic Studies at Örebro University, pp. 26-39.
- Rasmussen, Torkel & Nolan, John. S. (2011). Reclaiming Sami languages: Indigenous language emancipation from East to West. *International Journal of the Sociology of Language, 209,* pp. 35-55.
- Shanley, Kathryn W. (2015). Introduction. "Mapping" indigenous presence: The declaration on the rights of indigenous peoples at rhetorical turns and tipping points. In: Shanley, Kathryn W. & Evjen, Bjørg (eds.), *Mapping indigenous presence: North Scandinavian and North American perspectives,* The University of Arizona Press, pp. 5-26.
- Skinner, Linda. (1999). Teaching through traditions: Incorporating native languages and cultures into curricula. In: Karen Gayton Swisher & John W. Tippeconnic III (eds.), *Next steps: Research and practice to advance Indian education,* ERIC Clearinghouse on Rural Education and Small Schools, pp.107-134.
- Solbakk, Aage. (2007). *Sápmi/Sameland: Samenes historie fram til 1751.* Davvi Girji.

- Solbakk, John Trygve (ed.). (2006) *The Sámi people – a handbook.* Davvi Girji.
- Solhaug, Trond. (2011). New Public Management in educational reform in Norway. *Policy Futures in Education, 9 (2)*, pp. 267-279.
- Telhaug, Alfred Oftedal; Mediås, Odd Asbjørn & Aasen, Petter. (2006). The Nordic model in education: Education as part of the political system in the last 50 years. *Scandinavian Journal of Educational Research, 50 (3)*, pp. 245-283.
- Thune, Taran; Reisegg, Øyvind & Askheim, Svein. (2009). Skole og utdanning i Norge. In: *Store Norske Leksikon.* http://www.snl.no/Norge/skole_og_utdanning（2016年閲覧）
- Todal, Jon. (1998). Minorities with a minority: Language and the school in the Sámi areas of Norway. *Language, Culture and Curriculum, 11 (3)*, pp. 354-366.
- Todal, Jon. (2003). The Sámi school system in Norway and international cooperation. *Comparative Education,* 39 (2), pp. 185-192.
- Utsi, Gun Margret. (2010). *Bovtsen guelmieh.* ČálliidLágádus.

付録資料1　サーメ家系図
家族関係の図

MOV LAAHKOEH
家系図

①MAADTERE AAJJAH
（マッデラヤー）
曽祖父

	⑤aahka【jih nomme】/ アッハカ【名前】 aajja【jih nomme】 アイヤ【名前】 母方　祖父母の兄弟		③④ tjidtjh- aahka/ （チッチャアッハカ/ tjidtjh-aajja チッチャアイヤ） 母方の祖母/祖父
⑰《aajkoe-laevie》-gåeskie/maake (《アイコラービア》- グアスキア/マッカ) 母のはとこ・年上の女性/その夫 《aajkoe-laevie》-jyøne/jijmie (《アイコラービア》- ヨーナ/ジェイミア) 母のはとこ・男性/その妻 《aajkoe-laevie》-muahra/maake (《アイコラービア》- ムアッラ/マッカ) 母のはとこ・年下の女性/その夫	⑯《aajkoe》-gåeskie/maake (《アイコ》- グアスキア/マッカ) 母の従姉・年上の女性/その夫 《aajkoe》-jyøne/jijmie (《アイコ》- ヨーナ/ジェイミア) 母の従姉・男性/その妻 《aajikoe》-muahra/maake (《アイコ》- ムアッラ/マッカ) 母の従姉・年下の女性/その夫	⑧gåeskie/⑨maake (グアスキア/マッカ) 母の姉/その夫 ⑩jyøne/⑪jijmie (ヨーナ/ジェイミア) 母の兄弟/その妻 ⑫muahra/maake (ムアッラ/マッカ) 母の妹/その夫	⑥**TJIDTJIE** （チッチャ） 母
laevie/laevie (ラービア/ラービア) はとこより遠い関係/友人	aajkoe-laevie/maake (アイコラービア/マッカ) はとこ・年上女/夫 aajkoe-laevie (アイコラービア) はとこ・年上男 /sibjege(シビアガ) /månnja(モンニャ) /妻　（上）自分が男 /　　（下）自分が女 aajkoe-laevie/vyjve (アイコラービア/ヴイバ) はとこ・年下女/夫 aajkoe-laevie/månnja (アイコラービア/モンニャ) はとこ・年下男/妻,	aajkohke/maake (アイコッケ/マッカ) 従姉・年上女/夫 ㉓aajkohke (アイコッケ) 従姉・年上男 /sibjege(シビアガ) /månnja(モンニャ) /妻　（上）自分が男 /　　（下）自分が女 aajkohke/vyjve (アイコッケ/ヴイバ) 従姉・年下女/夫 aajkohka/månnja (アイコッケ/モンニャ) 従姉・年下男/妻	**MANNE**

MAADTOEN ALMETJIDIE
家族関係の呼称

②MAADTERE AAHAH
　（マッデラアッハカ）
　　曾祖母

③④aehtjh-aajja / （アッチャアイヤ / aehtjh-aahka アッチャアッハカ） 父方の祖父 / 祖母	⑤aajja（jih nomme）/ アイヤ【名前】 aahaka（jih nomme） アッハカ【名前】 父方　祖父母の兄弟	
⑦AEHTJIE （アッチャ） 父	⑬jiekie / jijmie （イエーキャ / ジェイミア） 父の兄 / その妻	《aajkoe》-jiekie / jijmie （《アイコ》- イエーキャ / ジェイミア） 父の従妹・年上の男性 / その妻	《aajkoe-laevie》-jiekie / jijmie （《アイコラービア》- イエーキャ / ジェイミア） 父のはとこ・年上の男性 / その妻
	⑭seasa / maake （シアッサ / マッカ） 父の姉妹 / その夫	《aajkoe》-seasa / maake （《アイコ》- シアッサ / マッカ） 父の従妹・女性 / その夫	《aajkoe-laevie》-seasa / maake （《アイコラービア》- シアッサ / マッカ） 父のはとこ・女性 / その夫
	⑮tjietsie / jijmie （ツェツヤー / ジェイミア） 父の弟 / その妻	《aajkoe》-tjietsie / jijmie （《アイコ》- ツェツヤ- / ジェイミア） 父の従妹・年下の男性 / その妻	《aajkoe-laevie》-tjietsie / jijmie （《アイコラービア》-ツェツヤ / ジェイミア） 父のはとこ・年下の男性 / その妻
⑱åabpa / maake （ヴオッパ / マッカ） 姉 / その夫	aajkoe-laevie / maake （アイコラービア / マッカ） はとこ・年上女 / 夫		
⑲vielle （ヴィッラ）兄 / ⑳sibjege（シビアガ） / ㉑månnja（モンニャ） 　　妻（上）自分が男 　　　（下）自分が女	aajkoe-laevie （アイコラービア） はとこ・年上男 / sibjege（シビアガ） / månnja（モンニャ） 　　妻（上）自分が男 /　　（下）自分が女	laevie / laevie （ラービア / ラービア） はとこより遠い関係 / 友人	
（マンネ） 私			
åabpa / ㉒vyjve （ヴオッパ / ヴイバ） 妹 / その夫	aajkoe-laevie / vyjve （アイコラービア / ヴイバ） はとこ・年下女 / 夫		
vielle / månnja （ヴィッラ / モンニャ） 弟 / その妻	aajkoe-laevie / månnja （アイコラービア / モンニャ） はとこ・年下男 / 妻,		

出所）トムからの聞き取りにより2016年筆者作成。

付録資料２　自分を中心とした家族相関関係の呼称変化

世代		自分との関係	呼称 MANNE（自分）→●	呼称 ●→ MANNE（自分）	備考
先祖	3世代以上	①曽祖父	①MAADTERE AAJJAH （マッデラヤー）	aajjuve （アイユッパ）	
		②曾祖母	②MAADTERE AAHKAH （マッデラアッハカ）	aahkuve （アフックバ）	
2世代上	祖父母	③祖母（母方）	③tjidtjh-aahaka （チッチャアッハカ）	aahkuve （アフックバ）	※母方の祖父母には tjidtjh、父方には aehtjh の接頭語が付く
		④　（父方）	④aehtjh-aahaka （アッチャアッハカ）	母方と同様	※この世代以上女性から自分への呼称は aahkuve
		③祖父（母方）	③tjidtjh-aajja （チッチャアイヤ）	aajjuve （アイユッパ）	男性から自分への呼称は aajjuve となる
		④　（父方）	④aehtjh-aajja （アッチャアイヤ）	母方と同様	
	親類／近隣等	⑤親戚高齢女性	⑤ aa h ka（jih nomme） （アッハカ【名前】）	aahkuve （アフックバ）	⑤⑥は親戚以外の友人の祖父母に対すしてもこの呼称は使用される その場合、後に名前も付く ex. Aahka Betty
		⑥親戚高齢男性	⑤ aa jj a（jih nomme） （アイヤ【名前】）	aajjuve （アイユッパ）	
親の世代	両親	母	⑥ TJIDTJIE （チッチャ）		
		父	⑦ AEHTJIE （アッチャ）		
	親の兄弟、母方	母方・叔母（姉） 母の姉伯母 其の夫 （義理の伯父）	⑧ gåeskie （グアスキア）	gåeskuve （グアスクア）	※母の姉妹は、姉と妹で自分からの呼称が変化する
			⑨ maake （マッカ）	maaketje （マッカチア） nååtetje （ノーテチャ）	▶自分が男の場合 ▶自分が女の場合 ※義理関係の親戚の男性からは、自分の性別で呼ばれ方が変化する。
		母の兄弟 伯父／叔父	⑩ jyøne （ヨーナ）	neapede （ニアッパダ）	
		其の妻 （義理の伯母／叔母）	⑪ jijmie （ジェイミア）	jijmuve （ジェイミュア）	
		母の妹　叔母	⑫ muahra （ムアッラ）	moehrele （モッフラレ）	
		其の夫 （義理の叔父）	maake	maaketje nååtetje	※⑨と同様 基本的に親世代の義理の男性と自分との相関呼称はこのパターンである
	親の兄弟　父方	父の兄　伯父 其の妻 （義理の伯母）	⑬ jiekie （イエーキャ） jijmie	jiekuve （イエクヴェア） jijmuve	※父の兄弟は、兄と弟で自分からの呼称が変化する ※⑪と同様

付録資料　293

親の世代	親の兄弟 父方	父の姉妹 伯母/叔母	⑭ seasa (シアッサ)	siesele (シアッシレ)	基本的に親世代の義理の女性と自分との相関呼称はこの1パターンである
		其の夫（義理の伯父/叔父）	maake	maaketje nååtetje	
		父の弟叔父	⑮ tjietsie (ツェツヤ-)	tjietsuve (ツェッヴェア)	
		其の妻（義理の叔母）	jijmie	jijmuve	
	親の従妹 母方	母の従妹：年上の女性/其の夫（従伯母）	⑯《aajkoe》- gåeskie / maake (《アイコ》-グアスキア / マッカ)	《aajikoe》- (アイコ-)	gåskuve / maaketjenååtetje (グアスクア) / (マッカチア) (ノーテチャ)
		母の従妹：男性/其の妻（従伯父/従叔父）	《aajkoe》- jyøne / jijmie 《アイコ》-ヨーナ / ジェイミア)	《aajikoe》-	jijmuve (ジェイミュア)
		母の従妹：年下の女性/其の夫（従叔母）	《aajikoe》- muahra / maake (《アイコ》-ムアッラ / マッカ)	《aajikoe》-	moehrele / maaketjenååtetje (モッフラレ) / (マッカチア) (ノーテチャ)
	親の従妹 父方	父の従妹：年上男性/其の妻（従伯父）	《aajkoe》-jiekie / jijmie (《アイコ》-イエーキャ / ジェイミア)	《aajikoe》-	jiekuve / jijmuve (イェクヴェア) (ジェイミュア)
		父の従妹：年下女性/その夫（従伯母/従叔母）	《aajkoe》-seasa / maake (《アイコ》-シアッサ / マッカ)	《aajikoe》-	siesele / maakatjenååtetje (シアッシレ) (マッカチア) (ノーテチャ)
		父の従妹：年上の男性/其の妻（従叔父）	《aajkoe》-tjietsie / jijmie (《アイコ》-ツェツヤ- / ジェイミア)	《aajikoe》-	tjietsuve / jijmuve (ツェッヴェア) (ジェイミュア)
	親のはとこ等		上記の基本呼称パターンに⑰《aajkoe-laevie》- (《アイコラービア》-の接頭語付け加える	《aajkoe-laevie》-	※上記の《aajikoe》-と同じ変化パターンである。
同世代	家族	姉	⑱ åabpa (ヴォッパ)	åabpa / ⑲ vielle (ヴオッパ / ヴェッラ)	女兄弟に対してはåabpa 男兄弟に対してはvielleと呼ぶが、年上（姉/兄）には（stoerre）- 年下には（onne）- を接頭語として付けることもある
		姉の夫（義理の兄）	maake (マッカ)	maaketjenååtetje (マッカチアノーテチャ)	※相手からの呼称は、相手から見て自分の立場がどの位置に立っているかで呼称が変化する。例えば、姉から見て自分が女の場合（onne）-åabpa（妹） 男の場合（onne）-vielle（弟）となる。
		兄	vielle	åabpa / vielle	この表では簡潔にするため（stoerre）と（onne）を省略した。 義理の兄 maaka からの呼称は義理の伯父（叔父）の立場と同じ

出所）筆者作成。

同世代	家族	兄の妻 （義理の姉）	⑳ sibjege 　（シビアガ） ㉑ månnja 　（モンニャ）	⑳ sibjege 　（シビアガ） ㉑ månnja 　（モンニャ）	▶自分が男の場合／義理の姉⇔義理の弟の関係は互いに sibjege と呼ぶ ▶自分が女の場合／義理の姉⇔義理の妹の関係は互いに månnja と呼ぶ
		妹 妹の夫 （義理の弟）	åabpa ㉒ vyjve 　（ヴュェバ）	åabpa／vielle ㉓ vøøhpedimmie 　（ヴァハッパディンミア） ㉓ vøønteme 　（ヴァンテマ）	▶義理の弟から見て自分が男の場合 ▶義理の弟から見て自分が女の場合
		弟 弟の妻 （義理の妹）	vielle månnja	åabpa／vielle vøøhpedimmie vøønteme	▶自分への呼称は（義理の弟）の変化と同じ
	従妹	従妹・年上の女性 其の夫	㉓ aajkohke 　（アイコカ） maake 　（マッカ）	aajkohke 　（アイコカ） maaketjenååtetje 　（マッカチアノーテチャ）	▶従妹は互いに従妹同士になるので、（年や性別に関係なく）呼称は y 同じ。 ▶配偶者との相関関係は兄弟と同じ
		従妹・年上の男性 其の妻	aajkohke sibjege 　（シビアガ） månnja 　（モンニャ）	aajkohke sibjege månnja	▶配偶者との相関関係は兄弟と同じ
		従妹・年下の女性 其の夫	aajkohke vyjve 　（ヴュェバ）	aajkohke vøøhpedimmie 　（ヴァハッパディンミア） vøønteme 　（ヴァンテマ）	▶配偶者との相関関係は兄弟と同じ
		従妹・年下の男性 其の妻	aajkohke månnja	aajkohke vøøhpedimmie vøønteme	▶配偶者との相関関係は兄弟と同じ
	はとこ	はとこ・年上の女性 其の夫	㉓ aajko‑leavie 　（アイコラビア） maake 　（マッカ）	aajko‑leavie 　（アイコラビア） maaketjenååtetje 　（マッカチアノーテチャ）	
		はとこ・年上の男性 其の妻	aajko‑leavie sibjege månnja	aajko‑leavie sibjege månnja	▶従妹同士は互いに aajko‑leavie（アイコラビア）と呼ぶ ▶配偶者との相関関係呼称は従妹と同様に兄弟と同じ
		はとこ・年下の女性 其の夫	aajko‑leavie vyjve	aajko‑leavie vøøhpedimmie vøønteme	
		はとこ・年下の男性 其の妻	aajko‑leavie månnja	aajko‑leavie vøøhpedimmie vøønteme	
	はとこ以外	全員	㉓ laehvie 　（ラービア）	laehvie 　（ラービア）	▶はとこ同士は互いに laehvie（ラービア）と呼ぶ ▶配偶者との相関関係呼称は従妹、はとこ同様に兄弟と同じ

出所）トムからの聞き取りにより2016年筆者作成。

付録資料　295

付録資料3　地域別遠隔教育学習者数の分布推移　2005年〜2013年

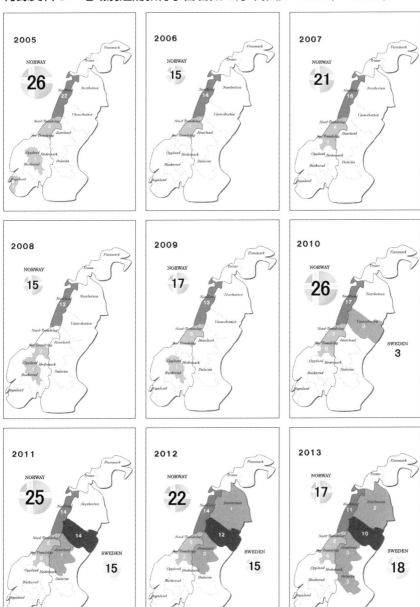

出所）学校資料をもとに筆者作成（2014年）。

付録資料4　ハットフェルダル・サーメ学校年間活動計画（2011年8月－2012年5月）

2011－2012年度年間活動計画*

Md	2011－2012年度 8月から翌年6月					活動計画
		M	T	O	T	F	
							秋期　（1学期）
A	33	15	16	17	18	19	新学期準備　校舎、宿舎、外庭の整備、清掃
U	34	22	23	24	25	26	年間カリキュラム、授業計画会議（1週間）
G	35	29	30	31			1－6学年　テーマ：秋（Leekedimmie）
	35				1	2	
S	36	5	6	7	8	9	7－10学年　テーマ：秋（Leekedimmie）
E	37	12	13	14	15	16	授業の再考と事務処理／事前準備　宿舎スタッフ打ち合わせ**
P	38	19	20	21	22	23	11学年以上（高校生）　テーマ：サプミ（Saepmie）
	39	26	27	28	29	30	北サーメ語の児童生徒　テーマ：演劇（teatere）
O	40	3	4	5	6	7	※　同作業
K	41	10	11	12	13	14	1－6学年　テーマ：ドゥオッジ（Duedtie）
T	42	17	18	19	20	21	幼稚科－4－5歳　テーマ：未定
	43	24	25	26	27	28	
	44	31					
	44		1	2	3	4	7－10学年　テーマ：ドゥオッジ（Duedtie）
N	45	7	8	9	10	11	
O	46	14	15	16	17	18	北サーメ語の児童生徒　テーマ：ドゥオッジ（Duedtie）
V	47	21	22	23	24	25	
	48	28	29	30			7－10学年　テーマ：伝統の食事（beapmoeh）
D	48				1	2	
E	49	5	6	7	8	9	1－6学年　テーマ：ヨイクと演劇（joejkedh teatere）
S	50	12	13	14	15	16	成績と評価作成
	51	19	20	21			12月22日－1月3日　クリスマス休暇
		18	18	16	16	16	84日

備考（Fargekoder：）
- 休日
- ランゲージシャワー週間※
  - 2－6年
  - 7－10年
  - 4－5歳
  - 北サーメ語
  - 後期中等教育過程（高校）
- ※一週間サーメ語集中

カレンダーに掲載されていない他の活動：
- 南、北サーメ幼児のためのスピーキング準備 Gïelebiesie
- 学校―と言語会議
- スタッフのための言語コース、能力育成
  - 南サーメ語
  - 資格取得　対象、児童、生徒
  - コンピューター
  - その他

Md	2011－2012年度					活動計画
		M	T	O	T	F	春期（2学期）
J	1	2	3	4	5	6	新学期開始　授業計画会議1月4日
A	2	9	10	11	12	13	1－6学年　テーマ：ドゥオッジ（Duedtie）
N	3	16	17	18	19	20	
	4	23	24	25	26	27	7－10学年　テーマ：ドゥオッジ（Duedtie）
	5	30	31				
F	5			1	2	3	
E	6	6	7	8	9	10	北サーメ語の児童生徒　テーマ：未定
B	7	13	14	15	16	17	11学年以上（高校）テーマ：未定
	8	20	21	22	23	24	
	9	27	28	29			冬休み2月27日－3月2日
	9				1	2	
M	10	5	6	7	8	9	1－6学年　テーマ：冬の生活（Vinterfeltuke）
A	11	12	13	14	15	16	
R	12	19	20	21	22	23	7－10学年　テーマ：冬の生活（Vinterfeltuke）
	13	26	27	28	29	30	
A	14	2	3	4	5	6	イースター休暇
P	15	9	10	11	12	13	
R	16	16	17	18	19	20	
	17	23	24	25	26	27	7－10学年　テーマ：未定
	18	30					
	18		1	2	3	4	
M	19	7	8	9	10	11	1－6学年　テーマ：未定
A	20	14	15	16	17	18	
I	21	21	22	23	24	25	幼稚科－4－5歳児　テーマ：未定
	22	28	29	30	31		ペンテコステ休暇　5月28日
J	22					1	
U	23	4	5	6	7	8	北サーメ語週間　テーマ：未定
N	24	11	12	13	14	15	
	25	18	19	20	21	22	総括　成績と評価　6月22日～　夏休み
		19	21	23	22	21	106日　　　　　　　　　84＋106＝190

＊　2011年8月19日に作成された学校活動計画書に基づき、筆者が訳した。
＊＊　授業活動の無い週の、教師、スタッフの基本的作業である。表の煩雑を避けるため以下この週間は「※同作業」と表記する。

出所）学校資料をもとに筆者作成（2014年10月）。

付録資料5　教師・スタッフへのアンケート集計

教師・スタッフへのアンケート
（教師4／回答4　スタッフ7／回答4）

1．学校に関して
  （1）サーメ学校の意義は何だと思いますか？
　　　・子どもたちが出会い、サーメとして、仲間同士でともに時間を過ごし、サーメの伝統工芸や文化を学ぶことができる場を提供している。
　　　・学校は、我々のアイデンティティである。そして南サーメが生き残るために貢献している。
　　　・子どもたちが出会い、ともに過ごし、自分たちの文化や言語を習得し理解する重要な機会である。
　　　・コムーネの中で、南サーメ語・文化を守り維持していく役割を担っている。
　　　・2つの南サーメ教育機関のうちの一つであるという点で重要である。

  （2）勤務時間など学校の職場環境に満足していますか

満足している	8
どちらともいえない	0
満足していない	0

  （3）学校が置かれている今の状況・立場に満足していますか

満足している	0
どちらともいえない	0
満足していない	8

　　　※満足していないと答えた場合、どんな点が不満か／改善点は？
　　　・新政府（nye regjeringen）
　　　・今日の教育政策は不平等である。サーメの子どもたちは自分たちの言語や文化を学ぶ機会が平等に与えられていない。言語習得は、すべての子どもに与えられるべき権利であり、それは予算の無い地方自治体で行われるのではなく、国の予算で行われるべきである。

・サーメやサーメがおかれている状況は、もっと改善されるべきである。
・今後サーメ学校が存続できるか不安がある。

2．**教育内容に関して**
（1）サーメ言語・文化教育を十分に提供する環境が整っているか
①遠隔教育

はい	7
どちらともいえない	0
いいえ	1

※コメントがあったら書いてください

いいえ
・サーメ語教育では有効だがサーメ文化教育は教えられない。

はい
・重要なトレーニングを提供していると思う。
・遠隔教育で、子どもたちに言語教育を提供することができている。しかし、技術面や通信機器、生徒へのアクセスなどで多くの課題を抱えている。本当は、学校内で直接授業を行った方が効果的である。

②短期セミナー

はい	8
どちらともいえない	0
いいえ	0

※コメントがあったら書いてください
・短期セミナーの環境として、我々は、南サーメ文化の知識の面では秀でているが、南サーメ語を話す教師・スタッフが少なすぎる。

3．**児童・生徒たちのサーメ語能力に関して**
（1）児童・生徒サーメ語は以下の教育手段において上達しているか
①遠隔教育

はい	8
どちらともいえない	0
いいえ	0

③短期セミナー

はい	8
どちらともいえない	0
いいえ	0

4．生徒たちのサーメ語以外の能力に関して
（1）普通教育のカリキュラム時間のなかにサーメ語学習（遠隔教育・短期セミナー）を組み入れることによって、他の教科の学習時間が削られ、子どもの学力に支障があると感じたことがあるか。

はい	1
どちらともいえない	0
いいえ	7

※コメントがあったら書いてください
支障がある
・サーメ語に割り当てられた時間は、休み時間でも授業中でもそこに行かなくてはいけないから

5．他にコメントがあったら書いてください
・ハットフェルダル・サーメ学校の閉鎖への流れは絶対に食い止めなければならない。
・サーメ文化は、まるで過去のもののように見られ、それを教えるサーメ学校は見下されているところがある。それは、人種差別である。
・私たちの学校は、ヘルゲランド地方に住むサーメの子どもたちが会うことのできる教育機関（アリーナ）である。この地方のサーメの子どもたちは、殆どの場合、普段通っている大きな学校内では、他のサーメとの交流もなく過ごしている。彼らには、互いに出会い、アイデンティティやサーメコミュニティへの帰属意識を高める必要がある。そのような点で、ハットフェルダル・サーメ学校は重要な役割を果たしているのだと思う。

（2016年筆者作成）

付録資料6　保護者へのアンケート集計

> 保護者へのアンケート　4名

1．学校に関して

（1）サーメ学校に期待することは
　　・集中的なサーメ語教育を期待している。

（2）サーメ学校のどのプログラムに参加させているか

遠隔教育のみ	0
短期教育のみ	0
両方	4

（3）もし、この学校に全日制のプログラムが再開されたら子どもを通わせるか

はい（通わせたい）	2
どちらともいえない	1
いいえ（通わせたくない）	1

　　※コメントがあったら記入してください
　　どちらでもない
　　・もし、子どもたちが学校に寄宿することになったら、子どもたちと過ごす日々の生活を失ってしまう。それは良いことではないと思う（B）
　　いいえ（通わせたくない）
　　・子どもは家にいてほしい。子どもと一緒に住みたい（C）

（4）他の教育機関でも子どもにサーメ語を習わせていたら記入してください
　　・家庭。両親がサーメ語を話すため（A）
　　・家庭で学習している。夫と私の両方とも子どもたちにサーメ語で話しかけている（B）
　　・子どもたちは、サーメの父と祖父がいるため、日常生活の中で、また家族で集まった時などに多くのサーメ語を学ぶ機会がある（C）

2. 教育内容に関して

(1) サーメ学校の提供するサーメ言語・文化教育に満足しているか

①遠隔教育

満足している	3
どちらともいえない	0
満足していない	1

※コメントがあったら記入してください

満足している

・自分たちの自治体が提供している普通学校でのサーメ語教育は非常にレベルが低い（お粗末なものである）（D）

満足していない

・直接子どもたちに南サーメ語を教育できる環境が望ましい。遠隔教育はあくまでも二次的な教育手段であると思う。

②短期セミナー

満足している	4
どちらともいえない	0
満足していない	0

※コメントがあったら記入してください

・短期セミナーの内容は、非常に進歩している。しかし、私の考えでは、もっとサーメで会話することに集中すべきだと思う（ノルウェー語で話していることが多い）（B）

・短期セミナー自体には満足しているが、コムーネ（自治体）が6週間のコースのうち2週間しか参加許可を与えてくれないことに不満がある（D）

3. 子どもたちのサーメ語能力について

(1) 子どもたちのサーメ語は以下の教育手段において上達しているか

①遠隔教育

上達している	4
どちらともいえない	0
上達していない	0

②短期セミナー

上達している	4
どちらともいえない	0
上達していない	0

4．子どもたちのサーメ語以外の学力に関して
　（1）普通教育のカリキュラム時間の中にサーメ語学習を組み入れることによって、他の教科の学習時間が削られ、子どもの学力に支障がおきると感じることがあるか。

ある	1
どちらともいえない	2
ない	1

　　※コメントがあったら記入してください
　　・そうならないことを期待している（A）
　　・子どもたちに学力があれば、それほど遅れを取らないであろう。どの教科の時に遠隔教育が代替として行われているか注意しなくてはならない。特に主教科が外されては困る（B）
　　・子どもたちはサーメ語を学ぶために特別な（エキストラの）時間を取らなくてはならないため（D）

5．他にコメントがあれば、記入してください。
　　・私は、子どもたちが通常通っている学校は、あまりにも忙しいカリキュラムのなか、通常の授業ですら「落ちこぼれ」の生徒を作っていると思う。そのため学校側は、サーメの子どもたちがサーメのコミュニティのなかで育むものや、そのアイデンティティに重要性を感じてはいない。サーメの親として、我々はその状況に対抗し、我々の文化を守る必要がある。また、我々は普段、広範囲の地域に散らばって生活をしているため、サーメ語や文化に焦点をおいたサーメの集会（サーメ学校）に子どもたちが参加することは非常に重要なことである。子どもたちが、他のサーメの子どもたちに出会うことも大切なことである。（B）

（2016年筆者作成）

付録資料7　生徒（7〜9学年）へのアンケート集計

> 生徒（7－9学年）へのアンケート
> 参加者11名／回答者7名

1．サーメ学校に関して

（1）どのプログラムに参加していますか

遠隔教育	6
短期セミナー	7

（2）もしこの学校に全日制のプログラムがあったら通いたいですか

はい	4
どちらともいえない	3
通いたくない	0

※コメントがあったら書いてください

どちらともいえない→地元の学校に友達がいるから（G）

（3）学校の他にサーメ語を学んだり、話したりする機会はありますか

はい	2
どちらともいえない	3
通いたくない	2

※コメントがあったら書いてください

はい→家で（A）
　　　家でサーメ語を習っている（B）

2．教育内容について
（1）以下のプログラムは楽しいですか
①遠隔教育

楽しい	0
どちらともいえない	0
楽しくない	6

※コメントがあったら書いてください（何故楽しくないのか）
- みんなが一緒じゃないから（一人で受けなくてはならないから）先生が部屋にいないから（B）
- コンピュータを使ったりスカイプをしたりすることは面倒（C）
- 音が聞き取りにくくイライラするし、先生と直接対話していないから（D）
- 自分がサーメ語を話せないから（E）
- 雑音がしたり、接続が悪かったりでイライラする（F）
- とても大変（G）

②短期セミナー

楽しい	7
どちらともいえない	0
楽しくない	0

※コメントがあったら書いてください（何故楽しいのか）
- すごく楽しい（C）
- ここにはたくさんの友達がいる（D）
- 先生やスタッフの人たちがたくさんサーメ語を教えてくれる（E）
- みんな一緒にいられるから（F）
- 先生たちがたくさんのサーメ語を教えてくれる（G）

3．サーメ言語・文化能力について
（1）自分のサーメ語は上達していると思いますか

はい	7
どちらともいえない	0
いいえ	0

※コメントがあったら書いてください（何故そう思うのか）

・何故なら、先生が助けてくれるから（B）

・このプログラムがなければ、サーメ語は学べない（D）

・何故なら、サーメ語を学ぶ時間や機械があるから（G）

（2）サーメ語は将来自分にとって役に立つと思いますか

はい	7
どちらともいえない	0
いいえ	0

※コメントがあったら書いてください（何故そう思うのか）

・トナカイ飼育で（A）

・他の人にサーメ語を教えることができる（C）

・サーメ語が滅びないように次の世代にサーメ語を教える（D）

・いろいろな言葉を学ぶことができる（E）

・自分の子どもたちに教えたい（F）

・もし、自分がトナカイ飼育業に携わったら必要だし、

・他の人に教えてあげることもできる（生徒G）

4．サーメ語以外の学力について

（1）遠隔教育や短期セミナーに参加しているとき、普段通っている学校の授業についていけなくなるのではと、不安に思ったことはありますか

ある	1
どちらともいえない	0
ない	6

※コメントがあったら書いてください

不安に思ったことがない

・私は、ニーノシュクやスペイン語の代わりにサー語を第二外国語の選択科目として取っているので、他の教科に支障はない（D）

・ノルウェー語の勉強はそんなに重要ではない。ノルウェー語は普段話しているので簡単である（E）

・ノルウェー語はそんなに重要ではない（F）

出所）2016年筆者作成。

著者紹介

長谷川紀子（はせがわ・のりこ）
約20年間の英語教師生活から、社会人大学院生として名古屋大学院、教育発達科学研究科に入学。2018年3月、博士後期課程卒業、博士号（教育学）を取得。
自称、「リカレント教育・生涯学習（lifelong learning）」のサンプルの存在。
現在、愛知工業大学、椙山女学園大学、ユマニテク短期大学、ユマニテク医療福祉大学校で非常勤講師として勤務。聖心女子大学特別研究員。
研究専門領域：教育人類学、比較教育学、北欧教育学研究。

北欧に住む先住民族サーメ研究に加え、マイノリティ・サーメの視点から、北欧の社会と教育理念を捉えた北欧教育研究に取り組んでいる。同時に、日本の先住民族アイヌをはじめとしてマイノリティ教育に関心をもつ。
民族誌的アプローチ、フィールドワークが主な研究方法と称して、毎回、バックパッカーとして北欧の山々に出掛けることを密かな楽しみとしている。

ノルウェーのサーメ学校に見る先住民族の文化伝承
―ハットフェルダル・サーメ学校のユニークな教育―　　　（検印廃止）

2019年7月10日　初版第1刷発行

著　者	長谷川紀子
発行者	武市一幸
発行所	株式会社 新評論

〒169-0051　東京都新宿区西早稲田3-16-28
http://www.shinhyoron.co.jp
TEL 03 (3202) 7391
FAX 03 (3202) 5832
振替 00160-1-113487

落丁・乱丁本はお取り替えします。
定価はカバーに表示してあります。

印　刷　フォレスト
装　丁　山田英春
製　本　松岳社

©長谷川紀子 2019年　　　Printed in Japan
ISBN978-4-7948-1128-8

JCOPY＜(社)出版者著作権管理機構 委託出版物＞
本書の無断複写は著作権法上での例外を除き禁じられています。複写される場合は、そのつど事前に、(社)出版者著作権管理機構（電話 03-5244-5088、FAX 03-5244-5089、e-mail: info@jcopy.or.jp）の許諾を得てください。

新評論　好評既刊　北欧を知るための本

藤井 威

スウェーデン・スペシャル　I
高福祉高負担政策の背景と現状

この国の存在感は一体どこからくるのか？前・駐スウェーデン特命全権大使による最新のレポート！

[四六上製　258頁　2500円　ISBN978-4-7948-0565-2]

スウェーデン・スペシャル　II
民主・中立国家への苦闘と成果

遊び心の歴史散歩から、民主・中立国家の背景が見えてきた。前・駐スウェーデン特命全権大使による最新のレポート2

[四六上製　314頁　2800円　ISBN978-4-7948-0577-5]

スウェーデン・スペシャル　III
福祉国家における地方自治

高度に発達した地方分権の現状を市民の視点から解明！前・駐スウェーデン特命全権大使による最新のレポート3

[四六上製　234頁　2200円　ISBN978-4-7948-0620-8]

小林ソーデルマン淳子・吉田右子・和気尚美

読書を支えるスウェーデンの公共図書館
文化・情報へのアクセスを保障する空間

人は誰しも本を読む権利があり、それを保証する場所が公共図書館—100年にわたる歴史の中で弛みなく鍛えられてきた図書館文化の真髄。

[四六上製　260頁＋カラー口絵4頁　2200円　ISBN978-4-7948-0912-4]

吉田右子

デンマークのにぎやかな公共図書館
平等・共有・セルフヘルプを実現する場所

平等・共有・セルフヘルプの社会理念に支えられた北欧の豊かな"公共図書館文化"を余すところなく紹介！

[四六上製　268頁＋カラー口絵4頁　2400円　ISBN978-4-7948-0849-3]

マグヌスセン矢部直美・吉田右子・和気尚美

文化を育むノルウェーの図書館
物語・ことば・知識が踊る空間

険しい地勢条件を乗り越え、充実したシステムを構築している"隠れ図書館大国"ノルウェー。その先進性と豊かさに学ぶ。

[四六上製　316頁＋カラー口絵4頁　2800円　ISBN978-4-7948-0941-4]

表示価格は本体価格（税抜）です。

新評論　好評既刊　北欧を知るための本

A・H・アンドレセン+B・ヘルゲンセン+M・ラーシェン／中田麗子 訳
新しく先生になる人へ
ノルウェーの教師からのメッセージ

「親愛なる同僚のあなたへ―あなたは学業を終え、重要で興味深い職業を選びました。そして今、あなたはスタート地点に立っています」。
[四六並製　204頁　1800円　ISBN978-4-7948-0785-4]

村山朝子
『ニルスのふしぎな旅』と日本人
スウェーデンの地理読本は何を伝えてきたのか

日瑞外交樹立150年・『ニルス』初邦訳100周年記念！世界中で愛され続ける冒険譚と私たちの出会いの意味。
[四六上製　300頁+カラー口絵8頁　2500円　ISBN978-4-7948-1106-6]

森元誠二
スウェーデンが見えてくる
「ヨーロッパの中の日本」

「優れた規範意識、革新精神、高福祉」など正の面だけでなく、現在生じている歪みにも着目した外交官ならではの観察記録。
[四六並製　272頁　2400円　ISBN978-4-7948-1071-7]

太田美幸
スウェーデン・デザインと福祉国家
住まいと人づくりの文化史

世界的人気を誇る北欧インテリアの意匠と豊かな福祉国家の形成はどのように関連しているのか？鋭い視点から描くユニークな文化史。
[四六並製　316頁　2800円　ISBN978-4-7948-1105-9]

サーラ・クリストッフェション／太田美幸 訳
イケアとスウェーデン
福祉国家イメージの文化史

「裕福な人のためでなく、賢い人のために」。世界最大の家具販売店のデザイン・経営戦略は、福祉先進国の理念と深く結びついていた！
[四六並製　328頁　2800円　ISBN978-4-7948-1019-9]

表示価格は本体価格（税抜）です。

新評論　好評既刊　　北欧を知るための本

ヨーラン・スバネリッド／鈴木賢志＋明治大学国際日本学部鈴木ゼミ編訳
スウェーデンの小学校社会科の教科書を読む
日本の大学生は何を感じたのか
民主制先進国の小学校教科書を日本の大学生が読んだら…？
「若者の政治意識」の生成を探求する明治大学版・白熱教室！
[四六並製　216頁　1800円　ISBN978-4-7948-1056-4]

A・リンドクウィスト&J・ウェステル／川上邦夫 訳
あなた自身の社会
スウェーデンの中学教科書
子どもたちに社会の何をどう教えるか。最良の社会科テキスト。
皇太子さま45歳の誕生日に朗読された詩「子ども」収録。
[A5並製　228頁　2200円　ISBN4-7948-0291-9]

本所 恵
スウェーデンにおける高校の教育課程改革
専門性に結び付いた共通性の模索
偏差値も入試もなく、自分の関心や将来を考えて学科を選び、学べるシステム─試行錯誤の歴史から高校教育を問い直す。
[A5上製　230頁　2500円　ISBN978-4-7948-1029-8]

白石淑江 編著
スウェーデンに学ぶドキュメンテーションの活用
子どもから出発する保育実践
子どもの権利の先進国発、「子どもの思いや考えから出発する保育実践」のすべて！保育の質を向上させたいすべての人に。
[A5並製　256頁　2400円　ISBN978-4-7948-1091-5]

児玉珠美
デンマークの教育を支える「声の文化」
オラリティに根ざした教育理念
「世界で最も幸福な国」の教育を支えてきた文化・理念とは。グルントヴィの思想に基づく「対話」重視の教育実践を詳説。
[A5上製　224頁　2400円　ISBN978-4-7948-1053-3]

表示価格は本体価格（税抜）です。